Coleção
LEIS ESPECIAIS *para* concursos

43

Dicas para realização de provas com questões de concursos
e jurisprudência do STF e STJ inseridas artigo por artigo

Coordenação:
LEONARDO GARCIA

ICMS

Lei Complementar 87/1996

(Lei Kandir)

Dicas para realização de provas de concursos artigo por artigo

Coleção
LEIS ESPECIAIS
para **concursos**
Dicas para realização de provas com questões de concursos
e jurisprudência do STF e STJ inseridas artigo por artigo

Coordenação:
LEONARDO GARCIA

43

EDUARDO M. L. RODRIGUES DE CASTRO

ICMS

Lei Complementar 87/1996

(Lei Kandir)

Dicas para realização de provas de concursos artigo por artigo

3ª
edição
revista, ampliada
e atualizada

2019

EDITORA JusPODIVM
www.editorajuspodivm.com.br

EDITORA
*Jus*PODIVM
www.editorajuspodivm.com.br

Rua Território Rio Branco, 87 – Pituba – CEP: 41830-530 – Salvador – Bahia
Tel: (71) 3045.9051
• Contato: https://www.editorajuspodivm.com.br/sac

Diagramação: Ana Paula Lopes Corrêa *(aninha_lopescorrea@hotmail.com)*

Capa: Ana Caquetti

I15 ICMS: Lei complementar 87/1996 (Lei Kandir) / Eduardo M. L. Rodrigues de Castro – 3. ed. rev., ampl. e atual. – Salvador: JusPodivm, 2019.
272 p. (Leis Especiais para Concursos, v.43/ coordenador Leonardo de Medeiros Garcia)

Bibliografia.
ISBN 978-85-442-2592-9.

1. Direito administrativo. 2. Imposto sobre a circulação de mercadorias (ICM). 3. Imposto sobre a circulação de mercadorias e serviços (ICMS). 4. Imposto sobre vendas e consignações I. Garcia, Leonardo de Medeiros. II. Castro, Eduardo M. L. Rodrigues de. III. Título.

CDD 341.39632

Para minha *Petite* Larissa.

Proposta da Coleção Leis Especiais para Concursos

A Coleção *Leis Especiais para Concursos* tem como objetivo preparar os candidatos para os principais certames do país.

Pela experiência adquirida ao longo dos anos, dando aulas nos principais cursos preparatórios do país, percebi que a grande maioria dos candidatos lê apenas as leis especiais, deixando os manuais para as matérias mais cobradas, como constitucional, administrativo, processo civil, civil etc. Isso ocorre pela falta de tempo do candidato ou porque faltam no mercado livros específicos (para concursos) em relação a tais leis.

Nesse sentido, a Coleção *Leis Especiais para Concursos* tem a intenção de suprir uma lacuna no mercado, preparando os candidatos para questões relacionadas às leis específicas, que vêm sendo cada vez mais contempladas nos editais.

Em vez de somente ler a lei seca, o candidato terá dicas específicas de concursos em cada artigo (ou capítulo ou título da lei), questões de concursos mostrando o que os examinadores estão exigindo sobre cada tema e, sobretudo, os posicionamentos do STF, STJ e TST (principalmente aqueles publicados nos informativos de jurisprudência). As instituições que organizam os principais concursos utilizam os informativos e as notícias (publicados na página virtual de cada tribunal) para elaborar as questões de concursos. Por isso, a necessidade de se conhecer (e bem!) a jurisprudência dos tribunais superiores.

Assim, o que se pretende com a presente coleção é preparar o leitor, de modo rápido, prático e objetivo, para enfrentar as questões de prova envolvendo as leis específicas.

Boa sorte!

Leonardo Garcia

Coordenador da coleção

Como a Lei Complementar n. 87/96 (Lei Kandir do ICMS) é cobrada nos concursos públicos?

A Lei Complementar n. 87/96 (Lei Kandir do ICMS) é cobrada em diversos concursos, mas o conhecimento mais aprofundado de suas disposições costuma ser exigido nas provas, de primeira e segunda fase, para ingresso nos cargos de Procurador do Estado, Juiz Estadual, Auditor Fiscal Estadual e Promotor de Justiça.

No exame da OAB, nas provas de primeira fase, costuma-se cobrar essencialmente o conhecimento da "letra da lei" (e das normas constitucionais sobre ICMS, também tratadas nesta obra); nas provas de segunda fase, por outro lado, já se vem requerendo do candidato conhecimentos sobre a jurisprudência do STJ e do STF.

Os artigos mais cobrados são aqueles que tratam das materialidades do ICMS (art. 2º), das hipóteses de isenção e imunidade – que, a rigor, não precisariam ter sido reproduzidas em lei, pois já constam da Constituição – (art. 3º), da base de cálculo do tributo (arts. 8º e 13) e do regime jurídico da não cumulatividade (arts. 19 e 20).

No que diz respeito à jurisprudência dos Tribunais, confere-se destaque-se aos entendimentos – sumulados ou não – do Superior Tribunal de Justiça, por se tratar a LC n. 87/96 de lei federal, embora praticamente todos os julgados relevantes do STF referentes ao ICMS tenham sido contemplados na presente obra.

É importante salientar que os artigos mais cobrados estão destacados em pontilhado nos boxes cinza, como no exemplo abaixo:

Art. 2° O imposto incide sobre:

I – operações relativas à **circulação de mercadorias**, inclusive o fornecimento de alimentação e bebidas em bares, restaurantes e estabelecimentos similares;

II – prestações de serviços de **transporte interestadual e intermunicipal**, por qualquer via, de pessoas, bens, mercadorias ou valores;

III – **prestações onerosas de serviços de comunicação**, por qualquer meio, inclusive a geração, a emissão, a recepção, a transmissão, a retransmissão, a repetição e a ampliação de comunicação de qualquer natureza;

IV – fornecimento de **mercadorias com prestação de serviços não compreendidos na competência tributária dos Municípios**;

V – fornecimento de mercadorias com prestação de serviços sujeitos ao imposto sobre serviços, de competência dos Municípios, **quando a lei complementar aplicável expressamente o sujeitar à incidência do imposto estadual.**

Sumário

Lei Complementar nº 87, de 13.09.1996.
Lei Kandir - ICMS

Dispõe sobre o imposto dos Estados e do Distrito Federal sobre operações relativas à circulação de mercadorias e sobre prestações de serviços de transporte interestadual e intermunicipal e de comunicação, e dá outras providências. **(LEI KANDIR)**

Art. 1º Compete aos Estados e ao Distrito Federal instituir o imposto sobre operações relativas à circulação de mercadorias e sobre prestações de serviços de transporte interestadual e intermunicipal e de comunicação, ainda que as operações e as prestações se iniciem no exterior.

1. **Visão Geral do Imposto.** O Imposto sobre Operações Relativas a Circulação de Mercadorias e Sobre Prestações de Serviços de Transporte Interestadual e Intermunicipal e de Comunicação – ICMS é o maior responsável pela arrecadação tributária do país[1]. Trata-se também do imposto com o **maior número de dispositivos inseridos no corpo da Constituição** – a maioria deles situados no art. 155, §2º, da CF/88.

   1.1. Princípios aplicáveis. O imposto está sujeito aos princípios constitucionais da: a) legalidade (CF/88, art. 150, I); b) isonomia (CF/88, art. 150, II); c) capacidade contributiva (CF/88, art. 145, §1º); d) irretroatividade (CF/88, art. 150, III, "a"); e) anterioridade (CF/88, art. 150, III, "b"); f) anterioridade nonagesimal ou mitigada (CF/88, art. 150, III, "c"); g) vedação à utilização de tributo com efeito de confisco (CF/88, art. 150, IV); h) limitação ao tráfego de pessoas ou bens (CF/88, art. 150, V); i) vedação à instituição de isenções heterônomas (CF/88, art. 151, III); j) não cumulatividade (CF/88, art. 155, §2º, I); k) essencialidade (CF/88, art. 155, §2º, III).

---

1. O ICMS, embora tributo de função marcadamente fiscal, pode, a depender do exercício do princípio da seletividade, positivado no art. 155, §2º, III, da CF/88, adquirir contornos extrafiscais.

▶ **IMPORTANTE:** Recentemente, o Supremo Tribunal Federal reconheceu a repercussão geral da controvérsia relativa à constitucionalidade de norma estadual que fixa a alíquota de 25% para o ICMS-Energia elétrica e para os serviços de telecomunicação, em patamar, portanto, superior ao estabelecido para as operações em geral – 17%. Por não se tratar a energia de bem supérfluo, vai decidir o STF se a previsão de "seletividade em função da essencialidade", contida na Constituição, é efetivamente facultativa ou não.[2]

Aplicação em concurso.

FCC/PGE-MT/PROCURADOR DO ESTADO/MT/2016

"Um Decreto editado pelo Governador de determinado Estado altera o prazo de recolhimento de ICMS, com vigência imediata a partir de sua publicação, no mês de janeiro de 2016. Neste caso, referido decreto, à luz da Constituição Federal, é

(A) incompatível com a Constituição Federal, por ferir o princípio constitucional tributário da legalidade.

(B) incompatível com a Constituição Federal, por ferir o princípio constitucional tributário da anterioridade.

(C) incompatível com a Constituição Federal, por ferir o princípio constitucional tributário da irretroatividade.

(D) compatível com a Constituição Federal, não estando sujeito ao princípio constitucional tributário da anterioridade.

(E) incompatível com a Constituição Federal, por ferir o princípio constitucional tributário da capacidade contributiva."

Resposta: D

VUNESP/TJ-SP/JUIZ/2009)

"Pelo regime jurídico do ICMS,

a) o consumidor final não tem legitimidade para obter a sua restituição no caso de pagamento indevido.

b) é possível, mas não impositiva, a fixação de alíquotas diferenciadas para certos produtos e/ou serviços.

c) ele não gera o fenômeno extrajurídico conhecido como imposto indireto.

d) é vedada a inclusão em sua base de cálculo de qualquer outra espécie de tributo."

2. STF, RE 714139 RG, Relator(a): Min. MARCO AURÉLIO, julgado em 12/06/2014, PUBLIC 26-09-2014.

Resposta: b.

FCC/Sefaz/SP/AgenteFiscal/2009

"A respeito do Imposto sobre operações relativas à circulação de mercadorias e sobre prestações de serviços de transporte interestadual e intermunicipal e de comunicação, é **incorreto** afirmar:

Será sempre seletivo, em função da essencialidade das mercadorias e dos serviços."

Resposta: Correta (afirmativa está incorreta).

CESPE-CEBRASPE/TJ-DFT/Juiz Substituto/2016

"Em observância à anterioridade tributária, a revogação de isenção tributária sobre Imposto sobre a Circulação de Mercadorias e Serviços (ICMS) produzirá efeitos no exercício tributário seguinte ao da publicação da lei que revogou a isenção — e após noventa dias da edição dessa lei —, por constituir forma de majoração indireta de tributo."

Resposta: Certa.

1.2. Lançamento. O **lançamento** do tributo, em regra, dá-se por **homologação**, muito embora, em muitos casos, faça-se indispensável o **lançamento de ofício** por parte das autoridades fazendárias.

1.2.1. Tributo declarado e não pago e Crime de Apropriação Indébita Tributária. A 3ª Seção do Superior Tribunal de Justiça recentemente fixou o entendimento segundo o qual a conduta, levada a efeito pelo sujeito passivo (seja contribuinte ou responsável), de declarar o ICMS e posteriormente "cobrá-lo" do adquirente, mas não repassar os valores devidos à Receita Estadual, enquadra-se no tipo penal de "apropriação indébita tributária", descrito no inciso II do art. 2º da Lei n. 8.137/90. Ao "embutir" o ICMS no preço da operação, mas não recolher o valor devido aos cofres públicos, o sujeito passivo da exação estaria se financiando por meio dos tributos suportados pelos compradores das mercadorias e serviços.

► INFORMATIVO DO STJ:

– "Adotando como premissa o fato de que a jurisprudência atribuiu informalmente a indicação marginal de "apropriação indébita tributária" ao crime previsto no art. 2º, II, da Lei n. 8.137/1990 assemelhando-o ao delito de apropriação indébita, torna-se impositivo reconhecer que as características essenciais deste último ilícito também compõem, mutatis mutandis, o crime tributário, sob pena de lhe creditar uma rubrica informal que não se coaduna com a essência da apropriação indébita. Nesse caminho, resumem-se quatro aspectos essenciais que devem compor a prática do crime intitulado de "apropriação indébita tributária": 1º) Em razão da **inexistência de clandestinidade no delito de apropriação indébita**, que pressupõe, como elemento estrutural, a posse lícita e legítima da coisa alheia móvel, conclui-se de igual forma que, para o delito de "apropriação indébita tributária", o fato de o agente registrar, apurar e declarar em guia própria ou em livros fiscais o imposto devido não tem o condão de elidir ou exercer nenhuma influência na prática do delito; 2º) **O sujeito ativo é aquele que ostenta a qualidade de sujeito passivo da obrigação tributária**, conforme claramente descrito pelo art. 2º, II, da Lei n. 8.137/1990, (...) que não distingue o sujeito passivo direto do indireto da obrigação tributária e, por isso, **nada impede que o sujeito ativo do crime** possa ser, ao menos em tese, tanto o **contribuinte** (sujeito passivo direto da obrigação tributária) quanto o **responsável tributário** (sujeito passivo indireto da obrigação tributária); 3º) Exige, para sua configuração, que a **conduta seja dolosa** (elemento subjetivo do tipo), consistente na consciência (ainda que potencial) de não recolher o valor do tributo; 4º) A descrição típica do crime contém a expressão "valor de tributo ou de contribuição social, descontado ou cobrado", o que, indiscutivelmente, restringe a abrangência do sujeito ativo do delito, haja vista que nem todo sujeito passivo de obrigação tributária que deixa de recolher tributo ou contribuição social responde pelo crime do art. 2º, II, da Lei n. 8.137/1990, mas **somente aqueles que "descontam" ou "cobram" o tributo ou contribuição**. Em relação a esse último aspecto é de fundamental importância que se esclareça o alcance dos termos "descontado" e "cobrado" de que trata do referido dispositivo legal. A interpretação consentânea com a dogmática penal do termo **"descontado"** é a de que **ele se refere aos tributos diretos quando há responsabilidade tributária por substituição**, enquanto o termo **"cobrado" deve ser compreendido nas relações tributárias havidas com tributos indiretos (incidentes sobre o consumo), de maneira que não possui relevância o fato de o ICMS ser próprio ou por substituição**, porquanto, em regra, não haverá ônus financeiro para o contribuinte de direito, na medida em que o valor do tributo é repassado ao consumidor final". (Informativo n. 633.) 3ª Seção. HC 399.109-SC, Rel. Min. Rogerio Schietti Cruz, por maioria, julgado em 22/08/2018, DJe 31/08/2018.

Aplicação em concurso

Cespe | Cebraspe – Procurador do Estado – PGE-PE/2018

Pedro, administrador da empresa X, declarou regularmente o valor de ICMS devido, mas não realizou o pagamento no prazo legal, do que resultou a constituição definitiva do crédito tributário. Nessa situação hipotética, conforme a Lei n.o 8.137/1990 e a jurisprudência dos tribunais superiores, a conduta de Pedro.

A) foi atípica.

B) não será punível se o pagamento for realizado, mesmo fora do prazo.

C) será considerada típica somente se as informações prestadas na declaração forem falsas.

D) configurou crime contra a ordem tributária.

E) configurou fraude.

Resposta: D.

1.3. Classificação. O **ICMS** classifica-se como **tributo estadual, não vinculado, de arrecadação não vinculada, real, indireto e ordinário.**

Aplicação em concurso.

SEGEP/PGE-MA/PROCURADOR DO ESTADO DE SEGUNDA CLASSE/MA/2016

"Considera-se ocorrido o fato gerador e devido o ICMS quando o sujeito passivo faz sua declaração, mesmo não fazendo o pagamento antecipado, que é típico do lançamento por homologação."

Resposta: Correto

CESPE/MP-RN/PROMOTOR DE JUSTIÇA/2009

"Acerca do ICMS, segundo a CF e o CTN, assinale a opção correta.

O tributo é classificado como direto, pois é pago pelo consumidor final."

Resposta: Errado.

VUNESP/TJ-SP/JUIZ/2009

"Pelo regime jurídico do ICMS,

Ele não gera o fenômeno extrajurídico conhecido como imposto indireto."

Resposta: Errada.

2. **Legislação Aplicável ao ICMS.** Além das disposições constitucionais supracitadas, regem o ICMS vários outros diplomas normativos de hierarquia infraconstitucional. São eles: a) leis complementares; b) resoluções

do Senado Federal; c) convênios do Conselho Nacional de Política Fazendária – CONFAZ e; d) legislação ordinária de cada um dos Estados da Federação, bem como do Distrito Federal.

- **Lei Complementar.** Nos termos do art. 155, §2º, XII, da Constituição, cabe à **lei complementar**, dentre outras coisas, definir os contribuintes do imposto, dispor sobre substituição tributária, disciplinar o regime de compensação do imposto, fixar, para efeito de sua cobrança e definição do estabelecimento responsável, o local das operações relativas à circulação de mercadorias e das prestações de serviços, regular a forma como, mediante deliberação dos Estados e do Distrito Federal, isenções, incentivos e benefícios fiscais serão concedidos e revogados.

- **Convênios do CONFAZ.** A função primordial dos **convênios do Conselho Nacional de Política Fazendária – CONFAZ** é a instituição de isenções, incentivos e benefícios fiscais relativos ao ICMS. Bom exemplo é o Convênio CONFAZ n. 142/2011, que dispõe sobre isenção e suspensão do ICMS nas operações e prestações vinculadas à organização e realização da Copa das Confederações Fifa 2013 e da Copa do Mundo Fifa 2014.

- **Resoluções do Senado Federal.** Nos moldes do art. 155, §2º, IV, da CF/88, as **resoluções do Senado Federal** fixarão **as alíquotas aplicáveis às operações interestaduais e de exportação** (Resolução n. 22, de 19 de maio de 1989), bem como as **alíquotas mínimas e máximas aplicáveis às operações internas** (CF/88, Art. 155, §2º, V, "a" e "b"). O assunto será melhor detalhado quando estivermos estudando o aspecto quantitativo da regra matriz do ICMS.

- **Leis ordinárias.** Tanto a instituição quanto a majoração do imposto ficarão sempre a cargo de **lei ordinária estadual** (princípio da legalidade). Referida lei irá dispor também sobre substituição tributária e outros aspectos ligados à sujeição passiva tributária, além disso, deverá conter dispositivos atinentes às obrigações tributárias acessórias e às penalidades pecuniárias decorrentes do inadimplemento das obrigações principal e acessória.

QUADRO SINÓPTICO DA LEGISLAÇÃO APLICÁVEL AO ICMS		
LEGISLAÇÃO APLICÁVEL AO ICMS		
Espécie normativa	**Principais dispositivos ou leis**	**Função exercida**
Constituição Federal	Art. 155, parágrafos 2º a 4º.	Delineamento geral do tributo. Critérios da Regra matriz de Incidência.
Lei Complementar	LC 24/75, LC 87/96, LC 92/97, LC 99/99, LC 102/2000; LC 114/2002, LC 116/2003, LC 122/2006 e LC 160/2017.	Fixar normas gerais do Imposto (sujeitos ativo e passivo, substituição tributária, forma de concessão de isenções por convênios etc.); Mecanismos para evitar Guerra Fiscal entre Estados.
Convênios do CONFAZ	Convênios n.: 69/2010, 142/2011 e outros.	Instituir ou revogar isenções, incentivos e benefícios fiscais.
Resoluções do Senado Federal	Resolução n. 22/89, Resolução n. 95/96.	Fixação de alíquotas mínima e máxima em operações internas; Fixação de alíquotas Interestaduais; Fixação de alíquotas em operações externas.
Leis Ordinárias e Decretos Locais	Leis e Decretos de ICMS de cada Estado e do DF.	Instituição do tributo; Normas específicas em matéria de ICMS; Normas sobre sujeição passiva; Instituição de obrigações acessórias e penalidades.

Aplicação em concurso

TJ-PR/TJ-PR/JUIZ/2010

"Os conflitos de competência entre os Estados federados devem, segundo a Constituição Federal, ser dirimidos pelo Conselho Nacional de Política Fazendária – CONFAZ."

Resposta: Errada.

SEFAZ/SC/Auditor Fiscal-SC/2010

"Assinale a alternativa correta.

a) É facultado ao Senado Federal estabelecer alíquotas mínimas nas operações internas do ICMS, mediante resolução de iniciativa de um terço e aprovada pela maioria absoluta de seus membros e fixar alíquotas máximas nas mesmas operações para resolver conflito específico que envolva interesse de Estados, mediante resolução de iniciativa da maioria absoluta e aprovada igualmente pela maioria absoluta de seus membros.

b) Salvo deliberação em contrário dos Estados e do Distrito Federal, nos termos do disposto no artigo 155, § 2º, XII, "g", CF, as alíquotas internas, nas operações relativas à circulação de mercadorias e nas prestações de serviços, não poderão ser inferiores às previstas para as operações interestaduais, nem superiores às alíquotas de exportação.

c) No que concerne ao ICMS, é correto afirmar que, conforme a CF, resolução do Senado Federal, de iniciativa do Presidente da República ou de um terço dos Senadores, aprovada pela maioria absoluta de seus membros, estabelecerá as alíquotas aplicáveis às operações e prestações, interestaduais e de exportação.

d) O ICMS não incidirá, conforme a CF, sobre operações que destinem a outros Estados petróleo, inclusive lubrificantes, combustíveis líquidos e gasosos dele derivados, e energia elétrica, sobre o ouro, nas hipóteses definidas no art. 153, § 5º, CF, e nas prestações de serviço de comunicação nas modalidades de radiodifusão sonora e de sons e imagens de recepção gratuita ou paga.

e) Cabe à lei complementar definir os contribuintes do ICMS, dispor sobre substituição tributária e disciplinar o regime de compensação do imposto; quanto à previsão de casos de manutenção de crédito, relativamente à remessa para outro Estado e exportação para o exterior, de serviços e de mercadorias, pode ser fixada por lei ordinária."

Resposta: C

SEFAZ/SC/Auditor Fiscal-SC/2010

"Lei ordinária estadual deverá regular a forma como, mediante deliberação dos Estados e do Distrito Federal, isenções, incentivos e benefícios fiscais referentes ao ICMS serão concedidos e revogados, bem como definir os combustíveis e lubrificantes sobre os quais o imposto incidirá uma única vez, qualquer que seja a sua finalidade, hipótese em que não se aplicará a imunidade do artigo 155, § 2º, inciso X, *b*, CF."

Resposta: Errada.

FCC/PGE-SP/PROCURADOR DO ESTADO/2002

"No que se refere ao ICMS, é correto afirmar que resolução do Senado estabelecerá as alíquotas aplicáveis às operações e prestações interestaduais e de exportação."

Resposta: Certa.

UEL-COPS/PGE-PR/Procurador do Estado/2011

"O ITCMD e o ICMS têm suas alíquotas máximas e mínimas fixadas pelo Senado Federal."

Resposta: Errada.

FMP/Procurador do Estado-AC/2012

"Dada a situação hipotética abaixo descrita, assinale a alternativa **correta,** de acordo com o Código Tributário Nacional.

A Secretaria da Fazenda de um dos Estados da Federação editou instrução normativa orientando a todos os contribuintes do ICMS a recolherem referido imposto pela alíquota de doze por cento nas saídas internas de produtos alimentícios industrializados. Passados oito meses, o mesmo órgão público constatou equívoco na orientação exarada por meio da referida instrução, visto que a lei estadual previa para tais operações a alíquota de treze por cento. Houve, assim, a revogação da instrução normativa. Nessas circunstâncias, os contribuintes que observaram a instrução normativa revogada"

a) deverão recolher a diferença do ICMS, acrescida de juros de mora, mas sem atualização monetária.

b) deverão recolher a diferença do ICMS, acrescida de juros de mora e das penalidades cabíveis pelo atraso.

c) deverão recolher a diferença do ICMS, sem a imposição de penalidades, sem a cobrança de juros de mora e sem qualquer atualização do valor monetário da base de cálculo do tributo.

d) deverão recolher a diferença do ICMS, acrescida das penalidades cabíveis pelo atraso, mas sem juros de mora.

Resposta: C.

3. **Lei Complementar n. 87/96 (Lei Kandir) como Lei Nacional em matéria de ICMS.** A principal lei geral nacional reguladora do ICMS é a **Lei Complementar n. 87, de 13 de setembro de 1996**, conhecida como **Lei Kandir**. Do texto da lei constam quase todas as matérias mencionadas no art. 155, §2º, XII, da CF/88, dentre elas: a) sujeição ativa e passiva; b) substituição tributária; c) regime de compensação do imposto; d) não cumulatividade; e) critérios temporal e espacial do tributo.

Aplicação em concurso.

CESPE/MPE-RO/PROMOTOR DE JUSTIÇA/2008

"Um estado da Federação, com a finalidade de melhorar a sua situação financeira, encaminhou projeto de lei ordinária ao Poder Legislativo local alterando critérios na cobrança do ICMS, como a base de cálculo e o fato gerador, os quais não estavam previstos na CF.

Com base na situação hipotética acima apresentada, assinale a opção correta.

a) O estado pode alterar os critérios estabelecidos na CF para cobrança do ICMS, uma vez que possui capacidade tributária.

b) O estado somente poderia fazer as citadas alterações por meio de lei complementar estadual.

c) O princípio da privatividade, como característica da competência tributária, garante ao ente da Federação a autonomia para proceder como descrito na situação em apreço.

d) O estado não pode alterar alíquota de nenhum tributo.

e) O estado da Federação não poderia fazer as mencionadas alterações. Caberia à lei complementar federal dispor diferentemente sobre base de cálculo e fato gerador do ICMS."

Resposta: E

► **IMPORTANTE.** A **lei complementar**, em matéria de ICMS, **não é responsável pela criação** do referido tributo, tampouco pela fixação dos diversos aspectos de sua regra matriz de incidência. O **delineamento geral do imposto** pode ser encontrado na **Constituição**, enquanto a **instituição** da exação, com todos os elementos da regra matriz (sujeito ativo, sujeito passivo, base de cálculo etc), só pode se dar por meio de lei ordinária do ente competente.

– **Súmula 574 do STF:** "Sem lei estadual que a estabeleça, é ilegítima a cobrança do imposto de circulação de mercadorias sobre o fornecimento de alimentação e bebidas em bares e restaurantes."

3.1. LC 87/96 não dispõe sobre a forma como se darão as isenções do ICMS. Nos termos do art. 155, §2º, XII, "g", cabe à lei complementar regular a forma como, mediante deliberação dos Estados e do Distrito Federal, isenções, incentivos e benefícios fiscais serão concedidos e revogados. **Tal função não é desempenhada pela Lei Kandir**, mas sim pela **Lei Complementar n. 24, de 7 de janeiro de 1975**, que será objeto de estudo quando estivermos tratando do art. 3º desta LC 87/96.

Apesar disso, revela-se importante observar que a própria LC 87/96, segundo entendimento do Superior Tribunal de Justiça (a ser estudado mais a frente), institui, validamente, hipóteses de isenção tributária, como no caso do art. 3º, II, da referida Lei Kandir.

3.2. Legislação aplicável antes do advento da LC 87/96. O ICMS, antes do advento da LC 87/96, era regido tanto pelo **Decreto-Lei n. 406, de 31 de dezembro de 1968**, recepcionado pela Constituição de 1988 em virtude do disposto no art. 34, §5º, do Ato das Disposições Constitucionais Transitórias[3], quanto pelo **Convênio ICM n. 66/88**, instituído por força do disposto no §8º do mesmo art. 34 do ADCT[4].

► **STJ:**

– "Até a entrada em vigor da LC nº 87/96, as regras relativas à compensação de créditos referentes ao ICMS estavam dispostas no **Convênio ICMS nº 66/88**, que expressamente **vedava o creditamento** relativo a bens destinados ao **ativo fixo e a uso e consumo** do estabelecimento comercial. (...). A norma convenial é compatível com a exigência do art. 155, § 2º, XII, "c", da Constituição da República, segundo o qual somente lei complementar pode dispor sobre o regime de compensação do imposto. **O art. 34, § 8º, do Ato das Disposições Constitucionais Transitórias – ADCT prevê a celebração de convênios entre os Estados e o Distrito Federal para regular, temporariamente, a matéria relativa ao ICMS**, enquanto não promulgada a norma complementar." (REsp 1038918/SP, Rel. Ministro CASTRO MEIRA, SEGUNDA TURMA, julgado em 07/08/2008, DJe 04/09/2008)

---

3. **Art. 34.** O sistema tributário nacional entrará em vigor a partir do primeiro dia do quinto mês seguinte ao da promulgação da Constituição, mantido, até então, o da Constituição de 1967, com a redação dada pela Emenda nº 1, de 1969, e pelas posteriores.
§ 3º – Promulgada a Constituição, a União, os Estados, o Distrito Federal e os Municípios poderão editar as leis necessárias à aplicação do sistema tributário nacional nela previsto.
§ 4º – As leis editadas nos termos do parágrafo anterior produzirão efeitos a partir da entrada em vigor do sistema tributário nacional previsto na Constituição.
§ 5º – Vigente o novo sistema tributário nacional, fica assegurada a aplicação da legislação anterior, no que não seja incompatível com ele e com a legislação referida nos §3º e § 4º.
4. **Art. 34** (...);
§ 8º – Se, no prazo de **sessenta dias** contados da promulgação da Constituição, **não for editada a lei complementar** necessária à instituição do imposto de que trata o art. 155, I, "b", os Estados e o Distrito Federal, **mediante convênio** celebrado nos termos da Lei Complementar nº 24, de 7 de janeiro de 1975, **fixarão normas para regular provisoriamente a matéria**.

4. **Competência para instituição do ICMS (LC 87/96, art. 1º).** A competência para instituição do ICMS é dos Estados e do Distrito Federal. O art. 1º da LC 87/96 praticamente repete a redação do art. 155, II, da CF/88.

Aplicação em concurso.

CESPE/FUB/CONTADOR/2011

"O ICMS é um imposto sobre operações relativas à circulação de mercadorias e sobre prestação de serviços de transporte interestadual e intermunicipal e de comunicações, de competência dos estados e do Distrito Federal, incidindo inclusive sobre operações e prestações de serviços iniciadas fora do território nacional."

Resposta: Certa.

CESPE/MP-RN/PROMOTOR DE JUSTIÇA/2009

Acerca do ICMS, segundo a CF e o CTN, assinale a opção correta.

O tributo é de competência estadual e municipal.

Resposta: Errada.

CESPE/MP-RN/PROMOTOR DE JUSTIÇA/2009

"Acerca do ICMS, segundo a CF e o CTN, assinale a opção correta.

a) O tributo é de competência estadual e municipal.

b) O tributo pode ser cobrado considerando a essencialidade das mercadorias objeto da operação comercial.

c) O tributo é classificado como direto, pois é pago pelo consumidor final.

d) Benefício fiscal poderá ser concedido em relação à sua cobrança, por meio de lei ordinária estadual, independentemente de acordo no Conselho Nacional de Política Fazendária.

e) A alíquota interna do ICMS, via de regra, será inferior às alíquotas interestaduais."

Resposta: b.

✦ **Competência para instituição do ICMS nos Territórios.** Nos termos do art. 147 da Constituição, **competem à União**, em Território Federal, os impostos estaduais e, se o Território não for dividido em Municípios, cumulativamente, os impostos municipais; ao Distrito Federal cabem também os impostos municipais.

Art. 2º O imposto incide sobre:

I – operações relativas à **circulação de mercadorias**, inclusive o fornecimento de alimentação e bebidas em bares, restaurantes e estabelecimentos similares;

II – prestações de serviços de **transporte interestadual e intermunicipal**, por qualquer via, de pessoas, bens, mercadorias ou valores;

III – **prestações onerosas de serviços de comunicação**, por qualquer meio, inclusive a geração, a emissão, a recepção, a transmissão, a retransmissão, a repetição e a ampliação de comunicação de qualquer natureza;

IV – fornecimento de **mercadorias com prestação de serviços não compreendidos na competência tributária dos Municípios**;

V – fornecimento de mercadorias com prestação de serviços sujeitos ao imposto sobre serviços, de competência dos Municípios, **quando a lei complementar aplicável expressamente o sujeitar à incidência do imposto estadual.**

1. **O critério material do ICMS.** A regra matriz de incidência do ICMS, constante do art. 155, II, da Constituição Federal, contém, na verdade, **3 (três) diferentes exações**, quais sejam: 1) ICMS sobre **Operações Relativas à Circulação de Mercadorias**; 2) ICMS sobre **Serviços de Transporte Interestadual e Intermunicipal** e; 3) ICMS sobre **Serviços de Comunicação**.

   Importante lembrar que, nos termos do **art. 116, parágrafo único, do CTN**, "A autoridade administrativa poderá desconsiderar atos ou negócios jurídicos praticados com a finalidade de dissimular a ocorrência do fato gerador do tributo ou a natureza dos elementos constitutivos da obrigação tributária, observados os procedimentos a serem estabelecidos em lei ordinária".

Aplicação em concurso.

FCC/Sefaz/SP/AgenteFiscal/2009

"O fisco paulista considerou como operações dissimuladas o fato de uma grande rede de supermercados criar sete estabelecimentos de pequeno porte, pretendendo beneficiar-se do regime especial do Simples Paulista, pagando ICMS com alíquota reduzida. Neste caso, com base no Código Tributário Nacional, é correto afirmar que

a) há de se desconsiderar o fracionamento, eis que se trata de fusão de empresas.

b) a autoridade fazendária deverá responsabilizar os sócios de acordo com os procedimentos a serem estabelecidos em Lei ordinária.

c) a autoridade fazendária nada poderá fazer, devendo aguardar manifestação obrigatória do Poder Judiciário.

d) a autoridade fazendária poderá desconsiderar o fracionamento da empresa, de acordo com os procedimentos a serem estabelecidos em Lei ordinária, eis que praticado com a finalidade de dissimular a ocorrência do fato gerador do tributo ou a natureza dos elementos constitutivos da obrigação tributária.

e) os estabelecimentos de pequeno porte devem responder pelo pagamento do ICMS de forma solidária."

Resposta: d.

2. ICMS sobre Operações Relativas à Circulação de Mercadorias (LC 87/96, art. 2º, I, IV e V). Podemos afirmar que o primeiro dos aspectos materiais do ICMS ora em estudo é a realização de uma **operação relativa à circulação de mercadorias**, ainda que tais operações se iniciem no exterior. A regra, positivada no art. 155, II, da Constituição Federal, está presente também nos artigos 1º e 2º da Lei Complementar n. 87/96 – Lei Kandir.

2.1. Operações relativas à circulação. Quando a Constituição fala em operações relativas à circulação de mercadorias, quer, na verdade, se referir a atos ou negócios jurídicos que impliquem a mudança da propriedade das referidas mercadorias. Em suma, é imprescindível a **circulação jurídica do bem** para fins de incidência do ICMS, **não bastando o mero deslocamento físico**.

– **Súmula 573 do STF:** "Não constitui fato gerador do imposto de circulação de mercadorias a saída física de máquinas, utensílios e implementos a título de comodato."

✦ **Comodato e venda de bem objeto de consignação.** Também no caso do comodato ou venda de bem objeto de consignação, por não haver transferência da titularidade jurídica do bem, **não há que se falar em incidência do ICMS.**

▶ **STJ:**

– "Se os equipamentos são cedidos em **comodato**, não se pode falar em 'saída' sob a perspectiva da legislação do ICMS, entendida como circulação de mercadoria com transferência de propriedade. **Nesse caso, os bens não deixam de integrar o patrimônio do contribuinte**." REsp 1.307.876-SP, Rel. Min. Herman Benjamin, julgado em 5/2/2013. **Informativo n. 516**.

– "**Não incide ICMS sobre a operação de venda, promovida por agência de automóveis, de veículo usado objeto de consignação pelo proprietário.** A circulação de mercadorias prevista no art. 155 da CF é a jurídica, que exige efetivo ato de mercancia, para o qual concorrem a finalidade de obtenção de lucro e a transferência de titularidade, a qual, por sua vez, pressupõe a transferência de uma pessoa para outra da posse ou da propriedade da mercadoria. **A mera consignação do veículo, cuja venda deverá ser promovida por agência de automóveis, não representa circulação jurídica da mercadoria, porquanto não induz à transferência da propriedade ou da posse da coisa, inexistindo, dessa forma, troca de titularidade a ensejar o fato gerador do ICMS.** Nesse negócio jurídico, não há transferência de propriedade à agência de automóveis, pois ela não adquire o veículo de seu proprietário, apenas intermedeia a venda da coisa a ser adquirida diretamente pelo comprador. De igual maneira, não há transferência de posse, haja vista que a agência de automóveis não exerce sobre a coisa nenhum dos poderes inerentes à propriedade (art. 1.228 do CC)." REsp 1.321.681-DF, Rel. Min. Benedito Gonçalves, julgado em 26/2/2013. Informativo n. 515

Aplicação em concurso.

ESAF/AUDITOR FISCAL DA RECEITA ESTADUAL-MG/2015

"Assinale a afirmativa correta.

a) Uma vez comprovada a invalidade do título jurídico pelo qual a mercadoria se encontrava na posse do titular do estabelecimento, a respectiva saída efetiva não constitui fato gerador do ICMS.

b) O ICMS não incide sobre operações com livros em branco, destinados à escrituração.

c) O ICMS não incide sobre a saída de mercadoria do estabelecimento do comerciante, destinada a armazém geral de terceiro, para guarda em nome do adquirente.

d) Não ocorre o fato gerador do ICMS na saída de mercadoria de estabelecimento de contribuinte, quando em decorrência de bonificação.

e) O ICMS não incide na saída de bem em decorrência de comodato."

Resposta: E

Cespe|Cebraspe – Procurador do Estado – PGE-PE/2018

Determinada empresa de revenda de veículos usados aceitou automóvel de passeio em consignação com o objetivo de intermediar a venda. Dada a pouca demanda dos clientes pelo veículo, resolveu transportá-lo para uma de suas filiais, dentro do mesmo estado, com maior visibilidade de mercado. No que se refere a essa situação hipotética, considere as asserções apresentadas a seguir.

I. O ICMS incide sobre a operação de transferência entre as filiais, mas não sobre a operação de consignação.

II. Para a incidência do ICMS, exige-se a transferência física da mercadoria.

Assinale a opção correta.

A) As asserções I e II são falsas.

B) A asserção I é verdadeira, e a II, falsa.

C) A asserção I é falsa, e a II, verdadeira.

D) As asserções I e II são verdadeiras, e a II é justificativa da I.

E) As asserções I e II são verdadeiras, e a II não é uma justificativa da I

Resposta: A.

2.1.1. Deslocamento de bens entre estabelecimentos de um mesmo titular. As operações de circulação de mercadorias entre estabelecimentos do mesmo titular são conhecidas como **transferências.** Aqui, levando-se em conta os conceitos e definições já expostos, tem-se concluído pela impossibilidade de tributação em virtude da **inexistência de circulação jurídica do bem**.

– **Súmula 166 do STJ:** "Não constitui fato gerador do ICMS o simples deslocamento de mercadoria de um para outro estabelecimento do mesmo contribuinte."

► **STF:**

"O simples deslocamento da mercadoria de um estabelecimento para outro da mesma empresa, sem a transferência de propriedade, não caracteriza a hipótese de incidência do ICMS[5]*"* (STF, **RE 596.983-AgR**, Segunda Turma, julgamento em 12-5-2009)

► **IMPORTANTE:** Não se tem admitido a incidência do ICMS nem mesmo nos casos de **transferências interestaduais**, ou seja, nos casos de remessas de

5. **No mesmo sentido**: STF, AI 618.947-AgR, Segunda Turma, julgamento em 2-3-2010; STF, RE 267.599-AgR, Segunda Turma, julgamento em 24-11-2009; STF, AI 693.714-AgR, Primeira Turma, julgamento em 30-6-2009; STF, AI 481.584-AgR, Primeira Turma, julgamento em 30-6-2009.

mercadorias entre estabelecimentos do mesmo titular situados em Estados diversos[6].

Aplicação em concurso.

FGV/OAB/XIX EXAME DE ORDEM UNIFICADO/2016

"Zeta é uma sociedade empresária cujo objeto social é a compra, venda e montagem de peças metálicas utilizadas em estruturas de shows e demais eventos. Para o regular exercício de sua atividade, usualmente necessita transferir tais bens entre seus estabelecimentos, localizados entre diferentes municípios do Estado de São Paulo. Apesar de nessas operações não haver transferência da propriedade dos bens, mas apenas seu deslocamento físico entre diferentes filiais de Zeta, o fisco do Estado de São Paulo entende que há incidência de Imposto sobre Circulação de Mercadorias e Prestação de Serviços – ICMS nesse remanejamento. Diante da falta de recolhimento do imposto, o fisco já reteve por mais de uma vez, por seus Auditores Fiscais, algumas mercadorias que estavam sendo deslocadas entre as filiais, buscando, assim, forçar o pagamento do imposto pela sociedade empresária. Considere que, entre a primeira retenção e a sua constituição como advogado, passaram-se menos de dois meses. Considere, ainda, que todas as provas necessárias já estão disponíveis e que o efetivo pagamento do tributo, ou o depósito integral deste, obstaria a continuidade das operações da empresa que, ademais, não quer se expor ao risco de eventual condenação em honorários, no caso de insucesso na medida judicial a ser proposta.

Com receio de sofrer outras cobranças do ICMS e novas retenções, e também pretendendo a rápida liberação das mercadorias já apreendidas, uma vez que elas são essenciais para a continuidade de suas atividades, a sociedade empresária Zeta o procura para, na qualidade de advogado, elaborar a petição cabível, ciente de que, entre a retenção e a constituição do advogado, há período inferior a 120 (cento e vinte) dias, e que, para a demonstração dos fatos, há a necessidade, apenas, de prova documental que lhe foi entregue."

2.2. Mercadorias para fins de incidência. Para fins de incidência de ICMS, mercadorias são **bens móveis adquiridos pelos comerciantes para realização de suas atividades primordiais**. Podem ser revendidas no estado em que adquiridas ou mesmo transformadas. São mercadorias também as coisas móveis produzidas para venda, bem como, nas importações, os **bens adquiridos para uso ou consumo próprio.**

6. Dentre outros, confira-se: STJ, REsp 772891/RJ, Primeira Turma, julgado em 15/03/2007.

Chamamos **produtos intermediários** aqueles que integram o processo produtivo e se agregam à mercadoria – embora também sejam considerados **mercadorias para fins de incidência** – para posterior circulação.

✦ **Bens incorpóreos.** Em que pese alguma controvérsia inicial, a jurisprudência vem admitindo a incidência de ICMS nas operações envolvendo **bens incorpóreos**, ainda que adquiridos por meio de **transferência eletrônica de dados**.

▶ **STF:**

– "ICMS. Incidência sobre **softwares adquiridos** por meio de **transferência eletrônica de dados** (art. 2º, § 1º, item 6, e art. 6º, § 6º, ambos da Lei impugnada). Possibilidade. **Inexistência de bem corpóreo ou mercadoria em sentido estrito. Irrelevância.** O Tribunal não pode se furtar a abarcar situações novas, consequências concretas do mundo real, com base em premissas jurídicas que não são mais totalmente corretas." (ADI 1945 MC, Relator(a): Min. OCTAVIO GALLOTTI, Relator(a) p/ Acórdão: Min. GILMAR MENDES, Tribunal Pleno, julgado em 26/05/2010, DJe-047 DIVULG 11-03-2011).

✦ **Operação com água encanada.** É ilegítima a cobrança de ICMS sobre água encanada, uma vez que se trata de **serviço público essencial e não mercadoria**. Diferente é o caso das **operações de compra e venda de garrafas de água mineral**; aqui, por estar presente **atividade tipicamente mercantil**, será devido o imposto.

▶ **STF:**

– "**Não incide ICMS sobre o serviço de fornecimento de água encanada**. (...) Consignou-se que **as águas públicas** derivadas de rios ou mananciais seriam qualificadas juridicamente como bem de uso comum do povo, consoante os artigos 20, III, e 26, I, da CF, **não equiparáveis a uma espécie de mercadoria, sobre a qual incidiria o ICMS.** Dessa forma, o tratamento químico necessário ao consumo não teria o condão de descaracterizar a água como bem público de uso comum de todos. (...) Assinalou-se que os conceitos de "operação", "circulação" e "mercadoria" permaneceriam umbilicalmente ligados. **No caso, reputou-se que estariam ausentes os elementos que caracterizariam o aspecto material da hipótese de incidência do ICMS, quais sejam: "circulação" e "mercadoria", na medida em que as concessionárias — promotoras da operação de fornecimento de água — não deteriam poderes jurídicos de disposição sobre ela**, tampouco poderiam lhe dar destinação comercial, dada a sua natureza de bem público." RE 607056/RJ, rel. Min. Dias Toffoli, 10.4.2013.(RE-607056). **Informativo n. 701.**

QUADRO SINÓPTICO SOBRE OPERAÇÕES RELATIVAS À CIRCULAÇÃO DE MERCADORIAS	
OPERAÇÕES RELATIVAS À CIRCULAÇÃO DE MERCADORIAS	
OPERAÇÕES RELATIVAS À CIRCULAÇÃO	MERCADORIAS PARA FINS DE INCIDÊNCIA
Deve implicar mudança de propriedade	Coisas móveis adquiridas para venda ou revenda
Em regra, contrato de compra e venda	Produtos intermediários
Natureza mercantil-comercial	Coisas móveis adquiridas para uso ou consumo próprio, na importação.

3. **Operações mistas (LC 87/96, art. 2º, I, IV e V).** Chamamos de operações mistas aquelas em que verificadas, simultaneamente, **operações de circulação de mercadorias** e **prestações de serviços**. A depender do caso, pode incidir sobre a operação: a) **apenas o ICMS**; b) **apenas o Imposto Municipal sobre Serviços – ISSQN** ou; c) **ICMS sobre a operação referente à circulação de mercadoria e ISS sobre o serviço**. Na Constituição Federal, o tema é tratado no art. 155, §2º, IX, "b".

3.1. Incidência exclusiva do ICMS. Nos casos de **fornecimento simultâneo de mercadorias e serviços**, haverá incidência apenas do ICMS quando os serviços fornecidos não estiverem contemplados na lista de serviços anexa à Lei Complementar n. 116/2003 – que regula o ISSQN.

A base de cálculo do ICMS, aqui, será o **valor do serviço prestado somado ao valor das mercadorias** fornecidas, a exemplo do que acontece no fornecimento de alimentação e bebidas em bares, restaurantes e estabelecimentos similares.

- **Súmula 163 do STJ:** "O fornecimento de mercadorias com a simultânea prestação de serviço em bares, restaurantes e estabelecimentos similares constitui fato gerador do ICMS a incidir sobre o valor total da operação."

- **Súmula 574 do STF:** "Sem lei estadual que a estabeleça, é ilegítima a cobrança do imposto de circulação de mercadorias sobre o fornecimento de alimentação e bebidas em restaurante ou estabelecimento similar."

Aplicação em concurso.

UEL-COPS/Auditor Fiscal-PR/2012

"De acordo com a Lei Estadual nº 11.580/1996, que regula o imposto sobre operações relativas à circulação de mercadorias e sobre prestações de serviços de transporte interestadual e intermunicipal e de comunicação (ICMS), no Estado do Paraná, considere as afirmativas a seguir.

Há incidência de imposto sobre as operações relativas a mercadorias que tenham sido ou que se destinem a utilização na prestação de serviço de qualquer natureza, ressalvadas as hipóteses previstas na Constituição do Estado do Paraná."

Resposta: Errada.

FCC/PGE-SP/Procurador do Estado – SP/2009.

"É vedado aos Estados exigir o ICMS sobre fornecimento de refeições por restaurantes, exceto se o consumo for realizado fora do estabelecimento, visto que não há circulação de mercadorias quando o consumo é realizado *in loco*."

Resposta: Errada.

FGV/Auditor Fiscal – RJ/2010

"Existem ressalvas previstas na Lei Complementar 116/03 com relação a imposto incidente, conjuntamente com o ISS, em algumas operações. Essas ressalvas dizem respeito ao

a) IOF.

b) IPI.

c) ITR.

d) IPVA.

e) ICMS."

Resposta: E.

3.2. Incidência exclusiva do ISSQN. Ainda falando de operações mistas (fornecimento simultâneo de mercadorias e serviços), incidirá apenas o ISSQN Municipal nos casos em que o **serviço** prestado **estiver incluído** na mencionada – e extensa – **lista anexa à LC 116/2003**. Trata-se da **regra geral** aplicável às operações mistas.

3.2.1. Empreitada de construção civil. Das operações mistas sobre as quais incide apenas o ISSQN, a situação que desperta maior controvérsia doutrinária e jurisprudencial é a da **empreitada de construção civil** com **fornecimento de material produzido pelo empreiteiro no local da obra**.

Exemplo clássico da referida operação é o **fornecimento de concreto** pelo empreiteiro, **preparado nos caminhões de sua propriedade (betoneiras)**, e descarregado na obra.

✦ **Empreitada como modalidade de prestação de serviço.** Tem prevalecido o entendimento no sentido de que sobre referidas operações não haverá incidência de ICMS, em virtude da ausência de circulação de mercadoria apta a caracterizar o fato gerador desse tributo. Tem-se levado em consideração que:

– **A produção do concreto não é realizada de forma padronizada, em escala industrial**, para revenda, mas sim com vistas aos interesses específicos de cada obra[7].

– **As empresas de construção civil são contribuintes do ISSQN**, que deverá incidir sobre o valor total da operação.

▶ **STJ:**

– "Está pacificada nesta Corte a **não-incidência do ICMS** no fornecimento de **peças pré-moldadas produzidas pela empreiteira** responsável pela realização da obra contratada, em virtude da **ausência de circulação de mercadoria** apta a caracterizar o fato gerador desse tributo." (STJ, AgRg no Ag 1130668/SP, Primeira Turma, julgado em 06/08/2009[8]).

Aplicação em concurso.

FCC/TJ-GO/JUIZ SUBSTITUTO/2009

"ICMS é o imposto que incide sobre a circulação de mercadorias e prestações de serviços de transporte interestadual e intermunicipal e de comunicação. Sobre a disciplina constitucional e legal do ICMS, com amparo na jurisprudência sumulada do STJ, é correto afirmar que incide ICMS sobre o fornecimento de concreto, por empreitada, para construção civil, preparado no trajeto até a obra em betoneiras acopladas a caminhões."

Resposta: errada.

3.2.2. Fornecimento de fitas de vídeo, DVDs e *Blu-Ray Disc*. O mesmo entendimento mencionado acima deve ser aplicado aos casos de fornecimento de filmes por meio de fitas de vídeo, DVDs e *Blu-Ray Disc*. Aqui, devemos **diferenciar** (a) a **venda, em escala industrial, de produtos padronizados,**

7. CARRAZZA, Roque Antonio. **ICMS.** 10. ed. São Paulo: Malheiros, 2005. p. 119.
8. No mesmo sentido: STJ, REsp 884.501/SP, Segunda Turma, julgado em 26/08/2008, STJ, AgRg no RMS 28.035/ES, Primeira Turma, julgado em 03/03/2009.

realizada por empresas de natureza mercantil-comercial, como lojas e grandes magazines, por exemplo, dos (b) serviços específicos prestados, sob encomenda, por empresas cinematográficas e produtoras independentes.

- **Venda de filmes em escala industrial.** Por se estar diante de operação relativa a circulação de mercadorias, haverá incidência exclusiva do ICMS.
- **Filmes produzidos por encomenda**. Na segunda hipótese, por sua vez, estaremos diante de **serviço individualizado, prestado por contribuinte de ISSQN**. Referido serviço, não custa salientar, consta do item n. 13.05 da lista de serviços anexa à LC 116/2003.
- **Súmula 662 do STF:** "É legítima a incidência do ICMS na comercialização de exemplares de obras cinematográficas, gravados em fitas de videocassete."
- **Súmula 156 do STJ:** "A prestação de serviço de composição gráfica, personalizada e sob encomenda, ainda que envolva fornecimento de mercadorias, está sujeita, apenas, ao ISS."

Aplicação em concurso.

FCC/TJ-GO/JUIZ/2009

"ICMS é o imposto que incide sobre a circulação de mercadorias e prestações de serviços de transporte interestadual e intermunicipal e de comunicação. Sobre a disciplina constitucional e legal do ICMS, com amparo na jurisprudência sumulada do STJ, é correto afirmar que incide ICMS na gravação e distribuição de filmes e videoteipes."

Resposta: Errada.

3.2.3. Serviço de montagem de pneus. Incidirá **apenas o ISSQN** também sobre o **serviço de montagem de pneus**, ainda que a sociedade empresária também forneça os pneus utilizados na montagem.

▶ **STJ:**

- "(...) A lista de serviços anexa à LC 116/2003, que estabelece quais serviços sofrem a incidência do ISS, comporta interpretação extensiva, para abarcar os serviços correlatos àqueles previstos expressamente, uma vez que, se assim não fosse, ter-se-ia, pela simples mudança de nomenclatura de um serviço, a incidência ou não do ISS. (...) Realizando-se uma **interpretação extensiva da legislação de regência** verifica-se que **o serviço de montagem de pneus encontra-se inserido dentro do item 14.01 da lista anexa à Lei Complementar 116/2003**, por se enquadrar dentro do item manutenção e conservação de veículos. Desta forma não há que se falar em incidência do ICMS quanto ao serviço de montagem de pneus. (REsp 1307824/SP, Rel. Ministro MAURO CAMPBELL MARQUES, SEGUNDA TURMA, julgado em 27/10/2015, DJe 09/11/2015)

► **IMPORTANTE.** *O caso das* **embalagens** *adquiridas pela empresa e utilizadas em processo subsequente de industrialização, ainda que tais embalagens tenham sido fornecidas sob encomenda, é diferente dos apontados acima.*

A súmula 156 do STJ tem por pressuposto, conforme evidenciam os precedentes que a sustentam, que os serviços de impressão gráfica sejam preponderantes na operação considerada. Pode-se afirmar, portanto, sem contradizer a súmula, que a fabricação de produtos, ainda que envolva secundariamente serviços de impressão gráfica, não está sujeita ao ISS[9]. Trata-se de caso clássico de produto intermediário sujeito à incidência de ICMS.

---

*Nas palavras da Suprema Corte pátria, "**o ISS não incide sobre operações de industrialização por encomenda de embalagens, destinadas à integração ou utilização direta em processo subsequente de industrialização ou de circulação** de mercadoria. Presentes os requisitos constitucionais e legais, incidirá o ICMS" (STF,* **ADI 4.389-MC**, *Plenário, julgamento em 13-4-2011).*

3.3. Incidência simultânea de ISSQN e ICMS. Incidirá ICMS sobre a operação relativa à circulação da mercadoria fornecida e ISSQN sobre o serviço prestado somente quando houver expressa ressalva nesse sentido em lei complementar, a exemplo do que se vê nos itens de números 7.02, 7.05, 14.01, 14.03 e 17.11 da lista anexa à **LC 116/2003** – que regula o ISSQN.

✦ **Exemplo:** O item n. 7.02 da LC 116/2003, que trata da **execução, por administração, empreitada ou subempreitada, de obras de construção civil, hidráulica ou elétrica e de outras obras semelhantes**, *inclusive sondagem, perfuração de poços, escavação, drenagem e irrigação, terraplanagem, pavimentação, concretagem e a instalação e montagem de produtos, peças e equipamentos*, sujeita referidos serviços ao ISSQN, ressalvando expressamente ***o fornecimento de mercadorias produzidas pelo prestador de serviços fora do local da prestação dos serviços, que fica sujeito ao ICMS***. Assim, podemos concluir que: a **produção de concreto** pela própria empreiteira só não dará ensejo à cobrança de ICMS quando realizada no local da obra ou mesmo nos caminhões da empresa (betoneiras). **As mercadorias produzidas fora do local** da prestação dos serviços **ficarão sujeitas ao referido imposto**.

9. STJ, REsp 725246/PE, Rel. Ministro TEORI ALBINO ZAVASCKI, PRIMEIRA TURMA, julgado em 25/10/2005, DJ 14/11/2005, p. 215

▶ **STJ:**

– "As **empresas do ramo da construção civil são contribuintes do ISS,** não sendo admitido subtrair da base de cálculo do tributo o montante referente às sub-empreitadas e aos materiais utilizados pela construtora. (...) In casu, o Tribunal de origem consignou que: 'É bem verdade que o item 7.02 da Lei Complementar nº 116/03 contém a exceção: ('exceto o fornecimento de mercadorias produzidas pelo prestador de serviços fora do local da prestação de serviços, que fica sujeito ao ICMS'). Todavia, tal exceção exclui a incidência do imposto municipal desde que a hipótese seja de fornecimento de concreto sólido, sob a forma de lajotas, vigas, postes ou outros pré-moldados, do que não se tem notícia nos autos. **Portanto, tratando-se de prestação de serviços previstos no item 7.02, da Lista de Serviços anexa à Lei Complementar Federal nº 116/03, a base de cálculo do Imposto sobre Serviços de Qualquer Natureza (ISSQN) será, conforme o disposto no art. 7º, da Lei Complementar em comento, tão-somente o preço do serviço, excluídos, portanto, os materiais fornecidos, sejam eles de produção própria (sujeitos ao ICMS) ou adquiridos de terceiros**, sob pena de haver dupla tributação o que é constitucionalmente vedado.' (fls. 275 e ss.) 3. Agravo Regimental desprovido. (AgRg no REsp 1189255/RS, Rel. Ministro LUIZ FUX, PRIMEIRA TURMA, julgado em 05/08/2010, DJe 18/08/2010)

QUADRO SINÓPTICO DAS OPERAÇÕES MISTAS		
OPERAÇÕES MISTAS (FORNECIMENTO SIMULTÂNEO DE MERCADORIAS E SERVIÇOS)		
• **Incidência de ICMS**	• **Incidência de ISS**	• **Incidência de ICMS sobre mercadoria e ISS sobre Serviços**
• Serviço não consta da Lista Anexa à LC 116/2003	• Serviço consta da Lista Anexa à LC 116/2003	• Serviço consta da Lista Anexa à LC 116/2003, porém, há ressalva expressa para incidência de ICMS sobre a mercadoria
• Ex.: Fornecimento de alimentação em bares e restaurantes	• Ex.: Produção de concreto em betoneiras para utilização em empreitadas de construção civil	• Ex.: Produção de concreto fora do local da obra pelo empreiteiro de construção civil. Serviço sujeito ao ISS e mercadoria sujeita ao ICMS

4. **Prestações de Serviços de Transporte Interestadual e Intermunicipal (LC 87/96, art. 2º, II).** O ICMS incidirá também sobre as prestações de serviços de transporte interestadual e intermunicipal, por qualquer via, de pessoas, bens, mercadorias ou valores, ainda que o serviço tenha se iniciado no exterior (CF/88, art. 155, II).

Maiores considerações sobre os critérios temporal (momento da incidência), espacial (local em que se considera realizada a operação) subjetivo (sujeitos ativo e passivo) e quantitativo (alíquota e base de cálculo) dessa modalidade do tributo serão tecidas no momento oportuno.

- **Não incidência em caso de serviços prestados em regime de direito público.** O imposto só incide, importante ressaltar, *"sobre **serviços prestados em regime de direito privado** (por particular, empresas privadas, empresas públicas ou sociedades de economia mista), que não se confundem com os serviços públicos, submetidos a regime jurídico diverso.*[10]*"*

- **ICMS-Transporte e Contrato Autônomo.** Não haverá incidência do ICMS, por exemplo, nos casos de entrega, pelo próprio contribuinte, em veículos de sua propriedade, das mercadorias comercializadas. **É preciso que exista um contrato autônomo de prestação de serviço de transporte**, também conhecido como **"frete"**, diverso do contrato de compra e venda preexistente. No caso de transporte realizado pelo próprio comerciante, o valor deverá ser incluído no preço final da mercadoria, base de cálculo do **ICMS sobre Circulação.**

- **Transporte "Intramunicipal".** Também **não sofrerá incidência do ICMS** o transporte realizado dentro dos estritos limites do município. Aqui, o tributo passível de cobrança é o ISSQN municipal.

Aplicação em concurso.

FCC/Auditor Fiscal Estadual de Tributos – RO/2010

"O ICMS incide sobre a prestação de serviço de transporte intermunicipal e intramunicipal, por qualquer via, de pessoas, bens, mercadorias ou valores."

Resposta: Errada.

CESPE/OAB/EXAME UNIFICADO/2009

"O ICMS, de competência de estado da Federação, incidirá sobre a prestação de serviço de transporte, ainda que o ônibus coletivo urbano não circule além do limite de um de seus municípios."

10. PAULSEN, Leandro; MELO, José Eduardo Soares de. **Impostos federais, estaduais e municipais.** 5. ed. Porto Alegra: Livraria do Advogado, 2010. P. 223.

Resposta: Errada.

4.1. Transporte Aéreo de Passageiros ou Carga. Em tese, a lei complementar poderia prever a incidência do tributo sobre qualquer modalidade de transporte (rodoviário, ferroviário, aquático etc.), independentemente do objeto do contrato (pessoas, cargas etc.), contudo, em virtude de algumas omissões constantes da LC 87/96, relacionadas a seguir, **o Supremo Tribunal Federal julgou inconstitucional a cobrança do ICMS nas prestações de serviços de transporte aéreo interestadual, intermunicipal e até mesmo internacional de passageiros**, assim como nos **serviços de transporte aéreo internacional de cargas.**

✦ **Transporte aéreo de passageiros.** Entendeu-se, em primeiro lugar, que **o transporte aéreo intermunicipal, interestadual e internacional de passageiros,** na forma estabelecida pela LC 87/96, **não permitiria a aplicação da fórmula constitucional de repartição de receita do ICMS entre os Estados**. Em outras palavras, restou consignado que a lei seria omissa quanto aos critérios para cálculo do valor devido a cada entidade da federação em razão das mencionadas operações.

▶ **STF:**

– "Concluindo o julgamento de mérito de ação direta de inconstitucionalidade ajuizada pelo Procurador-Geral da República contra vários dispositivos da LC 87/96, que institui o ICMS (v. Informativos 132, 218 e 219), o Tribunal, por maioria, julgou-a procedente em parte para declarar, sem redução de texto, a **inconstitucionalidade** da instituição **do ICMS** sobre a prestação de serviços de **transporte aéreo de passageiros intermunicipal, interestadual, internacional** e de **transporte internacional de cargas**, por entender que a formatação da LC 87/96 seria inconsistente para o transporte de passageiros pois **impossibilitaria a repartição do ICMS entre os Estados**, não havendo como aplicar as alíquotas internas e externas. Ação direta julgada improcedente na parte relativa ao transporte nacional de cargas." ADIn 1.600-DF, rel. originário Min. Sydney Sanches, red. p/ acórdão Min. Nelson Jobim, 26.11.2001.(ADI-1600). **Informativo 252.**

✦ **Transporte aéreo internacional de cargas.** Entendeu-se, em segundo lugar, que **a tributação de operações de transporte internacional de cargas afrontaria o princípio da isonomia**, sobretudo em virtude das **diversas isenções concedidas às empresas aéreas estrangeiras** por meio de tratados e acordos internacionais[11].

11. STF, ADI 1600, Pleno, julgado em 26/11/2001.

QUADRO SINÓPTICO DA INCIDÊNCIA DE ICMS – TRANSPORTE EM OPERAÇÕES DE TRANSPORTE AÉREO		
Operações de Tráfego Aéreo de Cargas e Passageiros e Incidência de ICMS		
Modalidade	**Transporte de Passageiros**	**Transporte de Cargas**
Não incidência	Operações intermunicipais, interestaduais e internacionais	Operações internacionais
Motivo	Impossibilidade de aplicação da fórmula constitucional de repartição de receias entre entes da Federação.	Violação ao princípio da isonomia. Existência de diversos tratados internacionais que concedem isenção ás empresas estrangeiras.

5. **Prestação Onerosa de Serviço de Comunicação (LC 87/96, art. 2º, III).** Para falarmos no **ICMS-Comunicação**, é indispensável que vislumbremos **o fornecimento, pelo contribuinte, dos meios materiais necessários para que a comunicação possa se estabelecer.** Em outras palavras, deve haver um contrato oneroso que tenha por objetivo tornar possível uma comunicação.

Haverá incidência do ICMS-Comunicação, por exemplo, quando da prestação dos serviços onerosos: a) de **telefonia (móvel e fixa)**, pelas concessionárias de serviço público; b) de **radiofusão sonora e de sons e imagens**, pelas operadoras de TV a Cabo (**pagas**) e; c) de **propaganda**, por meio de painéis e *outdoors* espalhados pela cidade[12].

Aplicação em concurso.

FCC/Auditor Fiscal Estadual de Tributos – RO/2010

"O ICMS incide sobre a prestação onerosa de serviço de comunicação, por qualquer meio."

Resposta: Correta.

5.1. Provedores de acesso à internet. As **empresas de telefonia (emissoras)** são contribuintes do **ICMS-Comunicação**, por exemplo, por disponibilizarem aos usuários (receptores) a estrutura indispensável à comunicação, como fios, cabos elétricos e grandes antenas captadoras de sinal. Da mesma forma, as operadoras de TV a cabo também fornecerão, de maneira onerosa, todos os meios físicos para que a comunicação se estabeleça, devendo, portanto, recolher o ICMS-Comunicação.

12. STJ, REsp 114.171/SP, Primeira Turma, julgado em 17/06/1997.

Nessa toada, os **provedores de acesso à internet** não recolherão o ICMS--Comunicação justamente por não serem os responsáveis pela disponibilização do suporte material necessário à realização da comunicação. Referidas empresas (**provedoras**), na verdade, **são também usuárias dos serviços** prestados pelas concessionárias de telefonia.

– **Súmula 334 do STJ:** "O ICMS não incide no serviço de provedores de acesso à internet".

Aplicação em concurso.

FCC/TJ-GO/JUIZ/2009

"ICMS é o imposto que incide sobre a circulação de mercadorias e prestações de serviços de transporte interestadual e intermunicipal e de comunicação. Sobre a disciplina constitucional e legal do ICMS, com amparo na jurisprudência sumulada do STJ, é correto afirmar que incide ICMS sobre serviço dos provedores de acesso à Internet."

Resposta: Errada.

5.2. Serviços conexos aos de comunicação. Só haverá incidência do ICMS Comunicação quando esta for a **atividade fim prestada**, ou seja, quando estivermos diante de efetivo processo de geração, emissão, recepção, transmissão, retransmissão, repetição e ampliação de comunicação de qualquer natureza.

São exemplos de serviços conexos – ou auxiliares – aos de comunicação os de **troca de titularidade de aparelho celular**, **detalhamento de conta**, **troca de número**, mudança de endereço de cobrança de conta telefônica, troca de plano de serviço, habilitação, troca de área de registro, habilitação e religação.

► **STJ:**

– **Súmula 350 do STJ: "**O ICMS não incide sobre o serviço de habilitação de telefone celular."

– "A Seção, prosseguindo o julgamento, por maioria, **afastou a incidência do ICMS sobre o procedimento de habilitação de telefonia móvel celular**, porquanto **os serviços acessórios ou suplementares ao serviço de comunicação** (locação de aparelhos, manutenção das estações rádio-base, das torres de transmissão, dos softwares de gerenciamento e outros serviços similares) **têm a função de proporcionar as condições materiais necessárias à implementação do serviço**

de comunicação e a sua manutenção. Desse modo, tais serviços, **por si sós,** não possibilitam a emissão, transmissão ou receptação de informações e, por isso, **não se enquadram no conceito de serviço de comunicação**, por se constituírem em atos preparatórios ou posteriores à atividade tributada (...)." REsp 760.230-MG, Rel. Min. Luiz Fux, julgado em 27/5/2009. Informativo n. 396.

– "A Turma negou provimento ao recurso e reiterou o entendimento de que, na prestação do **serviço de pager ou rádio-chamada**, incide o **ICMS** e não o ISSQN." REsp 1.088.913-SP, Rel. Min. Luiz Fux, julgado em 16/4/2009. Informativo n. 390.

– "PROCESSUAL CIVIL. RECURSO ESPECIAL. TRIBUTÁRIO. ICMS. SERVIÇOS CONEXOS (SUPLEMENTARES) AO DE COMUNICAÇÃO (TELEFONIA MÓVEL): TROCA DE TITULARIDADE DE APARELHO CELULAR; CONTA DETALHADA; TROCA DE APARELHO; TROCA DE NÚMERO; MUDANÇA DE ENDEREÇO DE COBRANÇA DE CONTA TELEFÔNICA; TROCA DE ÁREA DE REGISTRO; TROCA DE PLANO DE SERVIÇO; BLOQUEIO DDD E DDI; HABILITAÇÃO; RELIGAÇÃO. NÃO INCIDÊNCIA DO ICMS. (...) A prestação de **serviços conexos ao de comunicação por meio da telefonia móvel** (que são preparatórios, acessórios ou intermediários da comunicação) **não se confunde com a prestação da atividade fim**, processo de transmissão (emissão ou recepção) de informações de qualquer natureza, esta sim, passível de incidência pelo ICMS. Desse modo, a despeito de alguns deles serem essenciais à efetiva prestação do serviço de comunicação e admitirem a cobrança de tarifa pela prestadora do serviço (concessionária de serviço público), por assumirem o caráter de atividade meio, não constituem, efetivamente, serviços de comunicação, razão pela qual não é possível a incidência do ICMS." (REsp 1176753/RJ, Rel. Ministro NAPOLEÃO NUNES MAIA FILHO, Rel. p/ Acórdão Ministro MAURO CAMPBELL MARQUES, PRIMEIRA SEÇÃO, julgado em 28/11/2012, DJe 19/12/2012)

– "A questão posta no REsp cinge-se à possibilidade de compensação tributária em operações mercantis de serviços de telefonia móvel (celular) nas quais ocorreram inadimplência de usuário ou furto de comunicação por clonagem. **A Turma entendeu que inexiste previsão legal a amparar a tese da recorrente de que teria direito à compensação e suspensão da exigibilidade tributária em operações mercantis de serviços de telefonia móvel nas quais ocorreu inadimplência do**

usuário ou furto por clonagem. Observou-se que **o fato gerador do ICMS na telefonia é a disponibilidade da linha em favor do usuário que contrata, onerosamente, os serviços de comunicação da operadora.** Observou-se, ainda, que a inadimplência e o furto por clonagem fazem parte dos riscos da atividade econômica, não podendo estes ser transferidos ao Estado. Portanto, **nos termos do art. 118 do CTN, o descumprimento da operação de compra e venda mercantil não afasta a ocorrência do fato gerador do referido tributo.** Diante disso, negou-se provimento ao recurso." REsp 1.189.924-MG, Rel. Min. Humberto Martins, julgado em 25/5/2010. Informativo n. 436.

5.2.1. Assinatura Mensal Básica Telefônica. Recentemente, o Plenário do Supremo Tribunal Federal, após reconhecer a Repercussão Geral da Matéria, decidiu que os serviços remunerados pela chamada assinatura mensal básica telefônica não são meros acessórios, incidindo ICMS sobre a referida tarifa, **independentemente da franquia de minutos concedida ou não ao usuário**. O julgado em comento representou **superação de jurisprudência do Superior Tribunal de Justiça**[13].

▶ **INFORMATIVO DO STF:**

–"(...) Quanto ao mérito, o Colegiado concluiu que a tarifa de assinatura básica mensal não é serviço, mas a contraprestação pelo serviço de comunicação propriamente dito, prestado pelas concessionárias de telefonia e consistente no **fornecimento, em caráter continuado, das condições materiais para que ocorra a comunicação entre o usuário e terceiro, o que atrai a incidência do ICMS**.

Asseverou que **a ausência de franquia de minutos vinculada ao preço cobrado e, assim, de efetiva comunicação entre o usuário e terceiro são irrelevantes e não descaracterizam o serviço** remunerado pelo valor da assinatura básica mensal como serviço de comunicação.

Acrescentou que o que a Constituição Federal autoriza os Estados e o Distrito Federal a tributar não é exatamente o transporte transmunicipal, a comunicação ou quaisquer outros serviços, mas as prestações onerosas desses serviços.

Aduziu, por fim, que entendimento contrário atribuiria ao plano de serviço, elaborado pela Agência Nacional de Telecomunicações (Anatel) ou

---

13. STJ, EDcl no REsp 1022257/RS, Segunda Turma, julgado em 09/12/2008.

pelas próprias prestadoras, a possibilidade de definir a base de cálculo do ICMS-comunicação, o que afastaria a incidência tributária de certas quantias pelo fato de serem cobradas dos usuários a título de tarifa de assinatura básica mensal. Dessa forma, **o próprio contribuinte, por ato individual de vontade, poderia definir como bem entendesse a base de cálculo do tributo devido**, o que seria inadmissível.

Vencidos os ministros Luiz Fux e Ricardo Lewandowski, que negavam provimento ao recurso, por considerarem que a assinatura básica não seria serviço de comunicação, não devendo incidir, portanto, o ICMS."

STF, RE 912888/SP, rel. min. Teori Zavascki, 13.10.2016. (**INFORMATIVO 843**)

§ **1º** O imposto incide também:

I – sobre a **entrada de mercadoria ou bem importados do exterior**, por **pessoa física ou jurídica, ainda que não seja contribuinte habitual do imposto**, qualquer que seja a sua finalidade;

II – sobre o **serviço prestado no exterior** ou cuja prestação se tenha iniciado no exterior;

III – **sobre a entrada**, no território do Estado destinatário, **de petróleo, inclusive lubrificantes e combustíveis líquidos e gasosos dele derivados**, e de **energia elétrica**, quando não destinados à comercialização ou à industrialização, decorrentes de operações interestaduais, cabendo o imposto ao Estado onde estiver localizado o adquirente.

§ **2º** A caracterização do fato gerador independe da natureza jurídica da operação que o constitua.

1. **ICMS incidente sobre importações de mercadorias ou serviços na redação original da Constituição.** A redação original da Constituição de 1988 previa a incidência do ICMS sobre a entrada de mercadoria importada do exterior, ainda quando se tratasse de bem destinado a consumo ou ativo fixo do estabelecimento, assim como sobre serviços prestados no exterior, cabendo o imposto ao Estado onde estivesse situado o estabelecimento destinatário da mercadoria ou do serviço (**CF/88, art. 155, §2º, IX, a – Redação original**).

O texto, por se referir apenas à circulação de mercadorias destinadas aos estabelecimentos comerciais, permitia que operações de importação realizadas por pessoas físicas, independentemente do valor, fossem realizadas livres da incidência do ICMS. Isso, obviamente, dava ensejo a uma

série de práticas abusivas e fraudulentas. Empresários de todo o país passaram a realizar operações comerciais envolvendo aquisição de bens de elevados valores sob as vestes de *"importação de mercadorias, por pessoa física, para uso próprio"*.

2. **ICMS incidente sobre importações de mercadorias ou serviços após a EC 33/2001 (LC 87/96, art. 2º, §1º, I e II).** A fim de fazer cessar as práticas mencionadas acima, foi promulgada a **Emenda Constitucional n. 33, de 11 de dezembro de 2001**, alteradora da redação da alínea "a" do art. 155, §2º, IX, da Constituição. A partir de então, a incidência do ICMS passou a se dar sobre a entrada de bem ou mercadoria importados do exterior promovida **tanto por pessoas jurídicas quanto por pessoas físicas, ainda que não contribuintes habituais** do imposto, cabendo o tributo ao Estado onde estiver situado o domicílio ou o estabelecimento do destinatário da mercadoria ou bem. Pouco tempo depois, também a redação do art. 2º, §1º, I, da LC 87/96 foi alterada para se adequar ao texto da Constituição.

Aplicação em concurso.

UEL-COPS/Auditor Fiscal-PR/2012

"O ICMS incide sobre a entrada de mercadoria ou bem importados do exterior, por pessoa física ou jurídica, ainda que não seja contribuinte habitual do imposto, qualquer que seja a sua finalidade."

Resposta: Correta.

SEFAZ/SC/Auditor Fiscal-SC/2010

"O ICMS incide sobre a entrada de bem ou mercadoria importados do exterior por pessoa física ou jurídica, ainda que não seja contribuinte habitual do imposto, desde que o bem tenha finalidade de mercancia, assim como sobre o serviço prestado no exterior, cabendo o imposto ao Estado onde estiver situado o domicílio ou o estabelecimento do destinatário da mercadoria, bem ou serviço."

Resposta: Errada

FCC/TJ-GO/JUIZ/2009

"ICMS é o imposto que incide sobre a circulação de mercadorias e prestações de serviços de transporte interestadual e intermunicipal e de comunicação. Sobre a disciplina constitucional e legal do ICMS, com amparo na jurisprudência sumulada do STJ, é correto afirmar que incide ICMS na importação de veículo por pessoa física, destinado a uso próprio."

Resposta: Certa.

▶ **IMPORTANTE:** As leis estaduais que previam a incidência do ICMS sobre importações realizadas por pessoas físicas ou jurídicas não contribuintes habituais do imposto **antes do advento da EC 33/2001** foram julgadas inconstitucionais pelo Supremo Tribunal Federal.

▶ **STF:**

– "O Supremo Tribunal Federal possui o entendimento consolidado no sentido de que não incide ICMS sobre **importações realizadas por bens destinados ao consumo e ao ativo fixo**, realizadas por pessoa física ou jurídica que **não seja contribuinte habitual do referido imposto, antes da promulgação da EC 33/2001.** Incidência da Súmula STF 660." (**AI 674.396-AgR**, Rel. Min. **Ellen Gracie**, julgamento em 29-3-2011, Segunda Turma, *DJE* de 27-4-2011.)

▶ **IMPORTANTE 2:** As leis estaduais posteriores ao **advento da EC 33/2001,** mas **anteriores à LC n. 114/2002**, que tratou do assunto com status de lei nacional, são válidas, tendo em vista que, na ausência de lei geral sobre determinada matéria, assiste aos Estados **competência plena** para legislar sobre ICMS.

▶ **STF:**

– "É válida lei estadual que dispõe acerca da **incidência do ICMS sobre operações de importação** editada **após a vigência da EC 33/2001**, mas **antes da LC 114/2002**, visto que **é plena a competência legislativa estadual enquanto inexistir lei federal sobre norma geral**, conforme **art. 24, § 3º Constituição Federal**". (RE 917950 AgR/SP, rel. Min. Teori Zavascki, 2 T., julgamento em 5.12.2017. Informativo 887)

3. **Operações internas com petróleo, combustíveis líquidos e gasosos e lubrificantes dele derivados e energia elétrica (art. 2º, §1º, III).** Outra espécie do gênero ICMS sobre Circulação de Mercadorias diz respeito às operações envolvendo os bens mencionados acima, considerados mercadorias para fins de incidência.

Conforme será mais detidamente analisado nos comentários ao art. 3º da presente lei complementar, **o ICMS incidente sobre operações com combustíveis e energia elétrica não incidirá nas operações interestaduais**.

Por ora, basta saber que **o tributo incidirá** apenas **nas operações internas** – tanto do Estado produtor quanto do Estado de Destino –, **bem como**

nas operações interestaduais realizadas entre o Estado produtor e o consumidor final situado no Estado de destino, cabendo a este último, à alíquota interna, o tributo.

Aplicação em concurso.

FCC/PGE-SP/Procurador do Estado – SP/2009.

"Nas operações interestaduais com combustível derivado de petróleo, o ICMS é devido integralmente ao Estado produtor."

Resposta: Errada.

3.1. Operações com energia elétrica: demanda contratada de potência x demanda consumida. Nas operações com energia elétrica, **só teremos a materialidade do ICMS nas situações em que houver o efetivo consumo da energia**, daí porque não se admite a incidência nos casos de demanda meramente contratada de potência. **Não haverá incidência também nos casos de furto de energia elétrica.**

► **STJ:**

– **Súmula n. 391:** "O ICMS incide sobre o valor da tarifa de energia elétrica correspondente à demanda de potência efetivamente utilizada."

– "No **recurso submetido ao regime do art. 543-C do CPC** e art. 6º da Res. n. 8/2008-STJ, a Seção assentou, por maioria, que, levando-se em conta o fato gerador e não a política tarifária fixada pelo art. 2º, XII, da Res. ANEEL n. 456/2000, bem como por se tratar de mercadoria e não de um serviço, **não há que se falar em incidência de ICMS no fornecimento de energia elétrica no caso de demanda contratada, mas apenas sobre o consumo, a ser calculado tomando-se por base a demanda da potência elétrica com efeito utilizada**, afastadas, ademais, as alegações de ofensa aos arts. 2º, VI, e 19 do Convênio n. 66/1988; arts. 2º, I, 12, I, e 13, I, da LC n. 87/1996 e art. 116, II, do CTN." REsp 960.476-SC, Rel. Min. Teori Albino Zavascki, julgado em 11/3/2009. Informativo n. 386.

– **"A energia furtada antes da entrega ao consumidor final não pode ser objeto de incidência do ICMS**, tomando por base de cálculo o valor da última operação realizada entre a empresa produtora e a que distribui e comercializa a eletricidade. **O fato gerador do ICMS é o consumo de energia elétrica**, portanto o **momento do consumo é o elemento temporal da obrigação tributária**, sendo o **aspecto**

espacial o local onde ela é consumida, logo o estado de destino é que recolhe o imposto. Dessa forma, o ICMS deve incidir sobre o valor da energia efetivamente consumida. Portanto, **embora a base de cálculo do ICMS inclua as operações de produção e distribuição, conforme determinam os arts. 34, § 9º, do ADCT e 9º da LC n. 87/1996, essas fases não configuram isoladamente hipótese de incidência do mencionado imposto**. Assim, a energia elétrica furtada nas operações de transmissão e distribuição não sofre incidência de ICMS por absoluta "intributabilidade" em face da não ocorrência do fato gerador." REsp 1.306.356-PA, Rel. Min. Castro Meira, julgado em 28/8/2012. Informativo n. 503.

Aplicação em concurso.

CESPE/TCE-BA/PROCURADOR/2010

"Ao Estado é permitido cobrar o ICMS sobre o valor da tarifa de energia elétrica correspondente à demanda de potência efetivamente disponibilizada ao consumidor."

Resposta: Errada.

PUC-PR/PGE-PR/Procurador do Estado/2015

"A pessoa jurídica Alfa Ltda, sediada no Estado do Paraná, ajuíza Ação de Repetição de Indébito em face da referida unidade federativa com vistas à devolução de ICMS recolhido sobre demanda de potência contratada e não utilizada.

Diante da situação hipotética narrada acima, à luz da legislação vigente, bem como da jurisprudência do Superior Tribunal de Justiça, responda, de maneira fundamentada, aos itens a seguir:

a) É válida a cobrança de ICMS sobre demanda de potência contratada e não utilizada?

b) Na qualidade de mera consumidora da energia elétrica (contribuinte de fato), a Pessoa Jurídica Alfa Ltda possui legitimidade ativa para a ação de repetição de indébito em face do Estado do Paraná?"

3.2. Outros tributos incidentes sobre operações relativas a energia elétrica e derivados de petróleo. Nos termos do **art. 155, §3º, da Constituição de 1988**, à exceção dos Impostos sobre Importação e Exportação, **nenhum outro imposto, além do ICMS, poderá incidir sobre operações relativas a energia elétrica, serviços de telecomunicações, derivados de petróleo, combustíveis e minerais do País**. Não há óbice, no entanto, à incidência de outras espécies tributárias, como PIS e COFINS, por exemplo, sobre referidas operações.

– **Súmula 659 do STF:** "É legítima a cobrança da COFINS, do PIS e do FINSOCIAL sobre as operações relativas a energia elétrica, serviços de telecomunicações, derivados de petróleo, combustíveis e minerais do País."

3.3. Operações no Mercado de Curto Prazo da Câmara de Comercialização de Energia Elétrica - CCEE. A legislação autoriza alguns agentes econômicos a adquirirem energia elétrica no chamado "mercado livre". Enquanto os chamados **"consumidores cativos"** compram energia das concessionárias distribuidoras situada na localidade em que exercem suas atividades, a uma tarifa fixada pelo governo, os **"consumidores livres"** adquirem a "mercadoria" diretamente de "geradores" ou de outros "comercializadores" de energia, por meio de negócios bilaterais livremente pactuados.

Nesses contratos, acorda-se uma determinada quantidade de energia e, invariavelmente, utiliza-se um pouco mais ou um pouco menos do que o contratado. As sobras e os déficits são negociados entre consumidores, no âmbito de um mercado específico, chamado de **Mercado de Curto Prazo da Câmara de Comercialização de Energia Elétrica** - CCEE.

Sobre as operações realizados no mercado da CCEE **não incide ICMS.**

▶ **Informativo do STJ:**

– "Inicialmente, salienta-se que **as operações do Mercado de Curto Prazo da Câmara de Comercialização de Energia Elétrica - CCEE envolvem as sobras e os déficits de energia elétrica** que foram contratados bilateralmente entre os consumidores livres e os agentes de produção e/ou comercialização, tendo a CCEE o papel de intermediar, de forma multilateral, os consumidores credores e devedores, realizando a liquidação financeira dessas posições, utilizando como parâmetro o Preço de Liquidação de Diferenças (PLD) por ela apurado. Em verdade, essas operações realizadas no Mercado de Curto Prazo não caracterizam propriamente contratos de compra e venda de energia elétrica, mas sim cessões de direitos entre consumidores, mediante a celebração de contratos bilaterais e cujo valor total já sofreu a tributação do imposto estadual, o que permite concluir que nova tributação dessas sobras implicaria indevido bis in idem". 1ª Turma. REsp 1.615.790-MG, Rel. Min. Gurgel de Faria, por unanimidade, julgado em 20/02/2018, DJe 09/04/2018.

Art. 3º O imposto **não incide** sobre:

I – operações com livros, jornais, periódicos e o papel destinado a sua impressão;

II – operações e prestações que destinem ao exterior mercadorias, inclusive produtos primários e produtos industrializados semi-elaborados, ou serviços;

III – operações interestaduais relativas a energia elétrica e petróleo, inclusive lubrificantes e combustíveis líquidos e gasosos dele derivados, quando destinados à industrialização ou à comercialização;

IV – **operações com ouro**, quando definido em lei como ativo financeiro ou instrumento cambial;

V – operações relativas a mercadorias que tenham sido ou que se destinem a ser utilizadas na prestação, pelo próprio autor da saída, de serviço de qualquer natureza definido em lei complementar como sujeito ao imposto sobre serviços, de competência dos Municípios, ressalvadas as hipóteses previstas na mesma lei complementar;

VI – operações de qualquer natureza de que decorra a transferência de **propriedade de estabelecimento industrial**, comercial ou de outra espécie;

VII – operações decorrentes de **alienação fiduciária em garantia**, inclusive a operação efetuada pelo credor em decorrência do inadimplemento do devedor;

VIII – operações de **arrendamento mercantil, não compreendida a venda do bem** arrendado ao arrendatário;

IX – operações de qualquer natureza de que decorra a **transferência de bens móveis salvados de sinistro para companhias seguradoras.**

Parágrafo único. Equipara-se às operações de que trata o inciso II a saída de mercadoria realizada com o fim específico de exportação para o exterior, destinada a:

I – empresa comercial exportadora, inclusive tradings ou outro estabelecimento da mesma empresa;

II – armazém alfandegado ou entreposto aduaneiro.

1. **Imunidades aplicáveis ao ICMS (LC 87/96, art. 3º, I a IV).** Conforme exposto anteriormente, não é função da lei, seja ela ordinária ou complementar, discriminar hipóteses de imunidades tributárias. Temos com isso que grande parte dos dispositivos do art. 3º da LC 87/96 revela-se totalmente desnecessária. **O simples fato de serem repetidas hipóteses de não incidência previstas na Constituição não as transforma em isenções.**

   Algumas normas do referido art. 3º, porém, mantém o status de norma de isenção, como aquela prevista no art. 3º, inciso II, como se verá mais adiante.

   Dito isso, iremos estudar adiante as imunidades aplicáveis ao ICMS com base nas normas extraídas da CF/88.

2. **Imunidades genéricas.** Aplicam-se- ao ICMS as imunidades genéricas, previstas no art. 150, VI, alíneas "a" a "e" da Constituição (imunidades: recíproca, religiosa, cultural, dos partidos políticos, das entidades sindicais dos trabalhadores e das instituições de educação e assistência social sem fins lucrativos e musical e artística). As hipóteses que geram maiores debates doutrinários e jurisprudenciais dizem respeito às imunidades das instituições beneficentes de assistência social e à imunidade cultural.

2.1. Imunidade genérica das instituições beneficentes ou de assistência social. Em que pese alguma controvérsia inicial, consolidou-se – na doutrina e na jurisprudência – o entendimento segundo o qual se aplicam ao ICMS as imunidades conferidas pela Constituição às instituições beneficentes ou de assistência social (CF/88, art. 150, VI, "c").

► **STF:**

– "O Tribunal, por maioria, negou provimento a embargos de divergência opostos, em embargos declaratórios, contra acórdão da 2ª Turma que não conhecera de recurso extraordinário do embargante ao fundamento de que a **imunidade prevista no art. 150, VI, c, da CF, que veda a instituição de impostos sobre patrimônio, renda ou serviços de entidades de assistência social, abrange o ICMS.** Invocava-se como paradigma o acórdão proferido pela 1ª Turma no RE 164162/SP (DJU de 13.9.96) que entendera não configurar violação à mencionada **imunidade** a exigência fiscal sobre os bens produzidos e fabricados pela entidade, tendo em conta repercutir o ônus, economicamente, no consumidor, contribuinte de fato do tributo que se acha embutido no preço. Considerou-se o entendimento fixado pelo Plenário no RE 210251/SP (DJU de 28.11.2003) no sentido de **estarem as entidades de assistência social imunes à incidência do ICMS relativamente à comercialização de bens por elas produzidos**, nos termos do art. 150, VI, c, da CF. Vencido o Min. Carlos Britto, que dava provimento ao recurso, adotando a orientação preconizada pela 1ª Turma." RE 186175 EDiv-ED/SP, rel. Min. Ellen Gracie, 23.8.2006. (RE-186175) – INFORMATIVO N. 437.[14]

► **IMPORTANTE:** Para que a entidade faça jus à referida imunidade, no entanto, faz-se indispensável que as operações de venda de mercadorias

14. Na 1ª edição desta obra, colacionamos entendimento já superado pelo STF, segundo o qual a imunidade das entidades de assistência social sem fins lucrativos só existiria no momento da aquisição de bens.

por ela realizadas estejam de alguma forma **relacionadas às suas finalidades essenciais.**

▶ **STJ:**

– **"Não há imunidade tributária** em relação ao ICMS decorrente da prática econômica desenvolvida por entidade de assistência social sem fins lucrativos que tem por finalidade realizar ações que visem **à promoção da pessoa com deficiência, quando desempenhar atividade franqueada da Empresa Brasileira de Correios e Telégrafos (ECT),** ainda que **a renda obtida reverta-se integralmente aos fins institucionais da referida entidade."** (STJ, Segunda Turma, **RMS 46.170-MS,** Rel. Min. Humberto Martins, julgado em 23/10/2014.)

2.1.1. Imunidade das instituições beneficentes ou de assistência social e responsabilidade tributária. Como as imunidades **não se prestam a beneficiar o responsável tributário**, mas apenas o contribuinte da exação, ou seja, aquele que possui relação pessoal e direta com o fato gerador da obrigação, não se admite que entidade de assistência social e de educação sem fins lucrativos, na qualidade de mero responsável pelo recolhimento do ICMS, faça jus à imunidade prevista no supracitado art. 150, VI, c, da Constituição, nos casos em que o produtor-vendedor não for também beneficiário da imunidade

▶ **STF:**

"Recurso extraordinário interposto de acórdão que considerou válida a responsabilização tributária do Serviço Social da Indústria – SESI pelo recolhimento de ICMS devido em operação de circulação de mercadoria, sob o regime de diferimento. Alegada violação do art. 150, IV, c da Constituição, que dispõe sobre a imunidade das entidades assistenciais sem fins lucrativos. A responsabilidade ou a substituição tributária não alteram as premissas centrais da tributação, cuja regra-matriz continua a incidir sobre a operação realizada pelo contribuinte. **Portanto, a imunidade tributária não afeta, tão-somente por si, a relação de responsabilidade tributária ou de substituição e não exonera o responsável tributário ou o substituto**. Recurso extraordinário conhecido, mas ao qual se nega provimento." (RE 202987, Relator(a): Min. JOAQUIM BARBOSA, Segunda Turma, julgado em 30/06/2009, PUBLIC 25-09-2009).

Tema nº 342 da Gestão por Temas da **Repercussão Geral**. Tese: "**A imunidade tributária subjetiva aplica-se a seus beneficiários na posição de**

contribuinte de direito, mas **não na de simples contribuinte de fato**, sendo irrelevante para a verificação da existência do beneplácito constitucional a repercussão econômica do tributo envolvido." (RE 608872, Relator(a): Min. DIAS TOFFOLI, Tribunal Pleno, julgado em 23/02/2017, PUBLIC 27-09-2017)

2.2. Imunidade recíproca dos correios. A **imunidade recíproca** aplica-se também aos serviços de transporte de mercadorias prestados pelos **Correios, ainda que em concorrência com os particulares**, segundo entendimento do STF.

De acordo com o relator do RE 627.051, Ministro Dias Toffoli, **a Empresa Brasileira de Correios e Telégrafos – ECT tem o encargo de alcançar todos os lugares do Brasil, não importando o tamanho ou a distância dos grandes centros, e a empresa não pode se recusar a levar qualquer encomenda, ao contrário do que ocorre na iniciativa privada.** Para ele, ademais disso, **a ECT utiliza espaços ociosos nos veículos para transportar as mercadorias, logo não está criando uma estrutura para competir exclusivamente com empresas particulares.** Sustentou, por fim, não haver como se distinguir a base de cálculo referente ao transporte de mercadorias a fim de se definir a incidência do imposto[15].

2.3. Imunidade cultural. Veremos, quando estivermos falando de não cumulatividade, que, em respeito à imunidade cultural, **haverá manutenção dos créditos referentes às operações anteriores àquelas envolvendo livros, jornais, periódicos e o papel destinado a sua impressão**. Em outras palavras, *não se estornam créditos referentes a mercadorias e serviços que venham a ser objeto de operações ou prestações com o papel destinado à impressão de livros, jornais e periódicos* (LC 87/96, art. 21, §2º). O estorno de crédito do ICMS (não creditamento) implicaria onerar com esse imposto o próprio produto imune, o qual passaria a conter em seu preço carga tributária de ICMS, situação vedada pela Constituição.

▶ **STF:**

RECURSO EXTRAORDINÁRIO – MEDIDA CAUTELAR – PRESSUPOSTOS NECESSÁRIOS À CONCESSÃO DO PROVIMENTO CAUTELAR (RTJ 174/437-438) – ICMS – **INSUMOS DESTINADOS À IMPRESSÃO DE LIVROS, JORNAIS E PERIÓDICOS – INEXIGIBILIDADE DE ESTORNO DOS CRÉDITOS – TRANSGRESSÃO À NORMA CONSTITUCIONAL DA IMUNIDADE TRIBUTÁRIA**

15. STF, RE 627.051, Relator Ministro Dias Toffoli, Pleno, julgado em 12/11/2014.

– CUMULATIVA OCORRÊNCIA, NO CASO, DOS REQUISITOS CONCERNENTES À PLAUSIBILIDADE JURÍDICA E AO "PERICULUM IN MORA" – PRECEDENTES – MAGISTÉRIO DA DOUTRINA – DECISÃO REFERENDADA PELA TURMA. (STF, AC 2559 MC-REF, Segunda Turma, julgado em 14/06/2010).

Aplicação em concurso.

FGV/OAB/XI EXAME DE ORDEM UNIFICADO

Determinada editora de livros, revistas e outras publicações foi autuada pela fiscalização de certo Estado, onde mantém a sede da sua indústria gráfica, pela falta de recolhimento de ICMS incidente sobre álbum de figurinhas.

Nessa linha, à luz do entendimento do STF sobre a matéria em pauta, tal cobrança é

a) inconstitucional, por força da aplicação da isenção tributária.

b) inconstitucional, por força da aplicação da imunidade tributária.

c) constitucional, por força da inaplicabilidade da imunidade tributária.

d) inconstitucional, por estar o referido tributo adstrito à competência tributária da União Federal.

Resposta: b)

2.3.1. Imunidade cultural: livros eletrônicos. Para o Supremo Tribunal Federal, a imunidade cultural impede a instituição do ICMS também para operações envolvendo livros eletrônicos, leitores de livros eletrônicos (*kindle* e congêneres), audiolivros e suporte eletrônico para livros, como CD´s e DVD´s. No entanto, consolidou-se o entendimento de que a imunidade em comento não alberga operações referentes a circulação de *tablets*, smartphones e laptops, tendo em vista que sua função primordial não é a leitura de livros eletrônicos.

► **STF:**

"(...) 5. **É dispensável para o enquadramento do livro na imunidade em questão que seu destinatário (consumidor) tenha necessariamente que passar sua visão pelo texto e decifrar os signos da escrita. Quero dizer que a imunidade alcança o denominado "audio book", ou audiolivro (livros gravados em áudio, seja no suporte CD-Rom, seja em qualquer outro)**. 6. **A teleologia da regra de imunidade igualmente alcança os aparelhos leitores de livros eletrônicos (ou e-readers) confeccionados exclusivamente para esse fim, ainda que, eventualmente, estejam**

equipados com funcionalidades acessórias ou rudimentares que auxiliam a leitura digital, tais como dicionário de sinônimos, marcadores, escolha do tipo e do tamanho da fonte etc. Esse entendimento não é aplicável aos aparelhos multifuncionais, como tablets, smartphone e laptops, os quais vão muito além de meros equipamentos utilizados para a leitura de livros digitais. 7. **O CD-Rom é apenas um corpo mecânico ou suporte. Aquilo que está nele fixado (seu conteúdo textual) é o livro. Tanto o suporte (o CD-Rom) quanto o livro (conteúdo) estão abarcados pela imunidade da alínea d do inciso VI do art. 150 da Constituição Federal.** 8. Recurso extraordinário a que se nega provimento. **TESE DA REPERCUSSÃO GERAL: 9**. Em relação ao tema nº 593 da Gestão por Temas da Repercussão Geral do portal do STF na internet, foi aprovada a seguinte tese: **"A imunidade tributária constante do art. 150, VI, d, da CF/88 aplica-se ao livro eletrônico (e-book), inclusive aos suportes exclusivamente utilizados para fixá-lo."** (RE 330817, Relator(a): Min. DIAS TOFFOLI, Tribunal Pleno, julgado em 08/03/2017, REPERCUSSÃO GERAL – MÉRITO PUBLIC 31-08-2017)

Aplicação em concurso.

TJ/SP/Juiz Substituto/VUNESP/2017

"Considerando-se o disposto no artigo 150, VI, "d" da Constituição Federal de 1988, notadamente a expressão "... e o papel destinado à sua impressão", é de se concluir corretamente que:

(A) somente o livro de papel deve ser imune a impostos, uma vez que, operando a imunidade como limitação ao poder de tributar de que dotado o Estado, sua interpretação há de ser restritiva.

(B) somente o livro de papel é imune a impostos, à vista da cláusula expressa "... e o papel destinado à sua impressão". (artigo 150, VI, "d", Constituição Federal).

(C) se a Constituição não distinguiu o suporte tecnológico de elaboração de livros, jornais e periódicos, não pode o intérprete fazê-lo para o fim de ampliar a imunidade.

(D) a imunidade deve ser estendida também aos livros com suportes em CD e outros meios eletrônicos, em face das interpretações evolutiva e teleológica".

Resposta: d

2.3.2. Imunidade cultural: maquinário destinado à impressão de livros. A imunidade cultural **não impede a tributação do maquinário destinado à confecção de livros**, jornais e periódicos, embora proteja qualquer material assimilável a papel utilizado no processo de impressão e a própria tinta especial para jornal.

▶ **Informativo do STF:**

"(...) A imunidade tributária prevista no art. 150, VI, "d", da Constituição Federal (CF), **não abarca o maquinário utilizado no processo de produção de livros, jornais e periódicos**. Com base nesse entendimento, a Primeira Turma, por maioria, deu provimento ao agravo regimental. A Turma entendeu que a imunidade tributária visa à garantia e efetivação da livre manifestação do pensamento, da cultura e da produção cultural, científica e artística. **Assim, é extensível a qualquer material assimilável a papel utilizado no processo de impressão e à própria tinta especial para jornal, mas não é aplicável aos equipamentos do parque gráfico, que não são assimiláveis ao papel de impressão**, por não guardarem relação direta com a finalidade constitucional do referido artigo da Constituição, na linha do que decidido no RE 202.149. Vencido o ministro Marco Aurélio (relator), que negou provimento ao agravo. Para o relator, a imunidade tributária não alcança somente o papel destinado à impressão, mas também os insumos utilizados". ARE 1100204/SP, 1ª Turma, rel. orig. Min. Marco Aurélio, red. p/ o ac. Min. Alexandre de Moraes, julgamento em 29.5.2018. (ARE-1100204).

2.4. Zona Franca de Manaus. O art. 40 do ADCT conferiu aos benefícios fiscais aplicáveis à chamada Zona Franca de Manaus, anteriores à Constituição de 1988, com destaque para aqueles instituídos pelo DL 288/67, o status de imunidades tributárias. Em razão disso, não incide o ICMS sobre as operações de saída de mercadorias para aquela área de livre comércio.

▶ **STF:**

"**O quadro normativo pré-constitucional de incentivo fiscal à Zona Franca de Manaus constitucionalizou-se pelo art. 40 do ADCT**, adquirindo, por força dessa regra transitória, natureza de **imunidade tributária**, persistindo vigente a equiparação procedida pelo art. 4º do DL 288/1967, cujo propósito foi atrair a não incidência do ICMS estipulada no art. 23, II, § 7º, da Carta pretérita, **desonerando, assim, a saída de mercadorias do território nacional para consumo ou industrialização na Zona Franca de Manaus**. A determinação expressa de manutenção do conjunto de incentivos fiscais referentes à Zona Franca de Manaus, extraídos, obviamente, da legislação pré-constitucional, **exige a não incidência do ICMS sobre as**

operações de saída de mercadorias para aquela área de livre comércio, sob pena de se proceder a uma redução do quadro fiscal expressamente mantido por dispositivo constitucional específico e transitório". [STF, ADI 310, rel. min. Cármen Lúcia, j. 19-2-2014, P, *DJE* de 9-9-2014.]

3. **Imunidades Específicas do ICMS.** Nossa Constituição prevê 4 (quatro) diferentes imunidades específicas relacionadas ao ICMS; são elas: a) imunidade nas **operações de exportação de mercadorias ao exterior** (CF/88, art. 155, §2º, X, a); b) imunidade nas **operações interestaduais com petróleo, inclusive lubrificantes, combustíveis líquidos e gasosos dele derivados, e energia elétrica** (CF/88, art. 155, §2º, X, b); c) imunidade nas **operações com ouro, quando definido em lei como ativo financeiro ou instrumento cambial** (CF/88, art. 155, §2º, X, c) e; d) imunidades nas **prestações de serviço de comunicação nas modalidades de radiodifusão sonora e de sons e imagens de recepção livre e gratuita.**

3.1. Imunidades para exportações. Nos termos do art. 155, §2º, X, a, da Constituição, na redação conferida pela EC n. 42/2003, o ICMS não incidirá sobre operações que destinem mercadorias para o exterior, nem sobre serviços prestados a destinatários no exterior, assegurada a manutenção e o aproveitamento do montante do imposto cobrado nas operações e prestações anteriores.

Aplicação em concurso.

FCC/Auditor Fiscal Estadual de Tributos – RO/2010

"Sobre a disposição constitucional do ICMS, é INCORRETO afirmar que

a) incide sobre operações que destinem mercadorias para o exterior e sobre serviços prestados a destinatários no exterior.

b) poderá ser seletivo, em função da essencialidade das mercadorias e dos serviços.

c) incide sobre operações que destinem a outros estados petróleo e energia elétrica.

d) incide sobre a entrada de bem ou mercadoria importados do exterior por pessoa física ou jurídica, ainda que não seja contribuinte habitual do imposto, qualquer que seja a sua finalidade.

e) será não cumulativo, compensando-se o que for devido em cada operação relativa à circulação de mercadorias ou prestação de serviços com o montante cobrado nas anteriores pelo mesmo ou outro Estado ou Distrito Federal."

Resposta: A.

UEL-COPS/PGE-PR/Procurador do Estado/2011

"Os Estados não têm competência para tributar, por via de ICMS, as operações de exportação de mercadorias e serviços de transporte interestadual, intermunicipal e bem assim os serviços de comunicação."

Resposta: Certa.

Cespe/Unb/TJ/BA – Juiz Substituto/2012

"A CF concede imunidade em relação ao ICMS apenas às operações que destinem ao exterior produtos industrializados."

Reposta: Errada.

3.1.1. Exportação de produtos industrializados e semielaborados. O texto da EC 42/2003 substitui a redação original da Constituição, que, ao prever imunidade apenas nas operações de exportação de produtos industrializados, excluídos os semielaborados definidos em lei complementar, causava uma série de debates e polêmicas doutrinárias e jurisprudenciais acerca do alcance da expressão "produtos semielaborados definidos em lei complementar".

Agora, toda e qualquer operação de exportação de mercadoria ou serviço a destinatário final localizado no exterior será imune ao ICMS, tornando inútil o disposto no art. 155, §2º, XII, e, da Constituição, que estabelece caber à lei complementar excluir da incidência do imposto, nas exportações para o exterior, serviços e outros produtos além dos mencionados produtos industrializados semielaborados.

3.1.2. Isenções nas Exportações (LC n. 87/96, art. 3º, II). O art. 3º, inciso II, da LC n. 87/96, conforme jurisprudência do Superior Tribunal de Justiça, não se limita a reproduzir hipótese de imunidade constitucional. Trata-se, para a referida Corte, de **isenção tributária diretamente estabelecida em lei complementar**.

Para o STJ, a norma constitucional dirige-se exclusivamente à última operação de uma cadeia econômica de exportação (operação de exportação propriamente dita), enquanto **a regra do art. 3º, II, da LC n. 87/96, dirige-se a todas as etapas do ciclo econômico**, inclusive as de transporte interno de mercadorias.

▶ **STJ:**

"TRIBUTÁRIO. AGRAVO EM RECURSO ESPECIAL. ICMS. **ISENÇÃO TRIBUTÁRIA. TRANSPORTE DE MERCADORIAS** CUJA DESTINAÇÃO FINAL É A EXPORTAÇÃO. **ART. 3º, II, DA LC N. 87/1996**. DIREITO.

1. A Primeira Seção, no julgamento do EREsp 710.260/RO, consignou que **a isenção prevista no art. 3º, II, da LC n. 87/1996 não seria exclusiva das operações que destinam mercadorias diretamente ao exterior, alcançando outras que integram todo o processo de exportação, inclusive as parciais, como o transporte interestadual**.

2. Hipótese em que a recorrente pretende o reconhecimento do direito a créditos de ICMS em razão da aquisição de insumos essenciais às atividades de exportação, especialmente de óleo diesel e de óleo combustível, utilizados em sua atividade de transporte de cargas destinadas ao exterior, bem como o direito de proceder à atualização monetária desses créditos.

3. Agravo conhecido para dar provimento ao recurso especial, a fim de **reconhecer à transportadora recorrente o direito ao benefício fiscal** quanto às mercadorias transportadas que, comprovadamente e ao final, destinarem-se à exportação." (AREsp 851.938/RS, Rel. Ministro GURGEL DE FARIA, PRIMEIRA TURMA, julgado em 16/06/2016, DJe 09/08/2016)[16]

3.2. Imunidades nas operações interestaduais com petróleo e derivados e energia elétrica. O ICMS não incidirá também *sobre operações que destinem a outros Estados petróleo, inclusive lubrificantes, combustíveis líquidos e gasosos dele derivados, e energia elétrica* (CF/88, art. 155, §2º, X, b).

A regra em comento tem por objetivo **garantir que o imposto** arrecadado nas referidas operações **fique com os Estados consumidores**, ou seja, aqueles em que é consumida tanto a energia elétrica quanto os combustíveis líquidos e gasosos derivados do petróleo.

Trata-se de manifestação clara do **princípio federativo**, cláusula pétrea do ordenamento jurídico, positivada no art. 60, §4º, I, da CF/88. Além disso, a regra contribui para **evitar o aumento das já flagrantes desigualdades existentes** entre as diversas regiões do país. Como os poucos Estados produtores de petróleo e energia elétrica já são – ou pelo menos deveriam ser – agraciados com uma parcela maior da compensação econômica decorrente da exploração dos referidos bens (***royalties***), nos moldes do art. 20, §1º, da Constituição[17], não faria sentido que ficassem

---

16. No mesmo sentido: STJ, AgRg no AREsp 412.277/SC, Rel. Ministro HUMBERTO MARTINS, SEGUNDA TURMA, julgado em 21/11/2013, DJe 02/12/2013.
17. **Art. 20. (...)**
§ 1º – É assegurada, nos termos da lei, aos Estados, ao Distrito Federal e aos Municípios, bem

também com a maior parte do ICMS arrecadado por ocasião da realização de operações interestaduais.

+ **Inexistência de imunidade de operações envolvendo sacos plásticos.** Importante salientar, de antemão, que não haverá imunidade nas operações envolvendo sacos de matéria plástica, embora sejam feitos com polietileno, material derivado do petróleo.

– **STF:** "Tais operações, nos moldes da jurisprudência pacífica do Supremo Tribunal Federal, 'não são, evidentemente, operações referentes a combustível líquido, como é o petróleo'" (STF, AI 199516 AgR, Primeira Turma, julgado em 09/09/1997).

Aplicação em concurso.

FCC/Auditor Fiscal Estadual de Tributos – RO/2010

"O ICMS incide sobre a entrada, no território do Estado, de petróleo, inclusive lubrificante e combustível líquido e gasoso dele derivados, e de energia elétrica, quando destinados à comercialização ou à industrialização, decorrentes de operações interestaduais."

Resposta: Errada.

TJ-PR/TJ-PR/JUIZ/2010

"Dadas as assertivas abaixo, assinale a alternativa CORRETA:

O ICMS será cobrado, como regra, na origem; todavia, nas operações externas protegidas pela imunidade de alguns produtos, haverá cobrança apenas pelo Estado-membro destinatário, daí porque serem os Estados importadores que recebem o ICMS que incidiria sobre a energia elétrica produzida na Hidrelétrica de Itaipu, e não o Estado do Paraná."

Resposta: Errada.

3.2.1. Exemplos. Dois exemplos podem ajudar na compreensão da sistemática de repartição do produto da arrecadação do ICMS nas operações interestaduais envolvendo petróleo, seus derivados e energia elétrica; vejamos:

+ **Exemplo 1.** Imaginemos, em primeiro lugar, uma operação de venda, por empresa transmissora, de energia elétrica produzida pela usina de Itaipu, no Paraná, a uma empresa distribuidora situada no Estado de

---

como a órgãos da administração direta da União, participação no resultado da exploração de petróleo ou gás natural, de recursos hídricos para fins de geração de energia elétrica e de outros recursos minerais no respectivo território, plataforma continental, mar territorial ou zona econômica exclusiva, ou compensação financeira por essa exploração.

Santa Catarina, a um valor de R$ 1.000,00 (mil reais), seguida de uma operação interna de venda da energia ao consumidor por um preço de R$ 1.200,00 (mil e duzentos reais)

Aqui, na **primeira operação** – interestadual – não haverá incidência do imposto, por expressa disposição constitucional, de forma que ao Estado do Paraná nada será recolhido a título de ICMS.

Quando da venda interna da energia elétrica pela empresa de Distribuição situada em Santa Catarina ao consumidor **(2ª operação)**, por sua vez, haverá o recolhimento do tributo a este último Estado sobre o valor "cheio" da operação, haja vista a inexistência de débito a ser compensado.

Dados	Empresa de Transmissão	Distribuidora em SC →	
Preço	R$ 1.000,00	R$ 1.200,00	**Consumidor**
Alíquotas	Imune	17%	
Débito	R$ 0,00	R$ 17,00	
Crédito	R$ 0,00	R$ 00,00	
ICMS recolhido	R$ 0,00	R$ 204,00	

✦ **Exemplo 2.** Imaginemos, em segundo lugar, uma operação de venda de combustível, por um preço de R$ 100.000,00 (cem mil reais), realizada por uma refinaria de petróleo sediada no Rio de Janeiro a uma Distribuidora de Combustíveis sediada no Estado de São Paulo, seguida de operação de venda da distribuidora para determinado posto de gasolina também situado em São Paulo, por um preço de R$ 120.000,00 (cento e vinte mil reais).

Da mesma forma que acontece com as operações envolvendo energia elétrica, **apenas o Estado consumidor ficará com o produto da arrecadação do ICMS**, haja vista ser a primeira operação imune. No caso dos combustíveis derivados de petróleo, como veremos mais detalhadamente adiante, o recolhimento do imposto referente a todas as operações será feito, por substituição tributária progressiva, pela própria refinaria de petróleo.

Dados	Refinaria no RJ	Distribuidora em SP →	Posto de Gasolina
Preço	R$ 100.000,00	R$ 120.000,00	
Alíquotas	Imune	17%	
Débito	R$ 0,00	R$ 20.400,00	
Crédito	R$ 0,00	R$ 0,00	
ICMS recolhido	R$ 0,00	R$ 20.400,00	

▶ **IMPORTANTE:** Têm entendido nossos Tribunais Superiores que, mesmo nas **operações de aquisição direta de energia elétrica ou petróleo por consumidor localizado em outro Estado, não terá direito o Estado produtor ao produto da arrecadação do ICMS**. Aqui, a fim de se evitar fraude ao sistema de repartições estabelecido pela Constituição, **caberá ao Fisco do Estado de destino o ICMS referente à operação**, tudo à alíquota aplicável às operações internas do Ente consumidor. Para ficarmos nos exemplos citados acima, é como se a aquisição de energia elétrica se desse diretamente pelo consumidor final, sem a intermediação da empresa concessionária de energia elétrica. Mesmo nessa hipótese, o ICMS deverá ser recolhido ao Estado de consumo (Santa Catarina), e não ao Estado produtor (Paraná).

▶ **STF:**

– "**Benefício fiscal que não foi instituído em prol do consumidor**, mas do **Estado de destino** dos produtos em causa, **ao qual caberá, em sua totalidade, o ICMS** sobre eles incidente, desde a remessa até o consumo. Consequente **descabimento das teses da imunidade e da inconstitucionalidade dos textos legais**, com que a empresa consumidora dos produtos em causa pretendeu obviar, no caso, a exigência tributária do Estado de São Paulo. Recurso conhecido, mas desprovido." (STF, RE 198088, Pleno, julgado em 17/05/2000)[18].

Aplicação em concurso.

UEL-COPS/Auditor Fiscal-PR/2012

18. No mesmo sentido: STF, **RE 190.992-AgR**, Primeira Turma, julgamento em 12-11-2002.

"Há incidência de ICMS, quando, no território paranaense, ocorrer a entrada de energia elétrica e sua destinação, por adquirente localizado no Paraná, for diversa da industrialização ou da comercialização e decorrente de operação interestadual."

Resposta: Certa.

3.3. Demais imunidades específicas: Ouro, serviços gratuitos de comunicação. O art. 155, §2º, X, c, da Constituição dispõe sobre a imunidade nas operações em que o ouro funcionar como ativo financeiro ou ativo cambial. Aqui, por expressa previsão da própria Lei Suprema, o único imposto passível de incidência será o Impostos Federal Sobre Operações de Crédito, Câmbio e Seguro, ou Relativas a Títulos ou Valores Mobiliários – IOF (CF/88, art. 153, §5º).

Quanto aos **serviços gratuitos de comunicação**, temos a dizer que a imunidade decorre do caráter não oneroso do serviço; o único tributo incidente sobre operações gratuitas é o ITCMD.

Aplicação em concurso.

CESGRANRIO/PETROBRÁS/ADVOGADO/2010

"A celebração de convênios do ICMS, pelas unidades da Federação visando à exoneração do respectivo pagamento do imposto, NÃO se aplica a

a) isenção de imposto.

b) concessão de crédito presumido.

c) redução de alíquotas internas inferiores às previstas para operações interestaduais.

d) redução de base de cálculo.

e) imunidade tributária."

Resposta: e.

4. **ICMS e Isenções.** Conforme exposto anteriormente, a LC 87/96 não dispõe sobre as isenções do ICMS. Assim mesmo, para fins didáticos e com vistas a auxiliar o candidato nas próximas provas de concursos públicos, traremos adiante alguns comentários sobre a **Lei Complementar n. 24/75**, que "***regula a forma como, mediante deliberação dos Estados e do Distrito Federal, isenções, incentivos e benefícios fiscais serão concedidos e revogados***" (CF/88, art. 155, §2º, XII, g).

4.1. Celebração dos Convênios e ratificação por decretos estaduais. Segundo o art. 2º do diploma legal em comento, "os convênios a que alude o art. 1º, serão celebrados em reuniões para as quais tenham sido convocados representantes de todos os Estados e do Distrito Federal, sob a presidência de representantes do Governo federal" (LC 24/75, art. 2º).

Ademais disso, "**a concessão de benefícios dependerá sempre de decisão unânime dos Estados** representados; a sua revogação total ou parcial dependerá de aprovação de quatro quintos, pelo menos, dos representantes presentes" (LC 24/75, art. 2º, §2º).

Os convênios, celebrados nos moldes da lei, deverão obrigatoriamente ser ratificados por meio de Decreto expedido pelo Poder Executivo das unidades da Federação, sob pena de rejeição e consequente ineficácia dos benefícios anteriormente aprovados (LC 24/75, art. 4º).

✦ **Exemplos de Convênios de ICMS.** Exemplificam o exposto acima (a) o **Convênio ICMS n. 91/91**, que dispõe sobre a concessão de isenção de ICMS em operações realizadas por lojas francas localizadas nos aeroportos internacionais e (b) o **Convênio ICMS n. 10/2014**, que altera e prorroga o Convênio ICMS 101/97, que concede isenção do ICMS nas operações com equipamentos e componentes para o aproveitamento das energias solar e eólica que especifica.

Aplicação em concurso.

UEL-COPS/Auditor Fiscal-PR/2012

"Sobre os convênios para a concessão de isenções do imposto sobre operações relativas à circulação de mercadorias, previstos na Lei Complementar nº 24/1975, considere as afirmativas a seguir.

I. A concessão de benefícios dependerá sempre de decisão unânime dos Estados representados, e a sua revogação total ou parcial dependerá de aprovação de quatro quintos, pelo menos, dos representantes presentes.

II. Considerar-se-á rejeitado o convênio que não for expressa ou tacitamente ratificado pelo Poder Executivo de todas as Unidades da Federação ou, nos casos de revogação, pelo Poder Executivo de, no mínimo, quatro quintos das Unidades da Federação.

III. Para que as isenções do imposto sobre operações relativas à circulação de mercadorias sejam concedidas ou revogadas, é necessário um termo de convênio celebrado e ratificado pelos Estados e pelo Distrito Federal, segundo a Lei.

IV. Os Municípios podem conceder isenções e demais benefícios relacionados nesta Lei Complementar, desde que referentes à sua parcela na receita do imposto de circulação de mercadorias

Assinale a alternativa correta.

a) Somente as afirmativas I e II são corretas.

b) Somente as afirmativas I e IV são corretas.

c) Somente as afirmativas III e IV são corretas.

d) Somente as afirmativas I, II e III são corretas.

e) Somente as afirmativas II, III e IV são corretas."

Resposta: d)

FUNDATEC/AUDITOR FISCAL DA RECEITA ESTADUAL/SEFAZ/RS/2014

Segundo a Lei Complementar nº 24/75, é correto afirmar que:

a) A exigência de unanimidade da decisão dos estados representados à concessão de benefícios, prevista no § 2º, do Art. 2º, da Lei Complementar nº 24/75, não foi recepcionada pela Constituição Federal vigente, porque afronta a autonomia dos estados.

b) Considerando o princípio "quem tem o poder de tributar tem o poder de isentar", e dada a autonomia constitucional dos estados, esses é que estabelecerão as hipóteses de isenção de ICMS, mas não quanto aos benefícios de outra natureza.

c) Não cabe aos convênios definir as condições gerais em que se poderão conceder unilateralmente hipóteses de moratória.

d) A ratificação ou rejeição de convênios entre os estados será somente publicada no Diário Oficial dos estados interessados.

e) Os convênios podem dispor que a aplicação de qualquer de suas cláusulas seja limitada a uma ou algumas Unidades da Federação.

Resposta: e)

UEL-COPS/PGE-PR/Procurador do Estado/2011

"Em observância ao princípio da legalidade, no que diz respeito ao ICMS, a concessão e revogação de isenções, incentivos e benefícios fiscais deverá será regulada por lei ordinária."

Resposta: Errada

Cespe/Unb/TJ/MA – Juiz/2013

"Consoante entendimento consolidado no STF, os convênios celebrados pelo Poder Executivo exigem a ratificação do Poder Legislativo."

Resposta: Errada.

FCC/Sefaz/SP/AgenteFiscal/2009

"A Constituição Federal estabelece que, no caso do ICMS, isenções, incentivos e benefícios fiscais só poderão ser concedidos ou revogados mediante deliberação dos Estados ou do Distrito Federal, nos termos de lei complementar.

Considerando que a Lei Complementar exigida pela Constituição Federal seja a de nº 24/1975 (que teria sido recepcionada pela ordem constitucional, sendo disciplinadora do CONFAZ), é correto afirmar que é necessária a deliberação dos Estados e Distrito Federal no caso de proposta de redução de base de cálculo do ICMS."

Resposta: Certa.

FCC/TJ-CE/JUIZ SUBSTITUTO/2014

Com o objetivo de evitar a chamada "guerra fiscal" no âmbito do ICMS, a Constituição Federal, no seu art. 155, inciso II, c/c § 2º, inciso XII, alínea "g", determina que a concessão de certos benefícios fiscais aos sujeitos passivos desse imposto só seja levada a efeito quando essa concessão for autorizada pelo Conselho Nacional de Política Fazendária – CONFAZ, nos termos do que estabelece a Lei Complementar: no caso, a Lei Complementar nº 24, de 07 de janeiro de 1975. De acordo com essa lei complementar e com os dispositivos citados da Constituição Federal, NÃO está sujeita à autorização do CONFAZ, no que diz respeito ao ICMS, a

(A) inclusão de mercadoria na sistemática de retenção antecipada do imposto, por substituição tributária.

(B) redução de base de cálculo.

(C) outorga de isenções.

(D) redução de alíquota, de 17% para 3%.

(E) concessão de crédito presumido.

Resposta: A

4.2. Convênios de ICMS e Guerra Fiscal entre Estados. A exigência de participação conjunta dos Estados no momento da concessão de isenções e benefícios de natureza fiscal tem por objetivo principal **mitigar os efeitos da já mencionada guerra fiscal** entre os diversos entes da Federação. Por ser o ICMS um tributo que, embora estadual, possui características marcadamente nacionais, **a admissão de concessão unilateral de benefícios por determinado Estado seria extremamente lesiva aos interesses de todos** os demais.

A título de exemplo, imaginemos a instituição inesperada de isenção de ICMS pelo Estado do Rio Grande do Sul para determinadas operações envolvendo produção e circulação de peças de vestuário. Tal conduta, e aqui não há como se concluir em sentido contrário, certamente causaria a migração de diversas empresas antes situadas nos Estados mais próximos, como Paraná e Santa Catarina, o que, consequentemente, provocaria significativa queda de arrecadação dos referidos Entes. Além disso, serviria para incrementar as desigualdades existentes entre as diversas regiões do país e aumentar a já enorme insegurança jurídica reinante no meio empresarial.

4.2.1. Proibição da concessão unilateral de benefícios fiscais de ICMS e ADI. Nos moldes de jurisprudência majoritária do **Superior Tribunal de Justiça**, caso determinado Estado conceda **benefício unilateral relacionado ao ICMS**, ou seja, sem prévia deliberação conjunta dos demais Estados e do Distrito Federal, não poderá o ente que se sentir prejudicado simplesmente desconsiderar a operação e autuar o sujeito passivo beneficiário. Aqui, restará ao prejudicado a via da **Ação Direita de Inconstitucionalidade.**

O conhecimento da jurisprudência dos Tribunais Superiores sobre a matéria revela-se importante, uma vez que a "letra fria" da Lei Complementar n. 24/75 dispõe expressamente que **a inobservância de seus dispositivos "acarretará cumulativamente**: I - a **nulidade do ato e a ineficácia do crédito fiscal atribuído ao estabelecimento recebedor da mercadoria**; II - a **exigibilidade do imposto não pago ou devolvido e a ineficácia da lei ou ato que conceda remissão do débito correspondente**" (art. 8º, I e II).

▶ **STJ:**

– "Se outro Estado da Federação concede benefícios fiscais de ICMS sem a observância das regras da LC 24/75 e sem autorização do CONFAZ, **cabe ao Estado lesado obter junto ao Supremo, por meio de ADIn, a declaração de inconstitucionalidade da lei ou ato normativo de outro Estado** – como aliás foi feito pelos Estados de São Paulo e Amazonas nos precedentes citados pela Ministra Eliana Calmon – e não simplesmente autuar os contribuintes sediados em seu território." (STJ, RMS 31714/MT, Segunda Turma, julgado em 03/05/2011)

✦ **Exemplo:** Caso determinada lei catarinense venha a estabelecer alíquota interestadual diferenciada (leia-se "majorada") para operações de remessa de mercadorias ao Estado do Paraná, a este último não restará outra alternativa senão a via do ajuizamento da **Ação Direta de Inconstitucionalidade.** Em outras palavras, não poderão os agentes do Fisco do Paraná simplesmente desconsiderar os créditos concedidos de maneira irregular pelo ente vizinho, mesmo sabendo da prejudicialidade de tais créditos à sua arrecadação.

Aplicação em concurso.

FGV/ALERJ/Procurador/2017

Em matéria de "guerra fiscal", é correto afirmar que:

a) é constitucional lei específica que outorga isenção heterônoma;

b) é inconstitucional lei específica que outorga remissão ou anistia em caráter geral, mesmo calcada em Convênio Interestadual;

c) é limitado pela Constituição o poder de exoneração fiscal do Estado-Membro e do Distrito Federal, quando exige Convênio Intergovernamental para tanto;

d) é constitucional lei específica que outorga anistia de multa e juros, mas exige integralmente o tributo;

e) é constitucional legislação tributária que outorga isenção na venda de aparelhos para portadores de deficiência auditiva, visual e mental.

Resposta: c.

FCC/PGE-MT/PROCURADOR DO ESTADO/MT/2016

"No que concerne ao Imposto sobre operações relativas à circulação de mercadorias e prestações de serviços de transporte interestadual e intermunicipal e de comunicação – ICMS, considere:

– Convênio que autorize a isenção do ICMS sobre o fornecimento de bens e mercadorias destinados à operação de serviços de transporte metroferroviário de passageiros, inclusive por meio de Veículo Leve sobre Trilhos, dá amparo legal à concessão de isenção do ICMS sobre a energia elétrica destinada à alimentação dos trens do VLT."

Resposta: Certa

FCC/TJ-AP/Juiz Substituto/2014

"O Estado do Amapá, pretendendo atrair empresas de outros estados para seu território, institui lei ordinária estadual concedendo isenção de ICMS por 5 anos nas saídas de mercadorias em operações estaduais para aquelas empresas que ali se estabelecerem no biênio 2014/2015.

Tendo em vista o disposto na Constituição Federal e no Código Tributário Nacional, é correto afirmar:

(A) Se o Estado do Amapá optasse por conceder créditos presumidos de ICMS ao invés de isenção, não haveria necessidade de autorização por meio de convênio autorizativo do CONFAZ (Conselho Nacional de Política Fazendária).

(B) Há a necessidade de que haja convênio autorizativo do CONFAZ (Conselho Nacional de Política Fazendária) para que a iniciativa legislativa do Estado do Amapá seja considerada constitucional.

(C) O Estado do Amapá atuará dentro de seus limites de competência, tendo em vista que há veículo normativo legal concedendo a isenção, sendo dispensada autorização prévia por convênio, por não se tratar de benefício ou de incentivo fiscal.

(D) A iniciativa estatal é inconstitucional porque somente lei complementar pode conceder isenção de ICMS, desde que haja autorização do CONFAZ (Conselho Nacional de Política Fazendária) por meio de convênio.

(E) O convênio autorizativo do CONFAZ (Conselho Nacional de Política Fazendária) é obrigatório para a concessão da isenção do ICMS, sendo suficiente para sua celebração que quatro quintos dos estados presentes à reunião deliberativa concordem com a concessão."

Resposta: b

FCC/Agente de Rendas – Gestão Tributária – SP/2013

"O Estado de Santa Catarina por meio das Leis nos 1.212/2001 e 1.214/2001 concedeu incentivos de ICMS de várias espécies (isenção, redução de alíquotas e de base de cálculo, créditos presumidos, prazo adicional de pagamento e diferimento) aplicáveis, conforme o caso, a operações internas, interestaduais e de importação. Não houve convênio autorizativo celebrado no âmbito do CONFAZ entre os Estados e o Distrito Federal. Por entender prejudicial aos interesses da população de seu Estado, o Governador do Estado do Rio Grande do Sul propôs Ação Direta de Inconstitucionalidade em face do Estado de Santa Catarina a fim de ver declarados inconstitucionais os dispositivos destas leis que contrariavam o texto constitucional. O Governador do Estado do Rio de Janeiro, por também entender que seria prejudicial aos interesses da população de seu Estado os aludidos benefícios fiscais, requereu a sua admissão no feito na qualidade de *amicus curiae*.

Em face da situação hipotética apresentada e do ordenamento jurídico vigente, considere:

I. Caso o Estado do Rio Grande do Sul tivesse anteriormente concedido benefícios fiscais de ICMS semelhantes aos concedidos pelo Estado de Santa Catarina, não haveria vício de inconstitucionalidade, pois na hipótese de existência de igualdade no ilícito há convalidação do benefício fiscal concedido posteriormente.

II. A necessidade de deliberação dos Estados e do Distrito Federal no âmbito do CONFAZ contempla a isenção, a redução de base de cálculo, a concessão de créditos presumidos e a redução a 12% na alíquota do ICMS nas operações internas praticadas por contribuintes catarinenses.

III. No que concerne ao ICMS, cabe ao Senado Federal regular a forma como, mediante deliberação dos Estados e do Distrito Federal, isenções, incentivos e benefícios fiscais serão concedidos e revogados.

IV. Não obstante haver atribuição constitucional de competência tributária ao Estado de Santa Catarina para legislar sobre ICMS, a concessão dos benefícios fiscais depende da celebração de convênio autorizativo celebrado no âmbito do CONFAZ, razão pela qual a falta de convênio ofende as disposições constitucionais.

V. Os princípios fundamentais consagrados pela Constituição da República, em tema de ICMS, realçam o perfil nacional de que se reveste esse tributo e legitimam a instituição, pelo poder central, de regramento normativo unitário destinado a disciplinar, de modo uniforme, essa espécie tributária, notadamente em face de seu caráter não cumulativo."

Está correto o que se afirma APENAS em

a) I e II.

b) I e V.

c) II e III.

d) III e IV.

e) IV e V.

Resposta: e

FCC – Auditor Fiscal da Receita Estadual – SEFSC-SC/2018

"Conforme estabelece a Lei Complementar no 24/1975, a inobservância dos dispositivos na referida lei acarretará, cumulativamente a

- Nulidade do ato, a ineficácia do crédito fiscal atribuído ao estabelecimento recebedor da mercadoria, a exigibilidade do imposto não pago ou devolvido e a ineficácia da lei ou ato que conceda remissão do débito correspondente".

Resposta: Correta.

4.2.1.1. Benefícios Fiscais unilaterais e modulação de efeitos em ADI. Como visto, em caso de concessão unilateral de benefício fiscal de ICMS (ou seja, sem aprovação do CONFAZ), resta ao Estado prejudicado ajuizar Ação Direta de Inconstitucionalidade. Nesses casos, o Supremo Tribunal Federal vem se manifestando no sentido de que a modulação de efeitos só se faz possível nos casos em que o benefício já vigore há muitos anos.

▶ **STF:**

– **"No que se refere à modulação de efeitos da decisão, a Corte registrou que a sua jurisprudência não a tem admitido em casos de leis estaduais que instituem benefícios sem o prévio convênio exigido pelo art. 155, § 2º, XII, da CF, o que consistiria em incentivo à guerra**

fiscal. Ressaltou, entretanto, que, **nas hipóteses de a lei haver vigorado por muitos anos, a não modulação apenaria as empresas que a tivessem cumprido.** Por essa razão, o entendimento do Tribunal evoluiu no sentido de permitir a modulação a fim de que a declaração de inconstitucionalidade produza efeitos "ex nunc". Vencido o ministro Marco Aurélio, que julgava a ação improcedente". (STF, ADI 3796/PR, rel. Min. Gilmar Mendes, julgamento em 8.3.2017)

4.2.2. Permissão de concessão unilateral de benefícios de ICMS. O STF tem aceitado a concessão unilateral, por Estados e Distrito Federal, de incentivos fiscais relacionados ao ICMS apenas em alguns casos excepcionais. **Costuma-se verificar**, em tais situações, **se o benefício concedido é apto ou não a desencadear a guerra fiscal entre Estados**.

Não haverá vício, por exemplo, no benefício fiscal instituído unilateralmente em favor de igrejas e templos de qualquer culto.

▶ **STF:**

- "Salientou-se que a proibição de introduzir-se **benefício fiscal, sem o assentimento dos demais Estados**, teria como objeto impedir competição entre as unidades da Federação e que isso não se daria na espécie. Asseverou-se que, na hipótese, a disciplina não revelaria isenção alusiva a contribuinte de direito, a contribuinte que estivesse no mercado, e sim a contribuintes de fato, de especificidade toda própria**, isto é, igrejas e templos**, observando-se, ademais, que tudo ocorreria no tocante ao preço de serviços públicos e à incidência do ICMS." ADI 3421/PR, rel. Min. Marco Aurélio, 5.5.2010. (ADI-3421) Informativo n. 585.

- "CONSTITUCIONAL. LEI ESTADUAL COM TERMO FINAL DETERMINADO. SUSPENDE POR PERÍODO CERTO NO TEMPO A APLICAÇÃO DE ALÍQUOTA DE 12% DO ICMS EM RELAÇÃO AOS VEÍCULOS AUTOMOTORES DE FABRICAÇÃO NACIONAL, E A REDUZ PARA 9%. FINALIDADE DE ENFRENTAR CRISE NO SETOR AUTOMOTIVO. ALEGADA BENESSE FISCAL. NÃO CARACTERIZADA GUERRA FISCAL. **MEDIDA DENTRO DOS LIMITES DA AUTONOMIA CONSTITUCIONAL DO ESTADO**." (ADI 1978 MC, Relator(a): Min. NELSON JOBIM, Tribunal Pleno, julgado em 13/05/1999, DJ 03-12)

- "Ementa: CONSTITUCIONAL. TRIBUTÁRIO. ICMS. GUERRA FISCAL. CUMULATIVIDADE. **ESTORNO DE CRÉDITOS POR INICIATIVA UNILATERAL DE ENTE FEDERADO**. ESTORNO BASEADO EM PRETENSA

CONCESSÃO DE BENEFÍCIO FISCAL INVÁLIDO POR OUTRO ENTE FEDERADO. ARTS. 1º, 2º, 3º, 102 e 155, § 2º, I DA CONSTITUIÇÃO FEDERAL. ART. 8º DA LC 24/1975. MANIFESTAÇÃO PELA EXISTÊNCIA DE REPERCUSSÃO GERAL DA MATÉRIA."[19]

4.2.3. Institucionalização da guerra fiscal. Por razões óbvias, não será válido também dispositivo de lei que confira ao Poder Executivo do Ente Federativo instituidor da norma o direito de conceder incentivos fiscais unilateralmente sempre que outro Estado proceder dessa maneira, ou seja, não se admite a institucionalização da "guerra fiscal".

▶ **STF:**

- "ICMS. Guerra fiscal. **Artigo 2º da Lei nº 10.689/1993 do Estado do Paraná.** Dispositivo que **traduz permissão legal para que o Estado do Paraná, por meio de seu Poder Executivo, desencadeie a denominada 'guerra fiscal', repelida por larga jurisprudência deste Tribunal. Precedentes**. 4. Artigo 50, XXXII e XXXIII, e §§ 36, 37 e 38 do Decreto Estadual nº 5.141/2001. Ausência de convênio interestadual para a concessão de benefícios fiscais. Violação ao art. 155, §2º, XII,g, da CF/88. A ausência de convênio interestadual viola o art. 155, § 2º, incisos IV, V e VI, da CF. **A Constituição é clara ao vedar aos Estados e ao Distrito Federal a fixação de alíquotas internas em patamares inferiores àquele instituído pelo Senado para a alíquota interestadual**. Violação ao art. 152 da CF/88, que constitui o princípio da não-diferenciação ou da uniformidade tributária, que veda aos Estados, ao Distrito Federal e aos Municípios estabelecer diferença tributária entre bens e serviços, de qualquer natureza, em razão de sua procedência ou destino. 5. Medida cautelar deferida." (ADI 3936 MC, Relator(a): Min. GILMAR MENDES, Tribunal Pleno, julgado em 19/09/2007, DJe-139 DIVULG 08-11-2007)

4.2.4. Benefícios de ICMS disfarçados: Drible. Nossos Tribunais têm ficado atentos também às situações de benefícios disfarçados de ICMS concedidos pelos diversos entes da Federação, situação conhecida pela alcunha de **"drible".**

Já se julgou inválida lei estadual que, para mitigar pronunciamento do Judiciário, implicava, quanto a recolhimento de tributo, dispensa de

---

19. STF, RE 628075 RG, Relator(a): Min. JOAQUIM BARBOSA, julgado em 13/10/2011, DIVULG 30-11-2011 PUBLIC 01-12-2011.

acessórios – multa e juros da mora – e parcelamento. Em outras palavras, entendeu-se inadmissível que, a pretexto da instituir regime de parcelamento de débitos tributários, viesse a lei excluir juros e multa decorrentes da obrigação principal[20].

▶ **STF:**

- "Surge **inconstitucional lei do Estado que, para mitigar pronunciamento do Supremo, implica, quanto a recolhimento de tributo, dispensa de acessórios – multa e juros da mora** – e parcelamento. Inconstitucionalidade da Lei nº 3.394, de 4 de maio de 2000, regulamentada pelo Decreto nº 26.273, da mesma data, do Estado do Rio de Janeiro." (ADI 2906, Relator(a): Min. MARCO AURÉLIO, Tribunal Pleno, julgado em 01/06/2011, DJe-123 DIVULG 28-06-2011)
- "O decreto estadual prevê hipótese de **diferimento** do pagamento do ICMS **sobre a importação de máquinas** e equipamentos destinados à avicultura e à **suinocultura para o momento da desincorporação desses equipamentos do ativo permanente** do estabelecimento. (...) Os bens do ativo permanente do estabelecimento não fazem parte de qualquer cadeia de consumo mais ampla, restando ausente o caráter de posterior circulação jurídica, uma vez que fadados a permanecer no estabelecimento, estando sujeitos à deterioração, ao perecimento ou à obsolescência. Nesses casos, o fato gerador do ICMS será uma operação, em regra, monofásica, restrita à transferência de domínio do bem entre exportador e importador (destinatário final), cuja configuração fática descaracteriza o conceito de diferimento. A desincorporação do bem do ativo permanente e, consequentemente, o pagamento do tributo ficariam a cargo exclusivamente do arbítrio do contribuinte, que poderia se evadir do recolhimento do tributo com a manutenção do bem no seu patrimônio. **O nominado diferimento**, em verdade, **reveste-se de caráter de benefício fiscal**, resultando em forma de não pagamento do imposto, e não no simples adiamento. Assim, o Decreto 1.542-R, de 15-9-2005, do Estado do Espírito Santo, ao conceder forma indireta de benefício fiscal, sem aprovação prévia dos demais Estados-membros, viola o art. 155, §2º, XII, g, da CF." (STF, **ADI 3.702**, Plenário, julgamento em 1º-6-2011)

20. STF, ADI 2906, Pleno, julgado em 01/06/2011.

4.3. A Lei Complementar n. 160, de 2017, o Convênio ICMS n. 190, de 2017, e a Convalidação de Benefícios Fiscais Unilaterais. Conforme exposto acima, a Constituição de 1988 instituiu, como requisito para criação de benefícios fiscais relacionados ao ICMS, a chamada "Cláusula de Convênio", de acordo com a qual a criação válida de benefícios fiscais depende de aprovação unânime de todos os Estados, mediante convênio (CF/88, art. 155, § 2º, XII, "g").

Ocorre que, ao longo dos anos, os **Estados desobedeceram rotineiramente ao referido preceito**, instituindo os chamados **"benefícios fiscais unilaterais"**, fato que gerou grande **insegurança jurídica**, sobretudo no meio empresarial, na medida em que, a qualquer momento, **decisões judiciais** (proferidas em sede de Ações Diretas de Inconstitucionalidade) **poderiam anular o regime instituído unilateralmente** e fazer incidir sobre as operações praticadas pelos contribuintes beneficiados as regras anteriores.

Com vistas a conferir **maior estabilidade às relações tributárias** envolvendo contribuintes beneficiados e Fisco e **proporcionar maior transparência à chamada "guerra fiscal"**, foi promulgada a **Lei Complementar n. 160, de 2017**.

Referido diploma legal **autorizou** os Estados e o Distrito Federal a: (a) **remitir, mediante convênio do CONFAZ, "créditos tributários**, constituídos ou não, decorrentes das isenções, dos incentivos e dos benefícios fiscais ou financeiro-fiscais instituídos em desacordo com o disposto na alínea \`g´ do inciso XII do § 2º do art. 155 da Constituição Federal por legislação estadual publicada até a data de início de produção de efeitos [da referida] Lei Complementar" (art. 1º, I); e (b) **reinstituir os benefícios** que ainda se encontrassem em vigor (art. 1º, II), por prazos definidos em seu art. 3º, § 2º.

Como **condição para celebração do convênio de convalidação e/ou reinstituição** dos benefícios fiscais unilaterais, **foram exigidas**, dos Estados e do DF, **medidas como** a publicação de "**relação com a identificação de todos os atos normativos relativos às isenções, aos incentivos e aos benefícios fiscais ou financeiro-fiscais** abrangidos pelo art. 1º [da] Lei Complementar" (LC n. 160/2017, art. 3º, I) e; "**o registro e o depósito**, na Secretaria Executiva do ... Confaz, **da documentação comprobatória correspondente aos atos concessivos das isenções, dos incentivos e dos benefícios fiscais ou financeiro-fiscais** mencionados no inciso I deste artigo" (LC n. 160/2017, art. 3º, II). A lei estabelece ainda que a **concessão ou manutenção de benefícios fiscais em desacordo com suas disposições** e com as disposições da LC n. 24/75 implica a sujeição da unidade federada aos impedimentos previstos nos incisos I, II e III (**receber transferência voluntária, obter garantia** e **contratar operação de crédito**), do § 3º, da **LC n. 101/2000 (Lei de Responsabilidade Fiscal).**

A **operacionalização dos preceitos da LC n. 160/2017** deu-se por meio do **Convênio ICMS n. 190/2017,** também de leitura obrigatória aos que vão prestar concursos públicos.

IMPORTANTE: O **Convênio ICMS 190/2017** concedeu **remissão e anistia até mesmo a créditos constituídos em decorrência do reconhecimento da nulidade do benefício fiscal pelo STF** (Cláusula oitava, § 1º, I), condicionadas (a remissão e a anistia) à **desistência**, pelo sujeito passivo: "I - de **ações ou embargos à execução fiscal** relacionados com os respectivos créditos tributários, com renúncia ao direito sobre o qual se fundam, nos autos judiciais respectivos, com a quitação integral pelo sujeito passivo das custas e demais despesas processuais; II - de **impugnações, defesas e recursos eventualmente apresentados** pelo sujeito passivo no âmbito administrativo; III - pelo advogado do sujeito passivo **da cobrança de eventuais honorários de sucumbência** da unidade federada" (Cláusula oitava, § 2º).

▶ **STF:**

– "IMPOSTO SOBRE A CIRCULAÇÃO DE MERCADORIAS E SERVIÇOS – GUERRA FISCAL – **BENEFÍCIOS FISCAIS DECLARADOS INCONSTITUCIONAIS – CONVALIDAÇÃO SUPERVENIENTE MEDIANTE NOVA DESONERAÇÃO** – RECURSO EXTRAORDINÁRIO – REPERCUSSÃO GERAL CONFIGURADA. Possui repercussão geral a controvérsia relativa à constitucionalidade da prática mediante a qual os estados e o Distrito Federal, respaldados em consenso alcançado no âmbito do Conselho Nacional de Política Fazendária – CONFAZ, perdoam dívidas tributárias surgidas em decorrência do gozo de benefícios fiscais assentados inconstitucionais pelo Supremo, porque implementados em meio à chamada guerra fiscal do ICMS". (RE 851421 RG, Relator(a): Min. MARCO AURÉLIO, julgado em 21/05/2015, ACÓRDÃO ELETRÔNICO DJe-171 DIVULG 31-08-2015 PUBLIC 01-09-2015)

Aplicação em concurso.

FCC – Auditor Fiscal da Receita Estadual – SEFSC-SC/2018

"Conforme estabelece a Lei Complementar no 160/2017, os Estados e o Distrito Federal podem,

(A) mediante convênio, conceder remissão de débitos tributários relativos ao ICMS, IPVA e ITCMD, sem ficarem restritos ao disposto na Lei Complementar no 101/2000, que trata de responsabilidade fiscal.

(B) mediante acordo entre eles, revogar e reinstituir benefícios fiscais, relativos ao ICMS, sem precisar submeter tais atos à respectiva Assembleia Legislativa e ao Tribunal de Contas do Estado e da União.

(C) mediante convênio, remitir créditos tributários, decorrentes de benefícios fiscais instituídos por legislação estadual, publicada até a data de início de produção da referida Lei Complementar, em desacordo com o disposto na alínea "g" do inciso XII do § 2o do artigo 155 da Constituição Federal.

(D) nos termos da Lei Complementar 24/1975, celebrar convênios, com voto favorável de, no mínimo, dois terços dos presentes, tornando doravante desnecessária a votação unânime de todos os Estados para aprovar os referidos convênios.

(E) mediante acordo entre eles, conceder benefícios tributários sem precisar atender às restrições previstas nos artigos 14 e 16 da Lei Complementar no 101/2000".

Resposta: C.

4.4. Isenções de ICMS e não cumulatividade. A concessão de isenção, salvo determinação em contrário da legislação, **não implicará crédito para compensação com o montante devido nas operações ou prestações seguintes**, além disso, acarretará a **anulação do crédito relativo às operações anteriores** (CF/88, art. 155, §2º, II, alíneas a e b)[21].

5. **Operações de Arrendamento Mercantil (*leasing*) (LC 87/93, art. 3º, VIII).** Nos termos do art. 3º, VIII, da LC 87/96, não incidirá ICMS sobre as operações de Arrendamento Mercantil, não compreendida a venda do bem arrendado ao arrendatário. O tema em destaque é um dos mais abordados em provas de concursos públicos.

5.1. Operações Internas de *Leasing*. De acordo com os ensinamentos de doutrina mais respeitada, ***"pode-se definir o contrato de arrendamento***

21. O assunto será aprofundado quando estivermos estudando o princípio constitucional da não cumulatividade.

mercantil, também chamado de leasing, como um ***contrato especial de locação que assegura ao locatário a prerrogativa de adquirir o bem alugado ao final da avença****, pagando, nesse caso, uma diferença, chamada de* ***valor residual***[22]*"*. Dessa forma, temos que, ao final do período contratual, são asseguradas ao locatário 3 (três) opções: a) encerrar o contrato; b) renovar o contrato e; c) adquirir o bem alugado, pagando o valor residual.

São reconhecidas por doutrina e jurisprudência 3 (três) diferentes espécies de leasing, quais sejam: a) *leasing* operacional; b) *leasing* financeiro e; c) *leasing* de retorno (ou *lease back).*

5.1.1. *Leasing* operacional, ou *leasing* propriamente dito, "*caracteriza-se pelo fato de* ***o bem arrendado já ser da arrendadora****, que então apenas o aluga ao arrendatário, sem ter o custo inicial da aquisição do bem*[23]*"*. Nessa modalidade, pelo fato de a arrendadora não ter o custo inicial para aquisição do bem, o somatório das prestações pagas pelo arrendatário não poderá superar, por expressa disposição de lei, 75% do valor do bem. Em virtude disso, em regra, no *leasing* operacional, o valor residual é alto.

✦ **Não incidência de ICMS.** Referida espécie de arrendamento mercantil **aproxima-se bastante dos contratos de locação regulados pelas leis civis**, de forma que, salvo casos de fraudes comprovadas ou exercício da opção de compra, **não estará sujeita à incidência do ICMS**, por não haver operação relativa à circulação de mercadorias[24].

▶ **STJ**

– "O **Superior Tribunal de Justiça** uniformizou sua jurisprudência em torno da **não incidência do ICMS sobre operações de leasing operacional**, nos termos do Recurso especial n.º 1131718/SP, julgado sob a sistemática do **art. 543-C**, do CPC." (REsp 1164565/RJ, Rel. Ministro CASTRO MEIRA, SEGUNDA TURMA, julgado em 11/05/2010, DJe 21/05/2010)

5.1.2. *Leasing* financeiro. Nesta espécie de arrendamento mercantil, **o bem arrendado, no momento da celebração do negócio, ainda não pertence à pessoa jurídica arrendadora**. O que ocorre é que o arrendatário,

---

22. RAMOS, André Luiz Santa Cruz. **Curso de Direito Empresarial.** 10. ed. Salvador: Jus Podivm, 2010. p. 581.
23. *Idem*. p. 582.
24. REsp 1164565/RJ, Segunda Turma, julgado em 11/05/2010.

interessado no bem, solicita ao arrendador sua aquisição para, em seguida, alugá-lo mediante o pagamento de prestações sucessivas. Na avença, as prestações referentes ao aluguel devem ser suficientes à recuperação do valor despendido pela arrendadora. Em sendo exercida a opção final de compra do bem, o chamado ***valor residual*** **será diminuto**.

Percebe-se neste segundo contrato **traços de verdadeiro serviço de financiamento**, em que o arrendatário, mediante pagamento de parcelas mensais, busca a aquisição do bem objeto do *leasing*.

✦ **Não incidência do ICMS; incidência do ISSQN.** A mera celebração do pacto, no entanto, não enseja a transferência de propriedade, daí porque, nos moldes do art. 3º, VIII, da LC 87/96, **o ICMS não incide sobre operações de arrendamento mercantil, não compreendida a venda do bem arrendado ao arrendatário**. Não havendo opção de compra, conforme exposto anteriormente, haverá incidência do **ISSQN**[25].

– **Valor residual garantido embutido no preço e não incidência do ICMS.** Em muitos casos, sobretudo nos contratos de leasing de automóveis, celebrados entre pessoas físicas e instituições financeiras, o supracitado valor residual garantido já se encontra embutido no preço das parcelas mensais pagas pelo arrendatário. Em tais situações, em que pese alguma controvérsia inicial na jurisprudência pátria, tem-se entendido **não haver desnaturação do contrato de arrendamento mercantil.**

▶ **STJ:**

– **Súmula 293.** "A cobrança antecipada do valor residual garantido (VRG) não descaracteriza o contrato de arrendamento mercantil."

– "A antecipação do VRG não afeta a intenção das partes. Pois é absolutamente **desinfluente** para a caracterização do contrato de leasing **o fato de as partes estipularem preço simbólico** ou de inexpressivo valor para o exercício da opção de compra do bem arrendado, ou se o arrendatário deposita antecipadamente, mensalmente, para o arrendador alguma importância em garantia do pagamento do valor residual" (STJ, EREsp 213.828, Corte Especial, julgado em 07/05/2003).

5.1.3. *Lease back*. No *lease back* – ou *leasing* de retorno -, o **bem arrendado, inicialmente de propriedade do arrendatário, é vendido ao**

---

25. O *leasing* financeiro é serviço expressamente previsto na lista anexa à LC 116/2003.

arrendador, a fim de que este possa alugá-lo novamente ao primeiro, desta feita, com opção de compra. Valem para o *leasing* de retorno as regras anteriormente expostas, de forma que só incidirá o ICMS após o exercício do direito de compra.

QUADRO SINÓPTICO DA INCIDÊNCIA DO ICMS NAS OPERAÇÕES DE ARRENDAMENTO MERCANTIL		
OPERAÇÕES INTERNAS DE ARRENDAMENTO MERCANTIL E INCIDÊNCIA DE ICMS		
Leasing Operacional	*Leasing* Financeiro	*Leasing* de Retorno
Bem arrendado pertence ao arrendador à época da celebração do contrato	Bem arrendado é adquirido pelo arrendador para ser utilizado em favor do arrendatário	Arrendador adquire o bem junto ao arrendatário e a este aluga mediante o pagamento de prestações mensais
Há opção de compra com valor residual elevado	Há opção de compra com valor residual baixo	Há opção de compra com valor residual elevado
Aproxima-se dos contratos de locação, regidos pela lei civil	Aproxima-se dos contratos de financiamento	Aproxima-se dos contratos de locação
Não sendo exercida a opção de compra, não haverá incidência de ICMS.	Não sendo exercida a opção de compra, haverá incidência apenas de ISSQN	Não sendo exercida a opção de compra, não haverá incidência de ICMS nem de ISSQN
Exercida a opção de compra, haverá incidência de ICMS	Exercida a opção de compra, haverá incidência de ICMS	Exercida a opção de compra, haverá incidência de ICMS

Aplicação em concurso.

– *FMP/Procurador do Estado-AC/2012*

"Dadas as assertivas abaixo, assinale a alternativa correta.

O ICMS não incide sobre operações de arrendamento mercantil, não compreendida a venda do bem ao arrendatário."

Resposta: Errada.

5.2. Operações Internacionais de *Leasing*. As maiores controvérsias relacionadas aos negócios jurídicos de arrendamento mercantil dizem respeito aos contratos de ***leasing* internacional de mercadorias**. O assunto desperta grande interesse dos estudiosos do Direito Tributário, sobretudo em virtude do regime constitucional de incidência de ICMS sobre operações de circulação de mercadorias vindas do exterior (ICMS Importação).

5.2.1. Primeiro Entendimento: Incidência do ICMS em qualquer entrada de mercadoria. Nos moldes do art. 155, §2º, IX, "a", da Constituição de 1988, com redação conferida pela Emenda Constitucional n. 33, de 11 de dezembro de 2001, o ICMS incidirá sobre a entrada de bem ou mercadoria importados do exterior por pessoa física ou jurídica, ainda que não seja contribuinte habitual do imposto, qualquer que seja a sua finalidade, assim como sobre o serviço prestado no exterior, cabendo o imposto ao Estado onde estiver situado o domicílio ou o estabelecimento do destinatário da mercadoria, bem ou serviço.

Com base na nova redação do dispositivo, **os Estados começaram a advogar a tese de que a incidência do ICMS independeria da natureza dos negócios celebrados ou mesmo da existência de negócio jurídico relativo à transferência de propriedade.** Em outras palavras, as Fazendas Públicas passaram a defender que, nas importações de bens do exterior, bastaria a mera circulação física da mercadoria para caracterização do aspecto material do ICMS, tendo suas razões, **inicialmente, sido acatadas pelo Supremo Tribunal Federal.**

▶ **STF:**

- "De acordo com a Constituição de 1988, incide ICMS sobre a entrada de mercadoria importada do exterior. **Desnecessária, portanto, a verificação da natureza jurídica do negócio internacional do qual decorre a importação, o qual não se encontra ao alcance do Fisco nacional**. Constituição. O disposto no art. 3º, inciso VIII, da Lei Complementar nº 87/96 aplica-se exclusivamente às operações internas de leasing." (STF, RE 206.069-SP, Pleno, julgamento em 01/09/2005)

5.2.2. Novo entendimento: Incidência do ICMS apenas nos casos de transferência da propriedade. A partir do julgamento do **Recurso Extraordinário n. 461.968**, restou consignado que **nas operações internacionais de *leasing*** deve ser aplicada a **mesma regra cabível às operações internas de arrendamento mercantil**, qual seja, a da incidência de ICMS apenas nos casos de efetivo exercício da opção de compra.

▶ **STF:**

- "A **circulação de mercadoria é pressuposto de incidência do ICMS**. (...) não há operação relativa à circulação de mercadoria sujeita à incidência do ICMS em operação de arrendamento mercantil contratado pela indústria aeronáutica de grande porte para viabilizar o uso, pelas companhias de navegação aérea, de aeronaves por ela construídas" (**RE 461.968**, Primeira Turma, julgamento em 30-5-2007[26]).

– "Deveras, **não incide o ICMS na operação de arrendamento mercantil internacional, (...) salvo na hipótese de antecipação da opção de compra**, quando configurada a transferência da titularidade do bem. Consectariamente, se não houver aquisição de mercadoria, mas mera posse decorrente do arrendamento, não se pode cogitar de circulação econômica. 5. In casu, nos termos do acórdão recorrido, o contrato de arrendamento mercantil internacional trata de bem suscetível de devolução, sem opção de compra. 6. Os conceitos de direito privado não podem ser desnaturados pelo direito tributário, na forma do art. 110 do CTN, à luz da interpretação conjunta do art. 146, III, combinado com o art. 155, inciso II e § 2º, IX, "a", da CF/88. 8. Recurso extraordinário a que se nega provimento." (RE 540829, Relator(a): Min. GILMAR MENDES, Relator(a) p/ Acórdão: Min. LUIZ FUX, Tribunal Pleno, julgado em 11/09/2014, REPERCUSSÃO GERAL – MÉRITO DIVULG 17-11-2014 PUBLIC 18-11-2014)

5.2.3. Operação simulada de compra. Nos casos de operação simulada de compra (importação), travestida de arrendamento mercantil internacional, no entanto, será devido o Imposto sobre Circulação de Mercadorias – ICMS no momento da entrada do bem no território nacional[27].

▶ **STJ:**

– "A Turma, prosseguindo o julgamento, por maioria, consignou a tese de que, presente **o indício da operação de importação de aeronave sob a simulação de arrendamento mercantil operacional sem opção de compra, tratando-se, na verdade, de compra e venda financiada,** inexiste direito líquido e certo de não recolhimento do ICMS, sem ofensa à Súm. n. 293-STJ." REsp 959.387-RJ, Rel. originária Min. Denise Arruda, Rel. para acórdão Min. Luiz Fux, julgado em 18/6/2009. Informativo n. 399.

---

26. **No mesmo sentido:** STF, AI 686.970-AgR, Primeira Turma, julgamento em 23-6-2009; STF, **AC 1.930-MC-REF**, Primeira Turma, julgamento em 28-10-2008; STF, RE 553.663, Segunda Turma, julgamento em 18-12-2007.
27. STJ, REsp 959.387-RJ, Primeira Turma, julgado em 18/6/2009.

► **IMPORTANTE:** Haverá efetiva circulação jurídica de mercadoria, **sujeita ao ICMS**, também nas situações em que o bem objeto do contrato de ***leasing* internacional** for destinado ao **ativo fixo da empresa**. Restado comprovado que o bem importado compõe o ativo fixo, tratando-se de *leasing* internacional, há presunção constitucional de circulação jurídica do bem (art. 155, § 2º, IX, a, da CF) e passa-se a ser devido o pagamento do ICMS pelo contratante[28].

► **STJ:**

– "(...) A Primeira Seção desta Corte Superior no julgamento do EREsp 783.814/RJ, da relatoria do Ministro Herman Benjamin, sessão de 28.11.2007, decidiu por adotar os seguintes entendimentos acerca **do leasing internacional**: i) **deve incidir ICMS quando o bem for destinado ao ativo fixo**; ii) não deve incidir o ICMS no caso de leasing de aeronaves, equipamentos e peças adquiridos por empresas de transporte aéreo. No caso concreto, deve ser reconhecida a presunção constitucional de circulação jurídica dos bens importados, destinados ao ativo fixo, mediante arrendamento mercantil, tal como decidido no RE 206.069/SP, permitindo, dessa forma, a incidência do ICMS. O fato de a empresa contribuinte ter realizado a opção de compra ao final do contrato de arrendamento só confirma a aludida presunção." (AgRg no AREsp 83402/SP, Rel. Ministro BENEDITO GONÇALVES, PRIMEIRA TURMA, julgado em 04/10/2012, DJe 10/10/2012)

Aplicação em concurso.

CESPE/TJ-DF/Juiz Substituto/2014

"Acerca do ICMS e do CONFAZ, assinale a opção correta com base na legislação de regência e na jurisprudência dos tribunais superiores.

A. Incide ICMS nas operações de circulação de mercadorias derivadas de arrendamento mercantil celebrado entre arrendadora sediada no exterior e empresário sediado no Brasil em caso de bem comprovadamente destinado ao ativo fixo da sociedade empresária.

B. Consoante entendimento do STJ, é admissível, como instrumento de racionalidade tributária, a cobrança de ICMS com base no valor da mercadoria submetido ao regime de pautas fiscais, que constituem

28. STJ, EREsp 783814/RJ, Primeira Seção, julgado em 28/11/2007; STJ, AgRg no AREsp 83402/SP, Primeira Turma, julgado em 04/10/2012.

atos do Poder Executivo para a estipulação da base de cálculo desse imposto em operações de circulação de mercadorias.

C. Compete ao CONFAZ, em votações unânimes, fixar as alíquotas nas operações interestaduais, bem como estabelecer a concessão de qualquer benefício fiscal de ICMS.

D. É do CONFAZ a competência para dispor sobre exigência de parcela do ICMS, por estado-membro destinatário de mercadoria, devida em operação interestadual em que o consumidor final adquira mercadoria ou bem, por meio da Internet, de empresa situada em unidade federativa distinta.

E. Caso o estado de Goiás e o DF pretendam adotar o regime de substituição tributária em operações interestaduais realizadas entre contribuintes sediados em seus territórios, o CONFAZ poderá, por unanimidade, autorizar tal ajuste."

Resposta: a

6. **Demais casos de não incidência de ICMS (LC 87/96, art. 3º, V, VI, VII, IX e parágrafo único).** As demais alíneas do art. 3º da LC 87/96 não trazem hipóteses de isenção ou mesmo imunidade, mas apenas esclarecem situações até então controvertidas. Algumas das questões ali abordadas, mesmo após a positivação, permanecem suscitando polêmicas.

6.1. Operações mistas com serviços sujeitos à incidência do ISSQN (LC 87/93, art. 3º, V). A incidência de ICMS sobre operações mistas (de fornecimento simultâneo de mercadorias e serviços) foi analisada de maneira exaustiva quando do estudo do art. 2º da presente lei complementar, para onde remetemos o leitor.

6.2. Operações societárias (LC 87/93, art. 3º, VI). Também não haverá incidência de ICMS, por ausência de circulação jurídica de mercadorias – operação mercantil – sobre as chamadas **operações societárias**, dentre as quais destacamos as operações de **fusão**, **cisão** e **incorporação** de empresas[29].

► **STF**

– ***"Não incide ICMS na incorporação de uma sociedade por outra"*** (STF, RE 208.932-ED-AgR, Primeira Turma, julgamento em 17-3-2009).

---

29. Arts. 1.113 e seguintes do Código Civil de 2002.

► **STJ:**

– "TRIBUTÁRIO – **ICMS – COMERCIAL – SOCIEDADE COMERCIAL – TRANSFORMAÇÃO – INCORPORAÇÃO – FUSÃO – CISÃO – FATO GERADOR – INEXISTÊNCIA**. I – **Transformação, incorporação, fusão e cisão constituem várias facetas de um só instituto: a transformação das sociedades**. Todos eles são fenômenos de natureza civil, envolvendo apenas as sociedades objeto da metamorfose e os respectivos donos de cotas ou ações. **Em todo o encadeamento da transformação não ocorre qualquer operação comercial**. II – A sociedade comercial – pessoa jurídica corporativa pode ser considerada um condomínio de patrimônios ao qual a ordem jurídica confere direitos e obrigações diferentes daqueles relativos aos condôminos (Kelsen). III – Os cotistas de sociedade comercial não são, necessariamente, comerciantes. Por igual, o relacionamento entre a sociedade e seus cotistas é de natureza civil. IV- A transformação em qualquer de suas facetas das sociedades não é fato gerador de ICMS." (STJ, REsp 242.721/SC, Primeira Turma, julgado em 19/06/2001).

6.3. Operações de alienação fiduciária em garantia (LC 87/93, art. 3º, VII). Com a alienação fiduciária em garantia, o devedor passa a figurar na relação jurídica como mero possuidor do bem, transferindo-se a propriedade ao credor (em geral, instituição financeira). Caso haja o pagamento integral e regular dos valores devidos, o devedor volta à condição de possuidor e proprietário. Como as transmissões de propriedade dão-se apenas no plano formal, não chegando o credor fiduciário a gozar dos atributos da propriedade, **não se pode falar em circulação de mercadoria.** Além disso, falta a qualquer das partes a condição de contribuinte habitual do imposto (o tema da sujeição passiva do ICMS será estudado mais a frente).

✦ **Exemplo.** Numa operação de alienação fiduciária em garantia celebrada entre um banco e um consumidor com a finalidade de financiamento de um automóvel, o ICMS incidirá apenas sobre a venda realizada pela concessionária do veículo.

Aplicação em concurso.

ESAF/AUDITOR FISCAL DA RECEITA ESTADUAL-MG/2015

"João adquiriu, no estabelecimento comercial varejista Loja A, bem de consumo durável, obtendo financiamento da instituição financeira X. Como garantia do financiamento, o bem ficou alienado fiduciariamente à instituição X. João não adimpliu o financiamento, e X executou a garantia."

Considerando a situação descrita, assinale as assertivas abaixo com (F) para falsa e (V) para verdadeira e, a seguir, assinale a opção que indica a sequência correta.

( ) Na saída do bem de Loja A para João, incide o ICMS.

( ) Na transmissão do domínio do bem de João para X, não incide o ICMS.

( ) Na transferência da posse do bem de João para X em virtude da execução da garantia em razão do inadimplemento de João, incide o ICMS.

a) F, V, F

b) V, F, V

c) V, F, F

d) F, F, V

e) V, V, F

Resposta: E

6.4. Operações das seguradoras com bens móveis salvados de sinistros (LC 87/93, art. 3º, IX). As transferências de bens móveis oriundos de acidentes para as companhias seguradoras não sofrem a incidência do ICMS pelo simples fato de **não se tratar de operação de natureza mercantil.**

✦ **Venda de bens salvados de sinistros pelas seguradoras.** No que diz respeito à **venda** dos referidos bens, também não haverá incidência do ICMS. Assim como no caso analisado acima (alienação fiduciária em garantia), faltará à seguradora a condição de contribuinte habitual do imposto (o tema da sujeição passiva do ICMS será estudado mais a frente). Em outras palavras, por não ser a venda de bens – em regra, automóveis – avariados a atividade fim das seguradoras, não há que se falar na incidência do tributo.

► **STF**

– "A alienação de salvados configura atividade integrante das operações de seguros e não tem natureza de circulação de mercadoria para fins de incidência do ICMS" (STF, ADI 1.648, Plenário, julgamento em 16-2-2011). Em outras palavras, restou reconhecido que a atividade fim das seguradoras não é a venda dos automóveis avariados em decorrência de acidentes de trânsito, razão pela qual não se poderia falar em incidência de ICMS.

– **Súmula Vinculante 32.** "O ICMS não incide sobre alienação de salvados de sinistro pelas seguradoras."

7. Obrigações acessórias em casos de imunidade, isenção e não incidência. Conforme entendimento pacífico, **o cumprimento das chamadas obrigações acessórias**, também conhecidas como deveres instrumentais tributários, **independe da existência ou exigibilidade da obrigação principal**. Na verdade, na imensa maioria das hipóteses de imunidades e isenções, as obrigações acessórias irão auxiliar o fisco na verificação do efetivo direito do contribuinte àquela imunidade ou isenção.

Tem-se entendido válida a instituição de obrigação acessória ainda quando o tributo venha a ser declarado inconstitucional.

▶ **STJ.**

– "A relação jurídica tributária refere-se não só à obrigação tributária stricto sensu (obrigação tributária principal), como ao conjunto de deveres instrumentais (positivos ou negativos) que a viabilizam. (...) **A obrigação acessória** prevista no artigo 113, § 2º c/c 115, do CTN, constitui dever instrumental**, independente da obrigação principal**, e **subsiste, ainda que o tributo seja declarado inconstitucional**, principalmente para os fins de fiscalização da Administração Tributária. (...) Os deveres instrumentais (obrigações acessórias) são autônomos em relação à regra matriz de incidência tributária, aos quais devem se submeter, até mesmo, as pessoas físicas ou jurídicas que gozem de imunidade ou outro benefício fiscal, ex vi dos artigos 175, parágrafo único, e 194, parágrafo único, do CTN." (AgRg no Ag 1138833/RJ, Rel. Ministro LUIZ FUX, PRIMEIRA TURMA, julgado em 03/09/2009, DJe 06/10/2009)

Aplicação em concurso.

FCC/Agente de Rendas – Gestão Tributária – SP/2013

"O Estado de São Paulo instituiu por meio de decreto obrigação acessória consistente na exigência de nota fiscal para circulação entre estabelecimentos de um mesmo contribuinte de mercadorias abarcadas por isenção do ICMS. Posteriormente a esta instituição, a empresa Palas Atenas Industrial S.A. transferiu algumas destas mercadorias isentas entre seus estabelecimentos localizados em diferentes cidades deste Estado. A fim de realizar esta transferência de mercadorias, a empresa emitiu documentos diversos dos previstos na norma tributária. Como consequência, Eufrosina, Agente Fiscal de Rendas deste Estado, lavrou auto de infração contra a empresa Palas Atenas Industrial S.A., acusando-a de descumprimento de obrigações acessórias, pois não houve a devida emissão das notas fiscais previstas na legislação. Em face da situação hipotética apresentada e do ordenamento jurídico vigente, tem-se que a Agente Fiscal de Rendas agiu

a) incorretamente, pois o deslocamento de mercadorias isentas entre estabelecimentos de um mesmo contribuinte não configura hipótese de incidência do ICMS, não havendo portanto obrigatoriedade no cumprimento de obrigações acessórias.

b) corretamente, pois ente federado pode instituir obrigação acessória a ser observada pelos contribuintes, ainda que inexistente hipótese de incidência tributária, mesmo nos casos em que a operação ou prestação seja isenta do imposto.

c) incorretamente, pois a não ocorrência do fato gerador, com o consequente não surgimento da obrigação principal, enseja a inexistência de obrigação acessória, mesmo que decorrente da legislação tributária.

d) corretamente, pois a obrigação acessória decorre de uma relação sinalagmática firmada entre o contribuinte e a administração tributária, tendo por objeto as prestações por ela previstas no interesse da arrecadação de tributos.

e) corretamente, pois o simples fato da inobservância pela empresa Palas Atenas Industrial S.A. da obrigação acessória de emitir notas fiscais, conforme previsto na legislação tributária, converte-se em obrigação principal relativamente ao imposto devido, desde que observados os princípios da razoabilidade e da proporcionalidade."

Resposta: b

PGE-GO/Procurador do Estado/2013

"A propósito das isenções tributárias de ICMS, é CORRETO afirmar que a dispensa legal do pagamento do tributo implica, por conseguinte, a dispensa do cumprimento das obrigações acessórias."

Resposta: Errada.

8. ICMS e Isenções Heterônomas. A Constituição de 1988 estabelece que "é vedado à União instituir isenções de tributos da competência dos Estados, do Distrito Federal ou dos Municípios" (CF/88, art. 151, III).

A regra visa à proteção do pacto federativo, cláusula pétrea da Constituição. Assim, é natural que apenas o ente competente para tributar tenha também competência para isentar.

Tem-se admitido, no entanto, **a concessão de isenções de tributos estaduais e municipais por meio de tratados e acordos internacionais**. Aqui, porém, a União atua como mera representante da República Federativa do Brasil.

▶ **STF.**

– **Súmula 575.** "À mercadoria importada de país signatário do GATT, ou membro da ALALC, estende-se a isenção do imposto sobre circulação mercadorias concedidas a similar nacional."

- "**A cláusula de vedação inscrita no art. 151, inciso III, da Constituição** – que proíbe a concessão de isenções tributárias heterônomas – **é inoponível ao Estado Federal brasileiro** (vale dizer, à **República Federativa do Brasil**), incidindo, unicamente, no plano das relações institucionais domésticas que se estabelecem entre as pessoas políticas de direito público interno (...). **Nada impede**, portanto, que o **Estado Federal brasileiro celebre tratados internacionais** que veiculem **cláusulas de exoneração tributária** em matéria de tributos locais (como o ISS, p. ex.), pois a República Federativa do Brasil, ao exercer o **seu *treaty-making power***, estará praticando ato legítimo que se inclui na esfera de suas prerrogativas como pessoa jurídica de direito internacional público, que detém – em face das unidades meramente federadas – o monopólio da soberania e da personalidade internacional." (**RE 543.943-AgR**, Rel. Min. **Celso de Mello**, julgamento em 30-11-2010, Segunda Turma, *DJE* de 15-2-2011.)

- "A isenção de tributos estaduais prevista no Acordo Geral de Tarifas e Comércio para as mercadorias importadas dos países signatários, quando o similar nacional tiver o mesmo benefício, foi recepcionada pela Constituição da República de 1988. O art. 98 do Código Tributário Nacional 'possui caráter nacional, com eficácia para a União, os Estados e os Municípios' (voto do eminente Ministro **Ilmar Galvão**). No direito internacional **apenas a República Federativa do Brasil tem competência para firmar tratados** (art. 52, § 2º, da CF), **dela não dispondo a União, os Estados-membros ou os Municípios. O Presidente da República** não subscreve tratados como chefe de Governo, mas como **chefe de Estado**, o que **descaracteriza a existência de uma isenção heterônoma**, vedada pelo art. **151**, III, da Constituição." (**RE 229.096**, Rel. p/ o ac. Min. **Cármen Lúcia**, julgamento em 16-8-2007, Plenário, *DJE* de 11-4-2008.)

- "A jurisprudência desta Suprema Corte assentou-se no sentido da **constitucionalidade das desonerações** tributárias estabelecidas, por meio de **tratado**, pela República Federativa do Brasil, máxime no que diz com a extensão, às mercadorias importadas de países signatários do GATT, das isenções de ICMS concedidas às similares nacionais (Súmula STF 575). Descabe analisar, em sede de recurso extraordinário, alegações pertinentes à abrangência e à legitimidade de isenções frente à legislação infraconstitucional, bem como a similaridade entre produtos nacionais e estrangeiros para efeito da outorga do tratamento isonômico exigido pelo Acordo

Geral sobre Tarifas Aduaneiras e Comércio – GATT." (AI 764951 AgR, Relator(a): Min. ROSA WEBER, Primeira Turma, julgado em 26/02/2013, ACÓRDÃO ELETRÔNICO DJe-048 DIVULG 12-03-2013 PUBLIC 13-03-2013)

Aplicação em concurso.

TJ-PR/TJ-PR/JUIZ/2010

"Dadas as assertivas abaixo, assinale a alternativa CORRETA:

Diante do quadro de competência tributária traçado na Constituição Federal, não é possível haver ingerência de competência entre os entes federados, já que a isenção heterônoma é sempre inconstitucional."

Resposta: Certa.

Art. 4º Contribuinte é qualquer pessoa, física ou jurídica, **que realize, com habitualidade ou em volume que caracterize intuito comercial,** operações de circulação de mercadoria ou prestações de serviços de transporte interestadual e intermunicipal e de comunicação, ainda que as operações e as prestações se iniciem no exterior.

Parágrafo único. **É também contribuinte** a pessoa física ou jurídica que, **mesmo sem habitualidade ou intuito comercial:**

I - importe mercadorias ou bens do exterior, qualquer que seja a sua finalidade;

II - seja destinatária de serviço prestado no exterior ou cuja prestação se tenha iniciado no exterior;

III - adquira em licitação mercadorias ou bens apreendidos ou abandonados;

IV - adquira lubrificantes e combustíveis líquidos e gasosos derivados de petróleo e energia elétrica oriundos de outro Estado, quando não destinados à comercialização ou à industrialização.

1. **Contribuinte habitual do imposto: Regra geral (LC 87/96, art. 4º, *caput*).** O art. 4º da LC 87/96 regula a figura do **contribuinte do ICMS**, ou seja, aquele que, nos moldes do art. 121, parágrafo único, I, do CTN, **possui relação pessoal e direta com o fato gerador da obrigação tributária.** O contribuinte do ICMS é, em regra, qualquer pessoa, física ou jurídica, que realiza, com **habitualidade ou em volume que caracterize intuito comercial**, operações de circulação de mercadoria ou prestações de serviços de transporte interestadual e intermunicipal e de comunicação, ainda que as operações tenham se iniciado no exterior.

   ✦ **Exemplos.** São contribuintes do imposto, por exemplo, restaurantes, lojas de roupas, transportadoras e concessionárias de telefonia quanto às atividades de venda de alimentos e roupas, transporte e comunicação. **A venda eventual, pelo restaurante, de mesas e cadeiras antigas, não sofre a incidência do ICMS, tendo em vista a inexistência da habitualidade na operação.** No mesmo sentido, também não será contribuinte de ICMS a empresa de seguros privados quando realizar – de maneira esporádica – a venda de veículos avariados em decorrência de acidentes de trânsito.

Aplicação em concurso.

FCC/Auditor Fiscal Estadual de Tributos – RO/2010

"Contribuinte é qualquer pessoa, física ou jurídica, que realize, com ou sem habitualidade, operações de circulação de mercadoria ou prestações de serviços de transporte interestadual e intermunicipal e de comunicação."

Resposta: Errada.

FCC/Agente de Rendas – Gestão Tributária – SP/2013

"O sujeito passivo da obrigação principal diz-se contribuinte quando, sem revestir a condição de responsável, sua obrigação decorra de disposição expressa de lei e responsável quando tenha relação pessoal e direta com a situação que constitua o respectivo fato gerador."

Resposta: Errada.

FCC/Sefaz/SP/AgenteFiscal/2009

"Considere a seguinte situação: diretores de uma empresa que está sendo adquirida por outra pactuaram com a adquirente que suportarão o pagamento do ICMS devido até a data do ato da aquisição. Neste caso, a Fazenda

a) poderá cobrar o ICMS da empresa adquirente, posto que as convenções particulares não podem ser opostas à Fazenda Pública.

b) não poderá investir contra a empresa adquirente, posto que, por convenção particular, foi alterado o sujeito passivo da obrigação tributária.

c) não poderá investir contra a empresa adquirente, posto que esta não praticou o fato gerador da obrigação tributária.

d) poderá cobrar o ICMS da empresa adquirente pelo regime da substituição tributária para frente.

e) poderá responsabilizar os diretores por descumprimento do dever de pagar o tributo."

Resposta: a.

✦ **Operações de *Roaming*: Informativo do STJ.**

– "Cinge-se a questão ao pagamento de **ICMS sobre os serviços de telefonia móvel prestados na modalidade *roaming*.** A recorrente busca eximir-se do aludido imposto, ao sustentar que ele é devido no local onde é cobrado o serviço, e não onde instalada a estação telefônica. Nesta instância especial, entendeu-se que o fato de a sociedade empresária contratada pelo usuário ser a responsável pelo faturamento e recebimento do serviço prestado não a torna contribuinte do tributo ou responsável por ele, **devendo a obrigação tributária recair sobre a sociedade empresária que efetivamente viabilizou a chamada telefônica, que, nas operações denominadas *roaming*, é a operadora com cobertura na área de onde partiu a ligação do usuário do sistema**. Ressaltou-se que o serviço de *roaming* ocorre quando um usuário de linha móvel celular realiza uma chamada a partir de território que não está abrangido pela concessionária por ele contratada, sendo que essas ligações são feitas (transmitidas) pela concessionária local, ou operadora visitada, a qual é remunerada, mediante repasse, pela concessionária que disponibilizou a linha ao usuário." REsp 1.202.437-MT, Rel. Min. Benedito Gonçalves, julgado em 8/11/2011. **Informativo n. 487.**

2. **Contribuinte de Fato x Contribuinte de Direito.** Para a compreensão deste e de diversos outros dispositivos da LC 87/96, é fundamental que o candidato tenha em mente a distinção das figuras do contribuinte de direito e do contribuinte de fato.

O **contribuinte de direito é a pessoa responsável pelo recolhimento do tributo**; o **contribuinte de fato, por sua vez, é aquele que suporta os encargos econômicos e financeiros do tributo**. Numa operação de compra e venda de mercadoria, como o valor do ICMS está embutido no preço cobrado, teremos como contribuinte legal do imposto o comerciante e como contribuinte de fato a pessoa adquirente da referida mercadoria (consumidor).

2.1. Restituição do tributo pago indevidamente. Tem entendido a jurisprudência pátria, com base no art. 166 do CTN e nas lições supracitadas, que **apenas o contribuinte de direito tem legitimidade para postular, junto ao Estado, a restituição do ICMS pago indevidamente**. O contribuinte de fato, por sua vez, poderá acionar o contribuinte de direito depois que este tenha recuperado o indébito junto ao Fisco

▶ **STJ**

– **"O 'contribuinte de fato' (in casu, distribuidora de bebida) não detém legitimidade ativa ad causam para pleitear a restituição do indébito relativo ao IPI incidente sobre os descontos incondicionais,**

recolhido pelo 'contribuinte de direito' (fabricante de bebida), por não integrar a relação jurídica tributária pertinente. (...) 'Por sua própria conta, poderá o contribuinte de fato postular o indébito, desde que já recuperado pelo contribuinte de direito junto ao Fisco. **No entanto, note-se que o contribuinte de fato não poderá acionar diretamente o Estado, por não ter com este nenhuma relação jurídica**. Em suma: o direito subjetivo à repetição do indébito pertence exclusivamente ao denominado contribuinte de direito. Porém, uma vez recuperado o indébito por este junto ao Fisco, pode o contribuinte de fato, com base em norma de direito privado, pleitear junto ao contribuinte tributário a restituição daqueles valores. (...).' (Marcelo Fortes de Cerqueira, in 'Curso de Especialização em Direito Tributário – Estudos Analíticos em Homenagem a Paulo de Barros Carvalho', Coordenação de Eurico Marcos Diniz de Santi, Ed. Forense, Rio de Janeiro, 2007, págs. 390/393) Deveras, o condicionamento do exercício do direito subjetivo do contribuinte que pagou tributo indevido (contribuinte de direito) à comprovação de que não procedera à repercussão econômica do tributo ou à apresentação de autorização do 'contribuinte de fato' (pessoa que sofreu a incidência econômica do tributo), à luz do disposto no artigo 166, do CTN, não possui o condão de transformar sujeito alheio à relação jurídica tributária em parte legítima na ação de restituição de indébito.' **À luz da própria interpretação histórica do artigo 166, do CTN, dessume-se que somente o contribuinte de direito tem legitimidade para integrar o pólo ativo da ação judicial que objetiva a restituição do 'tributo indireto' indevidamente recolhido** (Gilberto Ulhôa Canto, "Repetição de Indébito", in Caderno de Pesquisas Tributárias, n° 8, p. 2-5, São Paulo, Resenha Tributária, 1983; e Marcelo Fortes de Cerqueira, in "Curso de Especialização em Direito Tributário – Estudos Analíticos em Homenagem a Paulo de Barros Carvalho", Coordenação de Eurico Marcos Diniz de Santi, Ed. Forense, Rio de Janeiro, 2007, págs. 390/393). (...) **É que, na hipótese em que a repercussão econômica decorre da natureza da exação, 'o terceiro que suporta com o ônus econômico do tributo não participa da relação jurídica tributária, razão suficiente para que se verifique a impossibilidade desse terceiro vir a integrar a relação consubstanciada na prerrogativa da repetição do indébito, não tendo, portanto, legitimidade processual'** (Paulo de Barros Carvalho, in "Direito Tributário – Linguagem e Método", 2ª ed., São Paulo, 2008, Ed. Noeses, pág. 583). (...) Recurso especial desprovido. Acórdão submetido ao regime **do artigo 543-C, do CPC**, e da Resolução STJ 08/2008." (REsp 903394/AL, Rel. Ministro LUIZ FUX, PRIMEIRA SEÇÃO, julgado em 24/03/2010, DJe 26/04/2010)

Aplicação em concurso.

UEL-COPS/Auditor Fiscal-PR/2012

"Em relação à restituição de ICMS prevista na Lei 11.580/1996, referente às quantias indevidamente recolhidas ao Estado, assinale a alternativa correta.

a) A restituição dos valores pagos indevidamente abrange multas de natureza formal, juros de mora e correção monetária, não prejudicadas pela causa assecuratória da restituição.

b) A restituição total ou parcial do ICMS proíbe que ocorra a devolução de valores pagos a título de multa, juros de mora e correção monetária, restringindo-se apenas aos valores do principal sem acréscimo de acessórios.

c) O terceiro que faça prova de haver suportado o encargo financeiro do ICMS sub-roga-se no direito à devolução de imposto indevidamente pago, em relação ao contribuinte ou responsável.

d) Decorridos dois meses contados da protocolização do pedido de restituição, sem que seja efetivamente recebida a importância a ser devolvida, o contribuinte poderá requerer judicialmente a sua restituição.

e) O contribuinte, mesmo sem autorização de terceiro, a quem o encargo relativo ao ICMS tenha sido transferido, poderá pleitear a restituição do tributo indevidamente pago."

Resposta: C

2.2. Legitimidade do contribuinte de fato para restituição do tributo pago indevidamente: Consumidores de Energia Elétrica. A regra mencionada acima não se aplica aos casos em que **o contribuinte de fato (consumidor) postula a repetição do tributo pago indevidamente sobre demanda de potência contratada e não utilizada**. O tema, por envolver **superação de um precedente,** deve começar a ser bastante cobrado em provas de concurso público. Aqui, a jurisprudência tem levado em consideração algumas peculiaridades próprias das relações jurídicas envolvendo o Estado concedente, a concessionária e o consumidor, dentre as quais destacamos as seguintes (extraídas do voto do Ministro Relator do Recurso Especial n. 1.299.303, da relatoria do Ministro Cesar Asfor Rocha):

– **Estado concedente e concessionária**, ao longo de toda a exploração do serviço de fornecimento de energia elétrica, de competência da

União (art. 21, inciso XII, alínea "b", da CF/88), **trabalham em conjunto**, estando a concessionária em uma posição de quase total submissão, sob pena de rescisão do contrato de concessão na hipótese de desrespeito a alguma diretriz, política pública, projeto ou norma imposta pelo Estado-concedente.

– Em decorrência do exposto acima, nas relações contratuais em geral estabelecidas com o poder público, **a concessionária sempre evitará embates desgastantes e que gerem prejuízos aos serviços ou aos interesses públicos**. Mas não é só. Sem dúvida alguma, sobretudo no tocante à cobrança, ao cálculo e à majoração dos tributos – à exceção do imposto de renda –, o poder concedente e a concessionária encontram-se, na verdade, lado a lado, ausente qualquer possibilidade de conflitos de interesses.

– O consumidor da energia elétrica, por sua vez, observada a mencionada relação concedente/concessionária, fica relegado e totalmente prejudicado e desprotegido. Esse quadro revela que **a concessionária assume o papel de contribuinte de direito apenas "formalmente", assim como o consumidor também assume a posição de contribuinte de fato em caráter meramente "formal".**

– Se o fabricante de bebidas, por exemplo, simplesmente repassar ao preço do seu produto de venda o valor do ICMS cobrado indevidamente, as suas vendas poderão cair. Em virtude da **concorrência no setor privado, o que dificilmente ocorre no fornecimento de energia elétrica**, o distribuidor (adquirente da bebida) poderá buscar outro fabricante, com produtos inferiores ou importados, com preços menores.

– **Quanto ao usuário de energia elétrica, ou paga a tarifa com o ICMS eventualmente ilegal ou ficará sem o serviço**, o que implica em desligar lâmpadas, geladeiras, televisores, equipamentos indispensáveis à saúde de enfermos, equipamentos industriais, etc., ou lançar mão de outras fontes de energia, excessivamente caras e não produtivas. **No campo do fornecimento de energia elétrica, inexiste ou praticamente inexiste concorrência** capaz de impor à concessionária atitudes no sentido de defender o interesse do consumidor.

✦ **Aplicação do entendimento acima a casos análogos: Concessionárias de telefonia.** O entendimento acima tem sido aplicado a outros casos de tributos pagos indevidamente por concessionárias de serviços públicos.

► **STJ.**

– "Cuida-se, na espécie, do levantamento de valores depositados administrativamente relativos à cobrança de ICMS sobre serviços de instalação de linhas telefônicas. **A Turma, prosseguindo o julgamento, por maioria, deu provimento ao agravo; assim, afastou-se o levantamento do depósito administrativo pela empresa de telefonia, por se entender que somente o contribuinte de fato (o que suporta efetivamente o ônus financeiro do tributo) é que está legitimado para o pedido de repetição de valores indevidamente pagos ao Fisco.** In casu, o valor depositado foi repassado para o consumidor final, ou seja, o usuário do serviço de telefonia. **Assim, apenas o usuário do serviço tem legitimidade subjetiva ativa para requerer o levantamento do depósito em função de haver suportado o ônus indevido (art. 166 do CTN e Súm. n. 546-STF).** Ademais, consignou-se que o depósito realizado pela empresa de telefonia não diminuiu seu patrimônio, tendo em vista que essa quantia foi repassada ao contribuinte, sendo que o levantamento pleiteado acabaria por beneficiar indevidamente pessoa que não sofreu o encargo, caracterizando enriquecimento ilícito. Outrossim, anotou-se que o recurso especial do estado-membro agravante será oportunamente julgado." Precedentes citados: REsp 554.203-RS, DJ 24/5/2004, e REsp 906.405-SC, DJe 12/6/2008. AgRg no Ag 1.365.535-MG, Rel. originário Min. Benedito Gonçalves, Rel. para acórdão Min. Napoleão Nunes Maia Filho, julgado em 7/2/2012. Informativo n. 490.

Aplicação em Concurso

FCC/PGE-MT/PROCURADOR DO ESTADO/MT/2016

"Sobre o processo civil tributário, considere:

(...)

III. O consumidor tem legitimidade para propor ação declaratória cumulada com repetição de indébito que busca afastar, no tocante ao fornecimento de energia elétrica, a incidência do ICMS sobre a demanda contratada e não utilizada."

Resposta: Certa

PUC-PR/PGE-PR/Procurador do Estado/2015

"A pessoa jurídica Alfa Ltda, sediada no Estado do Paraná, ajuíza Ação de Repetição de Indébito em face da referida unidade federativa com vistas à devolução de ICMS recolhido sobre demanda de potência contratada e não utilizada.

Diante da situação hipotética narrada acima, à luz da legislação vigente, bem como da jurisprudência do Superior Tribunal de Justiça, responda, de maneira fundamentada, aos itens a seguir:

a) É válida a cobrança de ICMS sobre demanda de potência contratada e não utilizada?

b) Na qualidade de mera consumidora da energia elétrica (contribuinte de fato), a Pessoa Jurídica Alfa Ltda possui legitimidade ativa para a ação de repetição de indébito em face do Estado do Paraná?"

3. **Contribuintes do imposto que não exercem a mercancia com habitualidade (LC 87/96, art. 4º, parágrafo único).** Quando falamos que o contribuinte do ICMS é, em regra, a pessoa que realiza com habitualidade operações relativas à circulação de mercadorias, quisemos **deixar ressalvadas 3 (três) situações peculiares, constantes do texto da Constituição de 1988 e da Lei Complementar n. 87/96**. Estamos nos referindo aqueles que: a) importam mercadorias ou bens do exterior; b) adquirem em licitação mercadorias ou bens apreendidos ou abandonados e; c) adquirem lubrificantes e combustíveis líquidos e gasosos derivados de petróleo e energia elétrica oriundos de outro Estado, quando não destinados à comercialização ou à industrialização.

3.1. Importação de mercadorias ou serviços do exterior (LC 87/96, art. 4º, parágrafo único, I e II). A incidência do ICMS sobre operações de importação de mercadorias foi analisada quando estudávamos o art. 2º da LC 87/96. Apenas repisando o que foi visto, temos que **a inclusão das pessoas físicas que não realizem de maneira habitual operações de importação de mercadorias ou bens do exterior no rol de contribuintes do ICMS deu-se com o advento da EC 33/2001.**

Conforme visto, o objetivo principal do constituinte derivado foi o de evitar que transações comerciais realizadas em massa, travestidas de operações de importação para uso e consumo próprio, fossem realizadas livres da incidência do ICMS.

Agora, qualquer pessoa, física ou jurídica, que importar mercadoria de país estrangeiro deverá recolher o valor devido a título de ICMS. **É imprescindível, não custa lembrar, a transferência da propriedade do bem.**

✦ **Exemplos.** A título de exemplo, um jovem advogado será contribuinte do ICMS quando adquirir, pela *internet*, uma gravata junto a uma loja especializada localizada nos Estados Unidos. Da mesma forma, será também contribuinte a loja de gravatas localizada em Shopping Center que realizar a mesma operação de importação, mesmo que em volume muito maior.

Aplicação em concurso.

UEL-COPS/Auditor Fiscal-PR/2012

"Não pode ser contribuinte do ICMS a pessoa física ou jurídica que, sem habitualidade ou intuito comercial, importe mercadorias ou bens do exterior, ou seja destinatária de serviço prestado no exterior."

Resposta: Errada.

3.2. Aquisição de mercadorias ou bens em licitações (LC 87/96, art. 4º, parágrafo único, III). No caso das **licitações** – realizadas sob a modalidade de Leilão – para venda de bens apreendidos ou abandonados, **seria no mínimo inusitado esperar habitualidade daqueles que adquirem as referidas mercadorias.** Ao mesmo tempo, a simples não incidência do tributo poderia apresentar significativa perda de arrecadação para os Estados. Não seria razoável também considerar contribuinte do tributo a entidade vendedora.

3.3. Aquisição de combustíveis em operações interestaduais (LC 87/96, art. 4º, parágrafo único, IV). A sistemática das imunidades de ICMS nas operações interestaduais envolvendo lubrificantes e combustíveis líquidos e gasosos derivados de petróleo e energia elétrica foi estudada nos **comentários ao art. 3º da presente lei**. Aquele que compra combustível ou energia elétrica de outro Estado para fins de consumo será considerado contribuinte do imposto, ainda que não realize a mercancia com habitualidade. A exação deverá, no entanto, ser recolhida ao Estado de destino, e não ao Estado produtor, conforme estudado anteriormente.

► **STF:**

– "**Benefício fiscal que não foi instituído em prol do consumidor, mas do Estado de destino dos produtos em causa**, ao qual caberá, em sua totalidade, o ICMS sobre eles incidente, desde a remessa até o consumo. Consequente **descabimento das teses da imunidade e da inconstitucionalidade dos textos legais**, com que a empresa consumidora dos produtos em causa pretendeu obviar, no caso, a exigência tributária do Estado de São Paulo. Recurso conhecido, mas desprovido." (STF, RE 198088, Pleno, julgado em 17/05/2000)[30]

Art. 5º Lei poderá **atribuir a terceiros a responsabilidade pelo pagamento do imposto** e acréscimos devidos pelo contribuinte ou responsável, quando os atos ou omissões daqueles concorrerem para o não recolhimento do tributo.

1. **Sujeição passiva indireta: Noções gerais.** Nos termos do Código Tributário Nacional, o **sujeito passivo da obrigação principal** diz-se (I) **contribuinte**, quando tenha relação pessoal e direta com a situação que constitua o respectivo fato gerador **e** (II) **responsável**, quando, sem revestir a condição de contribuinte (sem possuir relação pessoal e direta com a situação que constitua o fato gerador), sua obrigação decorra de disposição expressa de lei (CTN, art. 121, parágrafo único, I e II).

   Em complemento, o **art. 128** do mesmo CTN estabelece que, sem prejuízo do disposto neste capítulo, a lei pode atribuir de modo expresso a responsabilidade pelo crédito tributário a **terceira pessoa, vinculada ao fato gerador** da respectiva obrigação, excluindo a responsabilidade do contribuinte ou atribuindo-a a este em caráter supletivo do cumprimento total ou parcial da referida obrigação. Fala-se em **sujeição passiva indireta**, ou **responsabilidade tributária em sentido amplo**, portanto, sempre que alguém diverso do contribuinte esteja obrigado ao pagamento do tributo.

2. **Espécies de Responsabilidade Tributária.** São 2 (duas) as espécies de responsabilidade tributária: **a) Responsabilidade por substituição** e; b) **Responsabilidade por transferência**.

   Quando a sujeição passiva indireta surgir ***contemporaneamente*** à ocorrência do fato gerador, falaremos em ***responsabilidade por substituição***.

   Quando, por sua vez, a sujeição passiva indireta surgir num ***momento posterior***, expressamente previsto em lei, à ocorrência do fato gerador, poderemos então falar em ***responsabilidade por transferência***. A **responsabilidade por transferência** engloba três subespécies, todas elencadas no Código Tributário Nacional, quais sejam: a) responsabilidade por

30. No mesmo sentido: STF, **RE 190.992-AgR**, Primeira Turma, julgamento em 12-11-2002.

sucessão; b) responsabilidade por **solidariedade** e; c) responsabilidade de **terceiros**.

- **IMPORTANTE 1.** Em primeiro lugar, deve-se salientar que **só haverá espaço para a figura do responsável tributário (sujeição passiva indireta) do ICMS quando houver expressa previsão na legislação estadual** do tributo. Em caso de omissão, prevalece a regra geral do contribuinte como comerciante habitual ou prestador habitual de serviços.

- **IMPORTANTE 2. A lei não pode definir como responsável tributário**, de maneira arbitrária, seja no caso de responsabilidade por substituição, seja no caso de responsabilidade por transferência, **pessoa totalmente alheia à materialidade da exação.** O Código Tributário Nacional é bastante claro ao dispor que a terceira pessoa deve estar vinculada, ainda que **não** de maneira pessoal e direta, ao fato gerador da obrigação.

QUADRO SINÓPTICO	
SUJEIÇÃO PASSIVA INDIRETA	
Responsabilidade por Substituição (contemporânea à ocorrência do fato gerador)	Substituição para frente (progressiva)
	Substituição para trás (regressiva)
	Substituição concomitante
Responsabilidade por Transferência (surge em razão de evento posterior à ocorrência do fato gerador)	Responsabilidade por sucessão
	Responsabilidade por solidariedade
	Responsabilidade de terceiros

Aplicação em concurso.

FCC/Sefin/RO/AuditorFiscal/2010

"É responsável solidário pelo pagamento do ICMS devido

a) o leiloeiro, na saída de mercadoria decorrente de hasta pública.

b) todo aquele que concorrer para a sonegação do imposto, excetuado, em qualquer caso, o servidor encarregado do controle da arrecadação.

c) o transportador quanto à mercadoria que entregar a destinatário diverso do indicado no documento fiscal.

d) o armazém geral ou depositário a qualquer título, inclusive o estabelecimento beneficiador de mercadoria, na saída de mercadoria depositada por contribuinte de outra Unidade da Federação.

e) a pessoa que tenha interesse comum na situação que constitua o fato gerador da obrigação tributária."

Resposta: e.

PGE-GO/Procurador do Estado/2013

"A respeito da responsabilidade tributária, está CORRETA a seguinte proposição: A responsabilidade dos sucessores é exemplo típico de responsabilidade por transferência."

Resposta: Certa.

3. A responsabilidade tributária de terceiros prevista no art. 5º da LC 87/96. A confusa e pouco técnica redação do art. 5º da LC 87/96 pode dar a impressão de estarmos diante de uma terceira modalidade de sujeição passiva tributária; em outros termos, o artigo parece criar figura diversa das do contribuinte e do responsável. No entanto, o dispositivo nada mais faz do que conferir aos Estados a faculdade de instituir, por lei (ordinária), **hipóteses de responsabilidade de terceiros** – obrigatoriamente vinculados ao fato gerador da obrigação principal, ainda que não de maneira pessoal e direta – **que não sejam incompatíveis** com aquelas elencadas nos artigos 128 e 138 do CTN, recepcionado como lei complementar "geral" em matéria tributária.

► **STJ:**

– "O artigo 128, do CTN (cuja interpretação estrita se impõe), dispõe que, sem prejuízo do disposto no capítulo atinente à Responsabilidade Tributária, 'a lei pode atribuir de modo expresso a responsabilidade pelo crédito tributário a terceira pessoa, vinculada ao fato gerador da respectiva obrigação, excluindo a responsabilidade do contribuinte ou atribuindo-a a este em caráter supletivo do cumprimento total ou parcial da referida obrigação'. Deveras, doutrina abalizada elucida o conteúdo normativo do artigo 128, do Codex Tributário: **'O artigo pretende consubstanciar uma norma geral formalizada em duas idéias básicas, a saber: 1) a responsabilidade tributária é aquela definida no capítulo; 2) a lei, entretanto, pode estabelecer outros tipos de responsabilidade não previstos no capítulo a terceiros.** O artigo começa com a expressão 'sem prejuízo do disposto neste Capítulo', que deve ser entendida como **exclusão da possibilidade** de a lei determinar alguma **forma de responsabilidade conflitante com a**

determinada no Código. Isso vale dizer que a responsabilidade não prevista pelo Capítulo pode ser objeto de lei, não podendo, entretanto, a lei determinar nenhuma responsabilidade que entre em choque com os arts. 128 a 138'." (EDcl no REsp 931.727/RS, Rel. Ministro LUIZ FUX, PRIMEIRA SEÇÃO, julgado em 23/06/2010, DJe 01/07/2010)

– "**Compete à legislação local a indicação do terceiro partícipe da cadeia de circulação de mercadorias e produtos como substituto tributário**, nos termos do art. 128 do CTN e do art. 6º da LC 87/96." (REsp 1192409/SE, Rel. Ministra ELIANA CALMON, SEGUNDA TURMA, julgado em 22/06/2010, DJe 01/07/2010)

Aplicação em concurso.

PGE-GO/Procurador do Estado/2013

A respeito da responsabilidade tributária, está CORRETA a seguinte proposição: O legislador pode, com ampla liberdade, atribuir a qualquer pessoa a responsabilidade pelo cumprimento da obrigação tributária, exonerando total ou parcialmente o contribuinte.

Resposta: Errada.

► **IMPORTANTE.** A rigor, a lei complementar não poderia delegar à legislação ordinária dos Estados a competência para dispor sobre novas hipóteses de responsabilidade tributária. Em provas objetivas de concurso público, sobretudo aqueles realizados por órgãos da administração fazendária, recomendamos ao candidato que se atenha ao que diz a letra pura da lei – ou até mesmo do Decreto – que regula o ICMS, ainda que sejam previstas hipóteses de responsabilidade de terceiros não estabelecidas em qualquer lei complementar ou com ela conflitantes.

Art. 6º Lei estadual poderá atribuir a contribuinte do imposto ou a depositário a qualquer título a **responsabilidade pelo seu pagamento**, hipótese em que assumirá a condição de **substituto tributário.**

§ 1º A responsabilidade poderá ser atribuída em relação ao imposto incidente sobre uma ou mais operações ou prestações, **sejam antecedentes, concomitantes ou subsequentes**, inclusive ao valor decorrente da diferença entre alíquotas interna e interestadual nas operações e prestações que destinem bens e serviços a consumidor final localizado em outro Estado, que seja contribuinte do imposto.

§ 2º A atribuição de responsabilidade dar-se-á em relação a mercadorias, bens ou serviços previstos em lei de cada Estado.

1. **O substituto tributário no ICMS (LC 87/96, art. 6º, *caput*).** As noções gerais acerca da substituição tributária foram apresentadas nos comentários ao art. 5º da LC 87/96. Conforme visto, trata-se de espécie do gênero *responsável tributário* em que a sujeição passiva indireta surge, em decorrência de expressa previsão legal, concomitantemente ao surgimento do fato gerador da obrigação.

- **Justificativas para instituição do regime de substituição tributária.** O regime de substituição tributária aplicável ao ICMS justifica-se por uma série de fatores, a maioria deles ligados à **fiscalização e à arrecadação do imposto**. Dentre tais fatores, merecem destaque os seguintes:

- A enorme dificuldade encontrada pela fiscalização para atingir todos os contribuintes de todas as operações.

- A necessidade de redução dos custos de fiscalização e arrecadação de tributos.

- A substituição tributária é importante mecanismo de **combate à sonegação de impostos**. É muito mais fácil e econômico para o Estado, por exemplo, exigir das indústrias fabricantes de borracha o tributo incidente sobre as operações de venda de látex por seringueiros do que realizar a fiscalização junto a uma infinidade de trabalhadores localizados nos mais diversos pontos da floresta.

Aplicação em concurso.

FCC/Agente de Rendas – Gestão Tributária – SP/2013

"Com respeito à substituição tributária com antecipação dos efeitos do fato gerador, considere:

I. Na substituição tributária o fato gerador presumido não é provisório, mas definitivo, não dando ensejo à restituição ou complementação do imposto pago, senão, no primeiro caso, na hipótese de sua não realização final.

II. Não há qualquer impedimento a que o legislador se valha de presunções para viabilizar a substituição tributária, desde que lhes atribua caráter absoluto e que sua instituição seja feita por meio de lei.

III. Com relação ao ICMS e para efeito de exigência do imposto por substituição tributária inclui-se, também, como fato gerador do imposto, a entrada de mercadoria ou bem no estabelecimento do adquirente ou em outro por ele indicado.

IV. Na substituição tributária é assegurada a imediata e preferencial restituição da quantia paga pelo substituído, caso não se realize o fato gerador presumido.

V. A lei poderá atribuir a sujeito ativo de obrigação tributária a condição de responsável pelo pagamento de imposto ou contribuição cujo fato gerador deva ocorrer posteriormente. "

Está correto o que se afirma APENAS em

a) I e III.

b) I e IV.

c) II e III.

d) II e V.

e) IV e V.

Resposta: a

2. **Substituição tributária para trás ou regressiva (diferimento) (LC 87/96, art. 6º, §1º).** Falamos em **substituição para trás, ou regressiva**, quando o responsável pelo pagamento do tributo substitui as pessoas que tenham realizado, em momento anterior da cadeia econômica, o fato imponível. Em outras palavras, haverá substituição regressiva sempre que o substituto pagar imposto referente a operações já ocorridas. O instituto é conhecido também por parte da doutrina pelo nome de **diferimento**.

No diferimento, o pagamento do ICMS incidente sobre a operação é transferido para etapa posterior da cadeia econômica.

✦ **Exemplo.** Caso de substituição tributária regressiva é o da indústria de borracha – substituta tributária – que fica responsável pelo recolhimento do tributo devido pelos seringueiros – substituídos.

Aplicação em concurso.

FCC/Auditor Fiscal Estadual de Tributos – RO/2010

"Nos casos em que o lançamento e o pagamento do ICMS incidentes sobre determinada operação ou prestação são transferidos para etapa ou etapas posteriores, ocorre

a) diferimento.

b) isenção.

c) substituição tributária "para frente".

d) suspensão.

e) parcelamento."

Resposta: a.

3. Substituição tributária para frente, ou progressiva (LC 87/96, art. 6, §1º). Falamos em **substituição para frente, ou progressiva**, quando o responsável pelo recolhimento do tributo faz o pagamento do ICMS alusivo a uma operação que ainda está por vir. Aqui, o substituído está à frente na cadeia econômica de circulação da mercadoria.

Nos termos da CF/88, *a lei poderá atribuir a sujeito passivo de obrigação tributária a condição de responsável pelo pagamento de imposto ou contribuição, cujo fato gerador deva ocorrer posteriormente, assegurada a imediata e preferencial restituição da quantia paga, caso não se realize o fato gerador presumido* (CF/88, art. 150, §7º).

✦ **Exemplo.** A substituição para frente é comum nas operações que envolvem combustíveis derivados do petróleo, como será mais detidamente analisado em tópico próprio. Nessas operações, por expressa previsão legal – autorizada pela Constituição – o recolhimento do tributo incidente sobre toda a cadeia é feito pela refinaria. Assim, distribuidoras e postos de gasolina são substituídos no dever de pagar o ICMS.

✦ **Críticas ao regime de substituição progressiva.** A doutrina costuma fazer severas críticas ao regime de substituição tributária progressiva. Afirma-se, dentre outras coisas, que:

- Não há vinculação da cobrança do imposto ao fato gerador da obrigação;
- O fato gerador presumido não reflete o real valor da operação;
- À época do recolhimento, o sujeito substituído era inexistente;
- A prática implica violação aos princípios constitucionais da segurança jurídica e da vedação ao confisco e;
- As dificuldades para reaver o valor pago, em caso de não realização do fato gerador, podem tornar o instituto ainda mais injusto[31].

✦ **Substituição para frente na jurisprudência.** A jurisprudência pátria, no entanto, não tem acolhido as críticas supracitadas. **Tanto o**

31. CARRAZZA, Roque Antonio. **ICMS**. 10. ed. São Paulo: Malheiros, 2005. pp. 263 e seguintes.

Supremo Tribunal Federal quanto o Superior Tribunal de Justiça vêm julgando válidas leis instituidoras de regimes de substituição tributária progressiva. O posicionamento é pacífico e antecede a Emenda Constitucional n. 03, de 17 de março de 1993, que alterou a redação do art. 150 e parágrafos da Constituição.

▶ **STF:**

– "**O regime de substituição tributária, referente ao ICM, já se achava previsto no Decreto-Lei nº 406/68** (art. 128 do CTN e art. 6º, §§ 3º e 4º, do mencionado decreto-lei), normas recebidas pela Carta de 1988, não se podendo falar, nesse ponto, em omissão legislativa capaz de autorizar o exercício, pelos Estados, por meio do Convênio ICM nº 66/88, da competência prevista no art. 34, § 8º, do ADCT/88. Essa circunstância, entretanto, não inviabiliza o instituto que, relativamente a veículos novos, foi instituído pela Lei paulista nº 6.374/89 (dispositivos indicados) e pelo Convênio ICMS nº 107/89, destinado não a suprir omissão legislativa, mas a atender à exigência prevista no art. 6º, § 4º, do referido Decreto-Lei nº 406/68, em face da diversidade de estados aos quais o referido regime foi estendido, no que concerne aos mencionados bens. **A responsabilidade, como substituto, no caso, foi imposta, por lei, como medida de política fiscal, autorizada pela Constituição, não havendo que se falar em exigência tributária despida de fato gerador.** Acórdão que se afastou desse entendimento." (STF, RE 213396, Relator(a): Min. ILMAR GALVÃO, Tribunal Pleno, julgado em 02/08/1999, DJ 01-12)

▶ **STJ**

– "Esta Corte Superior de Justiça, amparada na jurisprudência do Colendo STF, **já decidiu pela validade da sistemática da substituição tributária para frente, no que se refere ao ICMS incidente sobre a venda de produtos médico-hospitalares para hospitais e congêneres**, ressalvado, no entanto, o direito à restituição na hipótese de o fato gerador presumido não ocorrer" (STJ, AgRg no REsp 1278200/MG, Primeira Turma, julgado em 02/02/2012).

Aplicação em concurso.

FUNIVERSA/PC-DF/DELEGADO DE POLÍCIA/2009

"A Indústria Milho Bom S/A adquiria milho de pequenos produtores localizados no Distrito Federal (DF) e no Entorno e, após submetê-lo a processo de industrialização, enlatava e vendia para distribuidores que os revendiam para comercialização em supermercados e quitandas da região.

O ICMS era recolhido aos cofres do DF pela indústria, tanto o incidente na aquisição quanto na alienação. O primeiro era calculado e cobrado do produtor pelo preço do milho adquirido e, na saída da mercadoria industrializada, era retido e calculado com base no preço que se presumiu ser praticado na venda ao consumidor final, passando a não incidir nas operações de circulação de mercadoria subsequentes. Tudo isso era feito com base em convênio celebrado entre os estados e o Distrito Federal no CONFAZ.

Face a essa situação hipotética, assinale a alternativa correta.

a) O ICMS é tributo não cumulativo e, por isso, incidente em cada fase de circulação de mercadoria, em razão do que a apuração não pode ser realizada antes que tal ocorra.

b) A existência do convênio estabelecendo tal forma de apuração de tributo torna lícita a apuração.

c) O cálculo do ICMS, quando da alienação, foi efetivado com base no instituto do diferimento, já que considerou todas as fases de circulação da mercadoria.

d) A apuração do ICMS tomou por base a substituição tributária para trás e para frente.

e) O ICMS não pode ser calculado e exigido da indústria como foi feito, máxime porque não se sabe se a circulação de mercadoria ocorrerá, face às perdas decorrentes de fatores supervenientes, tais como vencimento do prazo de validade do produto e avarias durante o transporte."

Resposta: d.

FCC/TJ/GO/Juiz/2012

"Lei estadual que prevê recolhimento antecipado, pelo fabricante/montadora de veículos, de ICMS incidente sobre a venda de veículos automotores disponíveis para a venda em concessionária de veículos é considerada

a) constitucional, por se tratar de substituição tributária para frente, expressamente autorizada pela Constituição Federal.

b) inconstitucional, por se tratar de fato gerador presumido, ainda não consumado.

c) inconstitucional, por não caber a incidência de ICMS na operação de venda de veículos automotores pelo fabricante/montadora para a concessionária de veículos.

d) constitucional, por se tratar de substituição tributária para trás, com fato gerador consumado quando da saída dos veículos do pátio do fabricante/montadora de veículos.

e) constitucional, já que o fabricante/montadora de veículos realizou o fato gerador do ICMS quando operou a venda de veículos automotores para a concessionária."

Resposta: a.

4. **Atribuição de responsabilidade por substituição por meio da lei estadual (LC 87/96, art. 6º, §2º).** A redação do parágrafo segundo do art. 6º serve apenas para salientar aquilo que já expusemos nos comentários ao art. 5º da LC 87/96: toda hipótese de substituição tributária deve vir expressamente prevista na lei do Ente competente para instituição do ICMS.

Art. 7º Para efeito de exigência do imposto por substituição tributária, **inclui-se, também, como fato gerador do imposto, a entrada de mercadoria ou bem no estabelecimento** do adquirente ou em outro por ele indicado.

1. **Entrada da mercadoria como marco temporal de incidência nos casos de responsabilidade por substituição.** O dispositivo em comento contém erro técnico grave. Ao estabelecer que a entrada de mercadoria ou bem no estabelecimento do adquirente pode ser incluída como fato gerador do tributo, quer o legislador, na verdade, dizer que, nos casos de substituição tributária, a lei pode considerar como **marco temporal** da obrigação a entrada do referido bem no estabelecimento do substituto tributário.

A materialidade da exação – ou fato gerador –, e isso deve ficar bem claro, **será sempre a circulação jurídica da mercadoria ou a prestação dos serviços elencados acima** (comunicação e transporte). O aspecto temporal do ICMS será estudado quando estivermos tratando do art. 12 da presente lei. Em provas objetivas de concursos públicos, recomendamos ao candidato que memorize o que diz a letra "pura" da lei.

1.1. Exemplos. Dois exemplos podem auxiliar o candidato a compreender melhor o tema.

✦ **Exemplo 1.** Imaginemos, em primeiro lugar, uma operação simples de compra e venda realizada entre uma loja de sapatos de um shopping center e uma consumidora.

– Não havendo a figura do substituto tributário, teremos a loja de sapatos como "contribuinte habitual" do imposto e a incidência tributária dar-se-á no *momento da saída da mercadoria* (ou venda). Trata-se (a saída) da *regra geral do aspecto temporal do ICMS.*

✦ **Exemplo 2.** Imaginemos, em segundo lugar, uma operação de venda de látex por cooperativa de seringueiros a uma indústria de borracha, seguida de operação de venda da borracha a uma papelaria.

– Na segunda situação hipotética, havendo previsão na lei estadual de que a indústria de borracha responde, como substituta tributária, pelo pagamento do tributo alusivo à primeira operação, teremos como *marco temporal da referida primeira venda de látex a entrada do produto na indústria*. Na venda seguinte, à papelaria, salvo nova exceção legal, a indústria deverá recolher novamente o ICMS, desta feita, porém, no momento da saída, como contribuinte.

Aplicação em concurso.

FCC/Agente de Rendas – Gestão Tributária – SP/2013

"Com respeito à substituição tributária com antecipação dos efeitos do fato gerador, considere:

III. Com relação ao ICMS e para efeito de exigência do imposto por substituição tributária inclui-se, também, como fato gerador do imposto, a entrada de mercadoria ou bem no estabelecimento do adquirente ou em outro por ele indicado."

Resposta: Correta.

Art. 8º A **base de cálculo, para fins de substituição tributária**, será:

I – em relação às operações ou prestações antecedentes ou concomitantes, o **valor da operação ou prestação** praticado pelo contribuinte substituído;

II – em relação às operações ou prestações subsequentes, obtida pelo **somatório das parcelas** seguintes:

a) o **valor da operação ou prestação própria** realizada pelo substituto tributário ou pelo substituído intermediário;

b) o montante dos **valores de seguro, de frete e de outros encargos** cobrados ou transferíveis aos adquirentes ou tomadores de serviço;

c) a **margem de valor agregado**, inclusive lucro, relativa às operações ou prestações subsequentes.

§ 1º Na hipótese de responsabilidade tributária em relação às operações ou prestações antecedentes, o imposto devido pelas referidas operações ou prestações será pago pelo responsável, quando:

I – **da entrada ou recebimento da mercadoria**, do bem ou do serviço;

II – da **saída subsequente** por ele promovida, ainda que isenta ou não tributada;

III – **ocorrer qualquer saída ou evento que impossibilite a ocorrência do fato determinante** do pagamento do imposto.

§ 2º Tratando-se de mercadoria ou serviço cujo preço final a consumidor, único ou máximo, seja fixado por órgão público competente, a base de cálculo do imposto, para fins de substituição tributária, é o referido preço por ele estabelecido.

§ 3º Existindo preço final a consumidor sugerido pelo fabricante ou importador, poderá a lei estabelecer como base de cálculo este preço.

§ 4º A margem a que se refere a alínea c do inciso II do caput será estabelecida com base em preços usualmente praticados no mercado considerado, obtidos por levantamento, ainda que por amostragem ou através de informações e outros elementos fornecidos por entidades representativas dos respectivos setores, adotando-se a média ponderada dos preços coletados, devendo os critérios para sua fixação ser previstos em lei.

§ 5º O imposto a ser pago por substituição tributária, na hipótese do inciso II do caput, corresponderá à **diferença entre o valor resultante da aplicação da alíquota prevista para as operações ou prestações internas do Estado de destino sobre a respectiva base de cálculo e o valor do imposto devido pela operação ou prestação própria** do substituto.

§ 6º Em substituição ao disposto no inciso II do caput, a base de cálculo em relação às operações ou prestações subsequentes poderá ser o preço a consumidor final usualmente praticado no mercado considerado, relativamente ao serviço, à mercadoria ou sua similar, em condições de livre concorrência, adotando-se para sua apuração as regras estabelecidas no § 4º deste artigo.

1. **Base de Cálculo do Tributo: Noções Gerais.** A base de cálculo é grandeza integrante do aspecto quantitativo da norma tributária que, **além da função de – conjugada à alíquota – definir o quantum a ser pago pelo sujeito passivo da obrigação tributária, possui outras 2 (duas) missões de grande relevância**, quais sejam: a) **medir as proporções reais do fato jurídico tributário** e; b) **confirmar, infirmar ou afirmar o verdadeiro aspecto material da descrição contida no antecedente da norma**[32].

A última das funções apresentadas encontra respaldo no dispositivo do texto constitucional segundo o qual *as taxas não terão base de cálculo própria de impostos* (CF/88, art. 145, §2º). Assim, ao contrário do que tenta fazer crer o Código Tributário Nacional (art. 4º, *caput)*, **a natureza jurídica específica do tributo não é determinada pelo fato gerador da obrigação**, mas sim pela conjugação do **binômio base de cálculo-fato gerador**.

32. CARVALHO, Paulo de Barros. **Curso de Direito Tributário.** 14. Ed. São Paulo: Saraiva, 2002. p. 325.

E mais, havendo desencontro entre os termos do binômio supracitado, é a base de cálculo que deverá prevalecer.

2. **Base de cálculo do ICMS, para fins de substituição tributária.** Antes mesmo de trazer as disposições gerais atinentes à base de cálculo do ICMS, a LC 87/96 regula o caso específico da base de cálculo do tributo para fins de substituição tributária. Embora não se trate da técnica mais adequada, continuaremos nossos comentários na ordem estabelecida pela lei, tomando cuidado para que suas falhas técnicas não atrapalhem a compreensão da matéria.

   Pois bem.

   Por disposição constitucional, a base de cálculo do ICMS é o **valor total da operação** relativa à circulação de mercadorias ou das prestações dos serviços de transporte e comunicação (CF/88, art. 155, II). Nos termos de doutrina mais autorizada, "*entende-se por valor da operação **o montante efetivamente recebido pelo vendedor e mais outras despesas cobradas ou debitadas, que tenham relação com a operação, tais como descontos condicionais, seguros, fretes e outras.***"[33] Conforme veremos nos próximos comentários, a LC 87/96 esforça-se ao máximo para fornecer à Administração Fazendária *o maior número de critérios possíveis para realização do cálculo do mencionado valor da operação.*

3. **Base de cálculo na substituição para trás ou regressiva (LC 87/96, art. 8º, I).** A base de cálculo do ICMS nos casos de substituição tributária regressiva, ou seja, naquelas situações em que o substituto está obrigado ao pagamento do tributo alusivo a uma operação anterior da cadeia, não apresenta maiores problemas para ser encontrada: trata-se do ***valor real da operação*** (antecedente) (a) de prestação de serviço ou (b) referente à circulação jurídica do bem. Aqui, o legislador não precisou se valer das presunções e indícios, necessários à identificação da BC nos casos de substituição tributária para frente.

   ✦ **Exemplo.** Voltando ao exemplo da operação de venda de látex por cooperativa de seringueiros à indústria de borracha, seguida da venda do produto às papelarias, teremos como base de cálculo da primeira operação o valor efetivo da referida operação. O pagamento do tributo, lembrem-se, ficará a cargo do substituto tributário, qual seja, a indústria.

33. KOCH. Deonísio. **Manual do ICMS – teoria e prática**. 3. ed. Curitiba: Juruá, 2012. p. 253.

Aplicação em concurso.

FCC/PGE-SP/PROCURADOR DO ESTADO/2002

"No que se refere ao ICMS, é correto afirmar que terá por base de cálculo, para fins de substituição tributária, em relação às operações antecedentes ou concomitantes, o valor da operação praticada pelo substituto."

Resposta: Errada.

3.1. Momento do pagamento do tributo nos casos de substituição tributária regressiva (LC 87/96, art. 8º, §1º, I, II e III). Mais uma vez, a LC 87/96 cuida do aspecto temporal do ICMS nos casos de substituição tributária regressiva; em outros termos, **estabelece em que momentos a legislação ordinária estadual pode considerar devido o pagamento do tributo** – alusivo à operação antecedente – a cargo do substituto tributário. Nos termos da LC 87/96, o imposto devido pelas referidas operações ou prestações será pago pelo responsável, quando (I) **da entrada ou recebimento** da mercadoria, do bem ou do serviço; (II) **da saída subsequente por ele promovida**, ainda que isenta ou não tributada; (III) **ocorrer qualquer saída ou evento** que impossibilite a ocorrência do fato determinante do pagamento do imposto.

4. **Base de cálculo na substituição para frente ou progressiva (LC 87/96, art. 8º, I).** Bem **mais complexo** do que calcular o tributo devido pelo responsável nas situações de substituição tributária regressiva **é realizar o *cálculo do ICMS referente às operações ainda não ocorridas*.** Diferentemente do que ocorre na substituição para trás, nos casos de substituição para frente, o legislador complementar precisou valer-se de uma série de critérios fictícios, indícios e presunções para poder auxiliar o legislador estadual e a Administração Fiscal local a calcular o valor a ser pago.

✦ **Exemplo.** Para compreendermos melhor a complexidade do cálculo do ICMS devido nas operações de substituição tributária progressiva, basta lembrarmos o exemplo da refinaria de petróleo, responsável pelo pagamento do ICMS devido desde a saída do produto de seu estabelecimento, passando por distribuidoras e postos de gasolina, até chegar ao consumidor final. Aqui, a referida **refinaria precisará valer-se de uma série de presunções e critérios fictícios para identificar os valores das operações realizadas pelos outros integrantes da cadeia.**

4.1. Parcelas integrantes da BC do ICMS nos casos de substituição para frente (LC 87/96, art. 8º, II, a e b). A fim de facilitar o cálculo do tributo devido, o legislador complementar exemplifica uma série de parcelas que devem, caso presentes, integrar o cálculo do valor total da operação. O que o candidato deve ter em mente é que a BC do tributo será sempre o **valor total da operação**, não importando quantas ou quais parcelas integrem tal montante.

✦ **Valor da operação própria.** No cálculo do montante a ser pago pelo substituto, além do preço – presumido – referente às operações futuras, deverá ele levar em conta, obviamente, o valor da operação ou prestação própria.

✦ **Seguro, frete e outros encargos.** Sendo a base de cálculo o valor total da operação, nada mais natural do que a inclusão de valores despendidos com despesas como seguro, frete e até mesmo impostos, como IPI[34].

▶ **STJ:**

– "**O valor do frete** (referente ao transporte do veículo entre a montadora/fabricante e a concessionária/revendedora) **integra a base de cálculo do ICMS** incidente sobre a circulação da mercadoria, para fins da substituição tributária progressiva ('para frente'), à luz do artigo 8º, II, "b", da Lei Complementar 87/96. Entrementes, **nos casos em que a substituta tributária** (a montadora/fabricante de veículos) **não efetua o transporte, nem o engendra por sua conta e ordem, o valor do frete não deve ser incluído na base de cálculo do imposto**, ex vi do disposto no artigo 13, § 1º, II, "b", da LC 87/96". (AgRg no REsp 886.646/RS, Rel. Ministro MAURO CAMPBELL MARQUES, SEGUNDA TURMA, julgado em 19/08/2010, DJe 28/09/2010)

– "Nesse contexto, o art. 8º, II, "b", da LC 87/1996 determina que a **base de cálculo do ICMS, na substituição tributária 'para frente'**, seja composta pelos **'encargos cobrados ou transferíveis aos adquirentes', o que inclui o IPI**. Por sua natureza jurídica e econômica, **o ônus financeiro do IPI é repassado ao longo da cadeia comercial** e será suportado, invariavelmente, pelo consumidor final. Aliás, é esta a função extrafiscal da altíssima alíquota incidente sobre cigarros e cigarrilhas: onerar pesadamente o consumo de modo a desestimulá-lo ou, ao menos, suprir o Estado com recursos financeiros para mitigar as elevadas despesas médico-hospitalares decorrentes, sem prejuízo

34. A inclusão do IPI na base de cálculo do ICMS será estudada com mais rigor quando estivermos analisando os dispositivos constantes do art. 13 da LC 87/96.

de medidas ressarcitórias de caráter não-tributário. Irrelevante que o IPI não incida sobre a venda ao consumidor." (EDcl no Ag 1083030/MT, Rel. Ministro HERMAN BENJAMIN, SEGUNDA TURMA, julgado em 14/04/2009, DJe 17/06/2009)

Aplicação em concurso.

FCC/Juiz Substituto/SC/2017

A base de cálculo do ICMS devido por operações subsequentes, em regime de substituição tributária,

a) só pode ser fixada pela Administração Tributária conforme os preços únicos ou máximos previamente determinados por autoridade competente para regulação de mercados.

b) será fixada pela soma dos valores relativos à entrada do bem ou recebimento do serviço, incluídos frete, seguro e encargos, com a margem de valor agregado, inclusive lucro, das operações ou prestações subsequentes.

c) será obrigatoriamente fixada por preço final a consumidor sugerido pelo substituto tributário, em caso de inexistência de preços únicos ou máximos fixados por autoridade competente para regulação de mercados.

d) só poderá ser fixada pela Administração Tributária por meio de pesquisas de preços finais praticados em mercado.

e) não pode utilizar os levantamentos de preço praticados em mercado para a determinação da margem de valor agregado nas operações subsequentes.

Resposta: b.

4.2. Margem de valor agregado, preço final a consumidor e pauta fiscal (LC 87/96, art. 8º II, c, e §§§§ 2º, 3º, 4º e 6º). Os demais dispositivos constantes do art. 8º da LC 87/96 estabelecem diversos outros subsídios para fixação do preço final de determinadas operações (subsequentes). **São válidas todas as técnicas elencadas na lei**, inclusive as que estabelecem como BC o *preço final a consumidor fixado por órgão público competente*, o *preço final a consumidor sugerido pelo fabricante ou importador* e os *preços usualmente praticados no mercado.*

► **STJ:**

– "Tanto a lei complementar quanto a lei estadual estabelecem como critério a ser observado para fins de fixação da **margem de valor agregado** tão somente o preço praticado pelo mercado, segundo a média ponderada dos preços coletados. **Em nenhum momento prevê a lei que a condição individual do contribuinte em relação ao fisco será considerada.** O Regulamento do ICMS do Estado de Sergipe, aprovado pelo Decreto 21.400/02, é ilegal porquanto estabeleceu parâmetros que não se compatibilizam tanto com a Lei estadual 3.796/96 quanto com a Lei Complementar 87/96, ao prever, em seu art. 786, inciso II, letras "a" e "b", que a margem de valor agregado será acrescida do percentual de 10% (dez por cento) e 20% (vinte por cento), caso o contribuinte seja considerado 'apto' ou 'inapto', respectivamente." (RMS 29.300/SE, Rel. Ministro ARNALDO ESTEVES LIMA, PRIMEIRA TURMA, julgado em 14/08/2012, DJe 22/08/2012)

- "No presente caso, a conduta da Administração **não se trata de pauta fiscal**, mas de técnica para a fixação da base de cálculo na sistemática de substituição tributária progressiva, na qual se leva em consideração dados concretos, tudo em consonância com o disposto do art. 8º, §§2º e 3º, da Lei Complementar nº 87/96. A jurisprudência desta Corte Superior é no sentido de admitir a **utilização dos preços indicados na Revista ABC FARMA** na composição da base de cálculo presumida do ICMS na circulação de medicamentos em regime de substituição tributária progressiva." (REsp 1248963/SE, Rel. Ministro MAURO CAMPBELL MARQUES, SEGUNDA TURMA, julgado em 07/06/2011, DJe 14/06/2011)
- "É legítima a fixação do **percentual de agregação do lucro** por norma complementar (art. 100 do CTN), respeitados os critérios da LC 87/96 pela legislação local." (REsp 1157342/CE, Rel. Ministra ELIANA CALMON, SEGUNDA TURMA, julgado em 27/04/2010, DJe 11/05/2010)

4.2.1. Pauta Fiscal. O que **não se admite de maneira alguma é a fixação prévia de valores por parte da Administração Pública sem levar em consideração as peculiaridades atinentes a cada caso concreto**, regime conhecido pela alcunha de **Pauta Fiscal**. Em tal regime, **não são levados em consideração os indicativos de preços anteriormente mencionados**, presentes na Lei Complementar n. 87/96 e nas leis estaduais instituidoras do ICMS, procedendo o Ente estatal de maneira arbitrária e desarrazoada.

O que o candidato deve ter em mente é que, desde que amparada nos critérios legalmente estabelecidos, poderá a Administração Pública estabelecer de maneira antecipada os valores de operações ainda não ocorridas. Nesse caso, a jurisprudência tem utilizado a expressão *"referência fiscal"* – em contraposição ao termo *"pauta fiscal"*[35].

---

35. STJ, RMS 33.756/MS, Segunda Turma, julgado em 27/09/2011.

▶ **STJ:**

- **Súmula 431**: "É ilegal a cobrança do ICMS com base no valor da mercadoria submetido ao regime de pauta fiscal".
- "Há que se **distinguir pauta fiscal**, instrumento de arrecadação repudiado pela jurisprudência, e **a fixação de valores presumidos de operações futuras,** submetidas ao regime de substituição tributária amplamente aceita nos Tribunais. Na hipótese, o mecanismo de arrecadação adotado pelo Estado de Goiás não inova quanto à base de cálculo do ICMS, nem afronta a Súmula 431/STJ, pois, tanto o Decreto Estadual n. 6.721, de 21.2.2008, quanto o Código Tributário Estadual levaram em conta o valor da operação e o Índice de Valor Agregado – IVA. **A mera alteração do critério de arbitramento não constitui pauta fiscal**, na medida que se encontra em sintonia com a sistemática de recolhimento por substituição tributária prevista na Lei Complementar n. 87/96 (Lei Kandir)." (STJ, RMS 31.526/GO, Segunda Turma, julgado em 03/05/2012)

▶ **IMPORTANTE: Mercadorias dadas em bonificação e substituição tributária.** Veremos, mais à frente, que as mercadorias dadas em bonificação, em regra, não integram a base de cálculo do tributo. A regra, no entanto, não vale para os casos de substituição tributária, a menos que se possa provar que a bonificação será estendida a toda a cadeia até atingir o consumidor final.

▶ **STJ:**

- *"Trata-se, no caso, da* **base de cálculo a ser considerada em regime de substituição tributária** *quando o contribuinte substituto concede descontos incondicionais em sua própria operação. A Turma, ao prosseguir o julgamento, por maioria, manteve seu entendimento de que, embora as mercadorias dadas em forma de bônus não integrem a base de cálculo do tributo, considera-se devido o ICMS no regime de substituição tributária, já que não se pode presumir a perpetuação da bonificação na cadeia de circulação no sentido de beneficiar igualmente o consumidor final.* **Na hipótese de bonificação –** *concessão de mais mercadorias pelo mesmo preço –,* **há favorecimento tão somente ao partícipe imediato** *da cadeia de circulação (próximo contribuinte na cadeia),* **a não ser que a bonificação seja estendida** *a toda a cadeia até atingir o* **consumidor final,** *o que demandaria prova da repercussão. O mesmo se pode dizer da existência do desconto* *incondicionado na operação por conta do próprio substituto". REsp 1.167.564-MG, Rel. Min. Eliana Calmon, julgado em 5/8/2010.*

► **IMPORTANTE: Declarações do sujeito passivo não merecedoras de fé.** Nos termos do art. 148 do CTN, "quando o cálculo do tributo tenha por base, ou tome em consideração, o valor ou o preço de bens, direitos, serviços ou atos jurídicos, a autoridade lançadora, mediante processo regular, **arbitrará aquele valor ou preço**, sempre que **sejam omissos ou não mereçam fé as declarações ou os esclarecimentos prestados**, ou os documentos expedidos pelo sujeito passivo ou pelo terceiro legalmente obrigado, ressalvada, em caso de contestação, avaliação contraditória, administrativa ou judicial."

---

5. **Forma de cálculo do tributo na substituição progressiva (LC 87/96, art. 8º, §5º).** Além de fornecer alguns critérios e subsídios para que se possa chegar à base de cálculo do tributo, a LC 87/96 contém ainda a forma de cálculo do tributo nos casos de operações interestaduais. A matéria será mais detidamente analisada quando estivermos estudando o princípio da não cumulatividade do ICMS.

Art. 9º A adoção do regime de **substituição tributária em operações interestaduais** dependerá de acordo específico celebrado pelos Estados interessados.

§ 1º A responsabilidade a que se refere o art. 6º poderá ser atribuída:

I – **ao contribuinte** que realizar operação interestadual com petróleo, inclusive lubrificantes, combustíveis líquidos e gasosos dele derivados, em relação às operações subsequentes;

II – **às empresas geradoras ou distribuidoras de energia elétrica**, nas operações internas e interestaduais, na condição de contribuinte ou de substituto tributário, **pelo pagamento do imposto, desde a produção ou importação até a última operação**, sendo seu cálculo efetuado sobre o **preço praticado na operação final**, assegurado seu recolhimento ao Estado onde deva ocorrer essa operação.

§ 2º Nas operações interestaduais com as mercadorias de que tratam os incisos I e II do parágrafo anterior, que tenham como destinatário consumidor final, o imposto incidente na operação será devido ao Estado onde estiver localizado o adquirente e será pago pelo remetente.

1. **Substituição tributária nas operações interestaduais (LC 87/96, art. 9º, *caput*).** Por questões operacionais e de proteção da autonomia dos entes da Federação, só será possível a adoção do regime de substituição tributária em operações interestaduais quando houver acordo específico celebrado pelos Estados interessados. Tal acordo pode revestir a forma

de **convênio** ou **protocolo** e autoriza a lei estadual a instituir o regime de substituição.

De fato, não seria razoável, exigir, sem acordo interestadual prévio, por exemplo, de indústria automobilística sediada no Paraná, além do pagamento do tributo devido à referida entidade federativa por ocasião da saída da mercadoria, o recolhimento do ICMS referente à operação subsequente de venda realizada pelas concessionárias sediadas no Estado de Santa Catarina. O acordo prévio **protege os interesses de ambos os Estados** e **facilita a operacionalização** da arrecadação.

✦ **Proteção dos interesses dos Estados e recolhimento antecipado no Estado de Destino.** Como a norma em estudo tem por objetivo proteger os interesses dos Estados interessados, nada obsta que o Estado de destino exija o recolhimento do tributo, sob o regime de substituição tributária (voltada apenas para as operações internas nele praticadas), por ocasião do ingresso da referida mercadoria.

▶ **STJ:**

– "**Não se exige convênio interestadual, previsto no art. 9º da LC 87/1996, no caso de simples antecipação do ICMS devido nas operações internas posteriores à entrada de mercadoria no Estado de destino.** Inexiste incidência sobre operação interestadual que afete a tributação pelo Fisco de origem." (EDcl no REsp 936.497/RJ, Rel. Ministro HERMAN BENJAMIN, SEGUNDA TURMA, julgado em 04/03/2010, DJe 12/03/2010)

– "A norma regulamentar estadual que determina a antecipação do recolhimento do tributo, condicionando a entrada da mercadoria no território do estado à apresentação do tributo quitado, não depende de Convênio ou Protocolo entre os entes da federação. **A Resolução** da Secretaria da Fazenda do Estado do Rio de Janeiro n. 80/2004 **não viola o art. 9º da Lei Complementar n. 87/96,** pois **a mera antecipação do recolhimento do tributo,** condicionando a entrada da mercadoria no território do estado de destino, **não afeta a receita do Estado de origem da mercadoria.** (...) A substituição tributária instituída pelo estado de destino, voltada para as operações nele praticadas, não prejudica o estado de origem, pois apenas está antecipando a arrecadação que lhe é devida em seu próprio território. (RMS 30.190/RJ, Rel. Ministro HUMBERTO MARTINS, SEGUNDA TURMA, julgado em 17/12/2009, DJe 18/02/2010)

Aplicação em concurso.

FCC/Agente de Rendas – Gestão Tributária – SP/2013

"Por força de Resolução da Secretaria da Receita do Estado do Rio de Janeiro, vigente a partir de 1º de maio de 2004, na remessa de mercadoria sujeita ao regime de substituição tributária promovida por contribuinte estabelecido em outra unidade da Federação com destino ao Estado do Rio de Janeiro, fica atribuída ao remetente a responsabilidade pela retenção e pagamento do ICMS em favor deste Estado. Em face da situação hipotética apresentada e do ordenamento jurídico vigente, considerando a inexistência de convênio ou protocolo celebrado pelas unidades da Federação acerca deste assunto, a exigência de recolhimento antecipado do ICMS por contribuinte estabelecido em outra unidade da Federação é

a) regular, pois embora o contribuinte obrigado à retenção esteja situado fora dos limites territoriais do Estado do Rio de Janeiro, a mercadoria tem como destino contribuinte localizado neste Estado, incidindo por esta razão as regras vigentes em seu território.

b) regular, dado que a legislação tributária dos Estados e do Distrito Federal vigora fora dos respectivos territórios, a não ser que haja limitação imposta por convênio ou outras leis de normas gerais expedidas pela União.

c) irregular, pois o Estado do Rio de Janeiro não pode exigir o recolhimento do ICMS por substituto tributário em operação interestadual se não celebrou convênio ou protocolo normativo com o ente federativo no qual se encontra situado o substituto tributário.

d) irregular, visto que norma interna de um Estado-membro tem eficácia extraterritorial, na medida e nos limites estipulados pelos entes políticos em instrumento normativo próprio.

e) regular, pois a obrigação antecipada foi instituída por meio de Resolução da Secretaria da Receita do Estado do Rio de Janeiro, hipótese prevista no art. 9o da Lei Complementar no 87/96, pela qual a adoção do regime de substituição tributária em operações interestaduais dependerá da edição de Resolução pelos Estados interessados."

Resposta: C.

FMP/Procurador do Estado-AC/2012

"Dadas as assertivas abaixo, assinale a alternativa correta.

A adoção do regime de substituição tributária em operações interestaduais submetidas ao ICMS depende apenas de previsão em lei estadual."

Resposta: Errada.

2. Substituição tributária para frente nas operações com petróleo, seus derivados e energia elétrica (LC 87/96, art. 9º, §1º, I e II). Muito embora, conforme visto nos comentários aos artigos 2º, §1, e 3º, III, desta lei, as operações *que destinem a outros Estados petróleo, inclusive lubrificantes, combustíveis líquidos e gasosos dele derivados, e energia elétrica* (CF/88, art. 155, §2º, X, b) sejam imunes ao ICMS, o dispositivo em estudo faculta aos Entes a instituição do regime de substituição tributária interestadual, tudo com a finalidade de (a) permitir que o tributo referente a toda a cadeia seja recolhido já no momento da saída – do combustível ou da energia elétrica – das refinarias ou das usinas hidrelétricas.

A sistemática, por via de consequência, contribui para a redução da sonegação fiscal em setor tão importante de nossa economia.

2.1. Exemplos. Dois exemplos podem ajudar na compreensão da sistemática da substituição tributária interestadual nas operações envolvendo petróleo, seus derivados e energia elétrica; vejamos:

- **Exemplo 1.** Imaginemos, em primeiro lugar, uma operação de venda de energia elétrica produzida pela usina de Itaipu, no Paraná, por uma empresa de transmissão, a uma distribuidora situada no Estado de Santa Catarina, seguida de uma operação interna de venda da distribuidora ao consumidor final.

Aqui, caso exista acordo interestadual entre os Entes interessados, o recolhimento do tributo referente a toda operação dar-se-á no momento da saída da energia comercializada pela usina de Itaipu – ou pela transmissora. O produto da arrecadação, contudo, será destinado ao Estado de Santa Catarina.[36]

- **Exemplo 2.** Imaginemos, em segundo lugar, uma operação de venda de combustível realizada por uma refinaria de petróleo da PETROBRAS sediada no Rio de Janeiro a uma Distribuidora de Combustíveis sediada no Estado de São Paulo, seguida de operação de venda da distribuidora para determinado posto de gasolina também situado em São Paulo e, por fim, de uma venda do posto ao consumidor final.

Da mesma forma que acontece com as operações envolvendo energia elétrica, o recolhimento do tributo referente a toda operação se dará no momento da saída do combustível comercializado pela PETROBRAS, uma das maiores empresas do mundo no setor. Também aqui, o ICMS será recolhido em favor do Estado de destino, qual seja, São Paulo.

---

36. Importante lembrar que, em tais operações, só haverá incidência tributária caso exista o efetivo consumo da energia pelo adquirente final (consumidor).

3. **Base de Cálculo do ICMS nas operações com energia elétrica: Tarifa de Uso do Sistema de Distribuição – TUSD e Tarifa de Uso do Sistema de Transmissão – TUST (LC 87/96, art. 9º, § 1º, II).** Para o cálculo do ICMS incidente sobre as operações de circulação onerosa de energia elétrica – considerada bem móvel por força da norma contida no art. 83, inciso I, do Código Civil de 2002 - devem ser somados todos os custos que integram a cadeia econômica de circulação da energia, desde sua geração, na usina hidrelétrica, até o consumo da mercadoria, momento a partir do qual se considera concluída a operação.

Entre a geração da energia e o consumo, porém, atuam empresas responsáveis pela redução da (elevada) tensão da energia produzida pelas usinas, conhecidas como transmissoras e distribuidoras. Referidas empresas, contribuintes do ICMS, ressalte-se, têm a missão de disponibilizar o moderno aparato tecnológico (composto por grandes torres de transmissão e distribuição, além de cabos de alta tensão e outros componentes) indispensável ao fornecimento do produto final.

As tarifas – regulamentadas pela ANEEL - pagas pelas pessoas jurídicas fornecedoras de energia ao consumidor para remunerar a estrutura mencionada no parágrafo anterior, conhecidas como **Tarifa de Uso do Sistema de Transmissão** e **Tarifa de Uso do Sistema de Distribuição**, a nosso sentir, configuram "**custos de operação**", integrantes, portanto, da **base de cálculo do ICMS-Energia Elétrica.**

Essa conclusão decorre não só da redação do **art. 9º, § 1º, II, da LC n. 87/96**, segundo o qual o imposto incide "**desde a produção ou importação até a última operação"**, mas também da regra contida no art. 34, § 9º, do ADCT da Constituição de 1988, de similar redação.

3.1. Primeira Turma do STJ: A Primeira Turma do STJ possui julgados recentes no sentido de que as mencionadas Tarifas integram a base de cálculo do ICMS:

► **STJ (1ª Turma):**

> *"1. O ICMS incide sobre todo o processo de fornecimento de energia elétrica, tendo em vista a indissociabilidade das suas fases de geração, transmissão e distribuição, sendo que **o custo inerente a cada uma dessas etapas - entre elas a referente à Tarifa de Uso do Sistema de Distribuição (TUSD) - compõe o preço final da operação** e,*

consequentemente, a base de cálculo do imposto, nos termos do art. 13, I, da Lei Complementar n. 87/1996.

2. *A peculiar realidade física do fornecimento de energia elétrica revela que* ***a geração, a transmissão e a distribuição formam o conjunto dos elementos essenciais que compõem o aspecto material do fato gerador, integrando o preço total da operação mercantil, não podendo qualquer um deles ser decotado da sua base de cálculo****, sendo certo que a etapa de transmissão/distribuição não cuida de atividade meio, mas sim de atividade inerente ao próprio fornecimento de energia elétrica, sendo dele indissociável.*

3. ***A abertura do mercado de energia elétrica, disciplinada pela Lei n. 9.074/1995 (que veio a segmentar o setor), não infirma a regra matriz de incidência do tributo, nem tampouco repercute na sua base*** *de cálculo, pois o referido diploma legal, de cunho eminentemente administrativo e concorrencial, apenas permite a atuação de mais de um agente econômico numa determinada fase do processo de circulação da energia elétrica (geração). A partir dessa norma, o que se tem, na realidade, é uma mera divisão de tarefas - de geração, transmissão e distribuição - entre os agentes econômicos responsáveis por cada uma dessas etapas, para a concretização do negócio jurídico tributável pelo ICMS, qual seja, o fornecimento de energia elétrica ao consumidor final.*

4. *Por outro lado, o* ***mercado livre de energia elétrica está disponibilizado apenas para os grandes consumidores****, o que evidencia que* ***a exclusão do custo referente à transmissão/distribuição da base de cálculo do ICMS representa uma vantagem econômica desarrazoada em relação às empresas menores*** *(consumidores cativos), que arcam com o tributo sobre o "preço cheio" constante de sua conta de energia, subvertendo-se, assim, os postulados da livre concorrência e da capacidade contributiva". (REsp 1163020/RS, Rel. Ministro GURGEL DE FARIA, PRIMEIRA TURMA, julgado em 21/03/2017, DJe 27/03/2017)*

3.2. Segunda Turma do STJ: A Segunda Turma do STJ, em sentido contrário, possui julgados recentes no sentido de que as mencionadas Tarifas não integram a base de cálculo do ICMS:

► **STJ (2ª Turma):**

"(...) O STJ possui jurisprudência no sentido de que a Taxa de Uso do Sistema de Transmissão de Energia Elétrica - TUST e a Taxa de Uso do

Sistema de Distribuição de Energia Elétrica - TUSD não fazem parte da base de cálculo do ICMS". (REsp 1676499/MS, Rel. Ministro HERMAN BENJAMIN, SEGUNDA TURMA, julgado em 26/09/2017, DJe 10/10/2017)

3.3. Primeira Seção do STJ (Matéria sujeita ao Rito dos Recursos Repetitivos): Diante das controvérsias verificadas, a 1ª Seção do mesmo Tribunal entendeu por bem submeter a matéria ao rito dos Recursos Repetitivos:

▶ **STJ (1ª Seção):**

"RECURSOS ESPECIAIS REPRESENTATIVOS DE CONTROVÉRSIA. RITO DOS ARTIGOS 1.036 E SEGUINTES DO CPC/2015. RESP 1.699.851/TO, RESP 1.692.023/MT E ERESP 1.163.020/RS. ADMISSÃO.

1. ***Admitida a afetação da seguinte questão controvertida: "inclusão da Tarifa de Uso do Sistema Transmissão de Energia Elétrica (TUST) e da Tarifa de Uso do Sistema de Distribuição de Energia Elétrica (TUSD) na base de cálculo do ICMS"****.*
2. *Autorização do colegiado ao Relator para selecionar outros recursos que satisfaçam os requisitos para representarem a controvérsia.*
3. *Recursos submetidos ao regime dos arts. 1.036 e seguintes do CPC/2015.*

(ProAfR nos EREsp 1163020/RS, Rel. Ministro HERMAN BENJAMIN, PRIMEIRA SEÇÃO, julgado em 28/11/2017, DJe 15/12/2017)

3.4. Supremo Tribunal Federal. Para o STF, não se está diante de controvérsia de natureza constitucional:

▶ **STF:**

RECURSO EXTRAORDINÁRIO. REPERCUSSÃO GERAL. DIREITO TRIBUTÁRIO. IMPOSTO SOBRE CIRCULAÇÃO DE MERCADORAS E SERVIÇOS - ICMS. ENERGIA ELÉTRICA. BASE DE CÁLCULO. TARIFA DE USO DO SISTEMA DE TRANSMISSÃO - TUST. TARIFA DE USO DO SISTEMA DE DISTRIBUIÇÃO - TUSD. VALOR FINAL DA OPERAÇÃO. QUESTÃO INFRACONSTITUCIONAL. LEGISLAÇÃO FEDERAL. 1. **A correção jurídica da conduta de incluir os valores tarifários da TUST e da TUSD na base de cálculo do ICMS incidente sobre a circulação da energia elétrica**

é controvérsia que não possui estatura constitucional. 2. Os juízos de origem formaram convicção com esteio na legislação infraconstitucional, notadamente o Código Tributário Nacional, Lei Complementar 87/1996, Leis federais 9.074/1995 e 10.848/2004, bem como Convênios CONFAZ 117/2004 e 95/2005, com posteriores alterações, e Resoluções da ANEEL, de modo que não se depreende da decisão recorrida ofensa direta ao Texto Constitucional. 3. Recurso extraordinário a que se nega provimento. (RE 1041816 RG, Relator(a): Min. EDSON FACHIN, julgado em 04/08/2017, PUBLIC 17-08-2017)

4. **Operações interestaduais com petróleo, derivados e energia elétrica destinadas a consumidor final (LC 87/96, art. 9º, §2º).** Nos moldes daquilo que já expusemos em momento anterior, têm entendido nossos Tribunais Superiores que, mesmo nas operações de aquisição direta de energia elétrica ou petróleo por consumidor localizado em outro Estado**, não terá direito o Estado produtor ao produto da arrecadação do ICMS**.

Aqui, a fim de se **evitar fraude ao sistema de repartições estabelecido pela Constituição**, caberá ao Fisco do Estado de destino o ICMS referente à operação, **tudo a uma alíquota aplicável às operações internas do ente consumidor**. Para ficarmos nos exemplos citados acima, **ocorre como se a aquisição de energia elétrica se desse diretamente pelo consumidor final**, sem a intermediação da empresa concessionária de energia elétrica. Mesmo nessa hipótese, o ICMS deverá ser recolhido ao Estado de consumo (Santa Catarina), e não ao Estado produtor (Paraná).

▶ **STF:**

- "Benefício fiscal que **não foi instituído em prol do consumidor, mas do Estado de destino dos produtos em causa**, ao qual caberá, em sua totalidade, o ICMS sobre eles incidente, desde a remessa até o consumo. Consequente descabimento das teses da imunidade e da inconstitucionalidade dos textos legais, com que a empresa consumidora dos produtos em causa pretendeu obviar, no caso, a exigência tributária do Estado de São Paulo. Recurso conhecido, mas desprovido." (STF, RE 198088, Pleno, julgado em 17/05/2000)[37].

---

37. No mesmo sentido: STF, **RE 190.992-AgR**, Primeira Turma, julgamento em 12-11-2002.

Art. 10. É assegurado ao contribuinte substituído o direito **à restituição do valor do imposto pago por força da substituição tributária**, correspondente ao fato gerador presumido que não se realizar.

§ 1º Formulado o pedido de restituição e não havendo deliberação no prazo de noventa dias, o contribuinte substituído poderá se creditar, em sua escrita fiscal, do valor objeto do pedido, devidamente atualizado segundo os mesmos critérios aplicáveis ao tributo.

§ 2º Na hipótese do parágrafo anterior, sobrevindo decisão contrária irrecorrível, o contribuinte substituído, no prazo de quinze dias da respectiva notificação, procederá ao estorno dos créditos lançados, também devidamente atualizados, com o pagamento dos acréscimos legais cabíveis.

1. **Restituição do ICMS nos casos de substituição tributária para frente em que o fato gerador não chega sequer a se concretizar (LC 87/96, art. 10, *caput*).** Conforme exposto anteriormente, uma das maiores críticas ao regime de substituição tributária progressiva diz respeito ao fato de, no momento do pagamento do tributo, a operação tributada ainda nem sequer ter acontecido. Paga-se, de maneira adiantada, tributo referente a operação que ainda está por vir. Basta lembrar que a refinaria da PETROBRAS paga o ICMS referente não só às vendas por ela própria realizadas, mas também às operações – futuras – de venda a serem celebradas por distribuidoras e postos de gasolina.

   Como os valores do tributo são embutidos, pela refinaria, no preço do produto comercializado, para assegurar que os substituídos – distribuidoras de combustíveis e postos de gasolina, por exemplo – não sejam prejudicados, a Constituição de 1988 (art. 150, §7º) **assegura *a imediata e preferencial restituição da quantia paga, caso não se realize o fato gerador presumido***. A LC 87/96 limita-se a repetir a regra em comento.

Aplicação em concurso.

FCC/Agente de Rendas – Gestão Tributária – SP/2013

"Na substituição tributária o fato gerador presumido não é provisório, mas definitivo, não dando ensejo à restituição ou complementação do imposto pago, senão, no primeiro caso, na hipótese de sua não realização final."

Resposta: Certa.

FCC/Sefaz/SP/AgenteFiscal/2009

"O caminhão tanque de uma distribuidora de combustível, sujeita ao regime de substituição tributária, transportava, pela rodovia Castelo Branco, gasolina para distribuição em postos de combustíveis na cidade de Bauru. Durante o trajeto, sofreu um acidente e perdeu todo o combustível transportado. Neste caso, nos termos da Constituição Federal, e com relação ao ICMS substituição tributária, é correto afirmar que

a) trata-se de causa de remissão do crédito tributário e, portanto, o ICMS não será devido.

b) trata-se de causa de anistia do crédito tributário e, portanto, o ICMS não será devido.

c) a distribuidora poderá compensar o ICMS devido nesta operação com o montante cobrado nas anteriores.

d) trata-se de causa de isenção do crédito tributário e, portanto, o ICMS não será devido.

e) é assegurada a imediata restituição da quantia paga a título de ICMS, posto não ter ocorrido o fato gerador presumido."

Resposta: e.

1.1. Direito do contribuinte à restituição do ICMS pago a maior. Conforme exposto anteriormente, tanto o texto da Constituição de 1988 quanto o da LC 87/96 só asseguram a imediata e preferencial restituição da quantia paga a título de ICMS, na substituição progressiva, nos casos em que a operação posterior **não venha a se realizar**, *omitindo-se acerca das hipóteses em que a operação venha a se realizar em* ***valor inferior*** *ao presumido.*

Visando à solução das numerosas controvérsias decorrentes da omissão supracitada, diversos Estados da Federação celebraram o Convênio ICMS n. 13/97[38], cuja Cláusula Segunda estabelece que "**Não caberá a restituição ou cobrança complementar** do ICMS quando a operação ou prestação subsequente à cobrança do imposto, sob a modalidade da substituição tributária, se realizar com valor inferior ou superior àquele estabelecido com base no artigo 8º da Lei Complementar 87, de 13 de setembro de 1996".

À época da celebração do Convênio ICMS nº 13/97, o Supremo Tribunal Federal havia pacificado o entendimento segundo o qual **só haveria direito à restituição ou cobrança complementar** do ICMS pago a maior ou menor nos casos de substituição tributária quando a operação fosse

38. São signatário do Convênio os seguintes Entes: Acre, Alagoas, Amapá, Amazonas, Bahia, Ceará, Espírito Santo, Goiás, Maranhão, Mato Grosso, Mato Grosso do Sul, Minas Gerais, Pará, Paraíba, Paraná, Piauí, Rio de Janeiro, Rio Grande do Norte, Rio Grande do Sul, Rondônia, Roraima, Sergipe, Tocantins e do Distrito Federal.

tributada por **Estado não signatário** do referido convênio; **nos demais casos, não caberia a restituição.**[39]

Recentemente, contudo, após reconhecer a Repercussão Geral da matéria, o STF alterou seu entendimento, para reconhecer que **é devida a restituição da diferença do ICMS pago a mais**, no regime de substituição tributária para a frente, **se a base de cálculo efetiva da operação for inferior à presumida**. Na oportunidade, optou-se pela modulação dos efeitos da decisão, de forma a não atingir operações anteriores à publicação do julgado.

A leitura cuidadosa da ementa de trecho do Informativo de Jurisprudência[40] abaixo colacionado é indispensável à compreensão do fenômeno da substituição tributária para frente; confira-se:

▶ **STF:**

– "(...) A Corte afirmou que a substituição tributária, prevista no art. 150, § 7º, da Constituição Federal, tem como fundamento o **princípio da praticidade**. Desse modo, promove comodidade, economicidade e eficiência na execução administrativa das leis tributárias.

Ponderou, entretanto, que **o princípio da praticidade tributária também encontra freio nos princípios da igualdade, capacidade contributiva e vedação do confisco, bem como na arquitetura de neutralidade fiscal do ICMS**. Por conseguinte, é papel institucional do Poder Judiciário tutelar situações individuais que extrapolem o limite da razoabilidade.

Deve-se, portanto, interpretar aquele dispositivo constitucional em consonância com o significado jurídico-político do Estatuto Constitucional dos Contribuintes, tal como instituído pela Seção "Das Limitações do Poder de Tributar" da Constituição Federal. Noutras palavras, na qualidade de invenção humana voltada a discriminar o público do privado e redistribuir renda e patrimônio, a tributação não pode transformar uma ficção jurídica em uma presunção "juris et de jure", tal como ocorreria se o fato gerador presumido tivesse caráter definitivo, logo alheio à narrativa extraída da realidade do processo econômico.

39. STF, ADI 1851, Pleno, julgado em 08/05/2002.

40. Ao tempo da elaboração desta edição, o acórdão completo ainda não havia sido disponibilizado.

O Plenário observou, ainda**, não haver autorização constitucional para cobrar mais do que resultaria da aplicação direta da alíquota sobre a base de cálculo existente na ocorrência do fato gerador**. Assim, uma interpretação restritiva do § 7º do art. 150 da Constituição, com o objetivo de legitimar a não restituição do excesso, representaria injustiça fiscal inaceitável em um Estado Democrático de Direito, fundado em legítimas expectativas emanadas de uma relação de confiança e justeza entre Fisco e contribuinte**. Desse modo, a restituição do excesso atende ao princípio que veda o enriquecimento sem causa, haja vista a não ocorrência da materialidade presumida do tributo.**

(...).

Por fim, **o Plenário, por maioria, modulou os efeitos do julgamento**. Dessa forma, esse precedente poderá orientar todos os litígios judiciais pendentes submetidos à sistemática da repercussão geral e os casos futuros oriundos de antecipação do pagamento de fato gerador presumido, tendo em conta o necessário realinhamento das administrações fazendárias dos Estados-membros e de todo o sistema judicial. No entanto, em vista do interesse social e da segurança jurídica, decidiu que se preservem as situações passadas que transitaram em julgado ou que nem sequer foram judicializadas. Vencido, quanto à modulação, o Ministro Marco Aurélio".

RE 593849/MG, rel. min. Edson Fachin, 19.10.2016. (RE-593849)

▶ **STJ:**

– "Em adequação ao entendimento do Supremo Tribunal Federal, **é devida a restituição da diferença do Imposto sobre Circulação de Mercadorias e Serviços - ICMS pago a mais no regime de substituição tributária para frente se a base de cálculo efetiva da operação for inferior à presumida**.

REsp 687.113-RS, Rel. Min. Napoleão Nunes Maia Filho, julgado em 05/04/2018, DJe 18/04/2018.

Aplicação em concurso.

FGV/ALERJ/Procurador/2017

A empresa XYZ Comércio e Atacadista Ltda. está sujeita ao regime de substituição tributária para frente em relação às mercadorias que comercializa. Ao efetuar a saída dessas mercadorias, adotou um preço de venda menor do que aquele que serviu como base de cálculo do ICMS-ST, recolhido antecipadamente. Diante disso, a empresa apresentou pedido de restituição do ICMS-ST recolhido a maior, com fundamento no art. 150, § 7º, da Constituição Federal.

Considerando a legislação sobre o regime de substituição tributária para frente no caso do ICMS, bem como o atual entendimento do STF firmado sob a sistemática da repercussão geral (RE nº 593.849 – Tema 201), a pretensão da empresa está:

a) incorreta, pois o regime de substituição tributária para frente, em que a legislação estabelece uma base de cálculo presumida do ICMS-ST, que é recolhido antecipadamente pelo sujeito passivo, não admite a restituição proporcional do imposto na hipótese em que a base de cálculo da operação efetivamente realizada é menor do que a presumida;

b) correta, pois é admitida a restituição do ICMS pago a maior no regime de substituição tributária para frente quando a base de cálculo efetiva da operação foi inferior à presumida, sob pena de enriquecimento ilícito do Estado;

c) incorreta, pois no regime de substituição tributária para frente a tributação é definitiva, não se admitindo a restituição do ICMS recolhido antecipadamente de acordo com a base de cálculo presumida, ainda que o fato gerador não se concretize;

d) correta, pois no regime de substituição tributária para frente admite-se a restituição do tributo recolhido antecipadamente sob a base de cálculo presumida quando o fato gerador não se concretizar ou ocorrer parcialmente;

e) incorreta, pois o instituto da substituição tributária para frente, em que os critérios para apuração da base de cálculo presumida são fixados com base em pesquisas de mercado, a fim de facilitar a fiscalização de setores difíceis de monitorar e evitar a sonegação, é incompatível com a restituição do ICMS-ST na hipótese em que a base de cálculo efetiva da operação for inferior à presumida, pois restaria violada a própria natureza do instituto.

Resposta: b.

2. **Procedimentos para restituição do imposto (LC 87/96, art. 10º, §§ 1º e 2º).** Os parágrafos 1º e 2º do art. 10 da LC 87/96 regulam o procedimento alusivo ao pedido de restituição do ICMS nos casos narrados no *caput*. Muito embora a Constituição fale expressamente em *imediata e preferencial restituição da quantia paga*, a LC 87/96 confere à Administração o prazo de 90 (noventa) dias para apreciação do pedido.

▶ **STJ:**

– Muito embora não existam julgados contrários à validade dos dispositivos em comento, o Superior Tribunal de Justiça tem entendido prevalecer a legislação local sempre que esta dispuser de modo diverso.

– "O art. 10, § 1º, da Lei Complementar nº 87/96 exige a formulação do pedido de restituição do ICMS, **não sendo suficiente a emissão de uma nota fiscal de ressarcimento** elaborada unilateralmente pelo contribuinte. **Havendo legislação específica no Estado de São Paulo determinando a forma de restituição dos valores recolhidos a maior a título de ICMS-ST (art. 66-B da Lei Estadual nº 6.374/89), não compete ao STJ analisar a forma da restituição, a teor da aplicação analógica da Súmula 280 do STF**: 'Por ofensa a direito local não cabe recurso extraordinário'. **O art. 10 da Lei Complementar nº 87/96, ao assegurar ao contribuinte substituído o direito à restituição do valor do ICMS pago por força da substituição tributária, correspondente ao fato gerador presumido que não se realizar, não estabelece que tal restituição deve ser levada a efeito de forma imediata e preferencial, mas sim que, uma vez formulado o pedido de restituição e não havendo deliberação no prazo de noventa dias, o contribuinte substituído poderá se creditar, em sua escrita fiscal, do valor objeto do pedido**." (REsp 900.315/SP, Rel. Ministro TEORI ALBINO ZAVASCKI, PRIMEIRA TURMA, julgado em 16/09/2010, DJe 23/09/2010)

3. **Legitimidade do contribuinte de fato para discutir pedido de compensação de ICMS pago a maior: Substituição tributária.** Vimos que, em regra, nos termos do que dispõe o Código Tributário Nacional, o chamado "contribuinte de fato" não tem legitimidade para postular a restituição do ICMS pago indevidamente. A exceção fica por conta do **consumidor de energia elétrica**, que tem legitimidade para propor ação declaratória c/c repetição de indébito na qual se busca afastar, no tocante ao fornecimento de energia elétrica, a **incidência do ICMS sobre a demanda contratada e não utilizada**. Valem, aqui, tanto a regra quanto as exceções mencionadas.

▶ **STJ**

– "**O usuário do serviço de energia elétrica** (consumidor em operação interna), na condição de **contribuinte de fato,** é **parte legítima** para discutir pedido de **compensação do ICMS** supostamente **pago a maior** no regime de substituição tributária. Esse entendimento é aplicável, mutatis mutandis, em razão da decisão tomada no **REsp 1.299.303/SC,** julgado pela sistemática prevista no art. 543-C do CPC, em que se pacificou o entendimento de que o consumidor tem legitimidade para propor ação declaratória c/c repetição de indébito na qual se busca afastar, no tocante ao fornecimento de energia elétrica, a incidência do ICMS sobre a demanda contratada e não utilizada." AgRg no RMS 28.044-ES, Rel. Min. Mauro Campbell Marques, julgado em 13/11/2012. Informativo n. 508.

Art. 11. O local da operação ou da prestação, para os efeitos da cobrança do imposto e definição do estabelecimento responsável, é:

I – tratando-se de **mercadoria ou bem**:

a) o do estabelecimento onde se encontre, no momento da ocorrência do fato gerador;

b) **onde se encontre**, quando em situação irregular pela falta de documentação fiscal ou quando acompanhado de documentação inidônea, como dispuser a legislação tributária;

c) **o do estabelecimento que transfira a propriedade**, ou o título que a represente, de mercadoria por ele adquirida no País e que por ele não tenha transitado;

d) **importado do exterior**, o do estabelecimento onde ocorrer a entrada física;

e) **importado do exterior**, o do domicílio do adquirente, quando não estabelecido;

f) aquele **onde seja realizada a licitação**, no caso de arrematação de mercadoria ou bem importados do exterior e apreendidos ou abandonados;

g) o **do Estado onde estiver localizado o adquirente**, inclusive consumidor final, nas operações interestaduais com energia elétrica e petróleo, lubrificantes e combustíveis dele derivados, quando não destinados à industrialização ou à comercialização;

h) o **do Estado de onde o ouro tenha sido extraído**, quando não considerado como ativo financeiro ou instrumento cambial;

i) o de **desembarque do produto**, na hipótese de captura de peixes, crustáceos e moluscos;

II – tratando-se de **prestação de serviço de transporte**:

a) onde tenha início a prestação;

b) onde se encontre o transportador, quando em situação irregular pela falta de documentação fiscal ou quando acompanhada de documentação inidônea, como dispuser a legislação tributária;

c) o do estabelecimento destinatário do serviço, na hipótese do inciso XIII do art. 12 e para os efeitos do § 3º do art. 13;

III – tratando-se de **prestação onerosa de serviço de comunicação**:

a) o da prestação do serviço de radiodifusão sonora e de som e imagem, assim entendido o da geração, emissão, transmissão e retransmissão, repetição, ampliação e recepção;

b) o do estabelecimento da concessionária ou da permissionária que forneça ficha, cartão, ou assemelhados com que o serviço é pago;

c) o do estabelecimento destinatário do serviço, na hipótese e para os efeitos do inciso XIII do art. 12;

c-1) o do estabelecimento ou domicílio do tomador do serviço, quando **prestado por meio de satélite**;

d) onde seja cobrado o serviço, nos demais casos;

IV – tratando-se de serviços prestados ou iniciados no exterior, o do estabelecimento ou do domicílio do destinatário.

§ 1º O disposto na alínea c do inciso I não se aplica às mercadorias **recebidas em regime de depósito de contribuinte** de Estado que não o do depositário.

§ 2º Para os efeitos da alínea h do inciso I, o ouro, quando definido como ativo financeiro ou instrumento cambial, deve ter sua origem identificada.

§ 3º Para efeito desta Lei Complementar, **estabelecimento** é o local, privado ou público, edificado ou não, próprio ou de terceiro, onde pessoas físicas ou jurídicas exerçam suas atividades em caráter temporário ou permanente, bem como onde se encontrem armazenadas mercadorias, observado, ainda, o seguinte:

I – na impossibilidade de determinação do estabelecimento, considera-se como tal o local em que tenha sido efetuada a operação ou prestação, encontrada a mercadoria ou constatada a prestação;

II – é autônomo cada estabelecimento do mesmo titular;

III – considera-se também estabelecimento autônomo o veículo usado no comércio ambulante e na captura de pescado;

IV – respondem pelo crédito tributário todos os estabelecimentos do mesmo titular.

§ 4º (VETADO)

§ 5º Quando a mercadoria for remetida para armazém geral ou para depósito fechado do próprio contribuinte, no mesmo Estado, a posterior saída considerar-se-á ocorrida no estabelecimento do depositante, salvo se para retornar ao estabelecimento remetente.

§ 6º Na hipótese do inciso III do caput deste artigo, tratando-se de serviços não medidos, que envolvam localidades situadas em diferentes unidades da Federação e cujo preço seja cobrado por períodos definidos, o imposto devido será recolhido em partes iguais para as unidades da Federação onde estiverem localizados o prestador e o tomador.

1. **Critério Espacial do ICMS: noções gerais.** As operações relativas à circulação de mercadorias e os serviços de transporte e comunicação darão ensejo à instituição e cobrança do ICMS independentemente do lugar específico do território nacional em que ocorram, daí porque se costuma falar em **tributo de competência estadual com características de tributo nacional**. Tais operações poderão: a) limitar-se ao território de determinado Município ou Estado, quando serão chamadas de operações internas; b) ultrapassar os limites de determinado Estado, quando serão chamadas de operações interestaduais e, por fim; c) ter origem em outro país, quando serão chamadas de operações internacionais.

O conhecimento do local em que se considera realizada a operação é de extrema relevância tanto para os **Estados quanto para os Municípios**, haja vista que **ambos serão beneficiários do produto da arrecadação do imposto**[41]. Percebe-se, com isso, também no ICMS, íntima ligação entre os aspectos espacial e pessoal da regra matriz de incidência.

Nos termos da Constituição de 1988, cabe à lei complementar fixar, para efeito de cobrança do ICMS e definição do estabelecimento responsável, *o local das operações relativas à circulação de mercadorias e das prestações de serviços* (CF/88, art. 155, §2, XII, "d"). Referido encargo é cumprido pela Lei Complementar n. 87/96, que regula a matéria de maneira satisfatória no art. 11 e parágrafos.

✦ **Estabelecimento para fins legais (LC 87/06, art. 11, §3º).** O conceito de estabelecimento é fundamental à compreensão dos demais dispositivos alusivos ao critério espacial do imposto. Conforme dispõe o art. 11, §3º, da LC 87/96, **estabelecimento** é o local, privado ou público, edificado ou não, próprio ou de terceiro, **onde pessoas físicas ou jurídicas exerçam suas atividades em caráter temporário ou permanente, bem como onde se encontrem armazenadas mercadorias** (LC 87/96, art. 11, §3º). Nos termos da LC 87/96, quando a mercadoria for remetida para armazém geral ou para depósito fechado do próprio contribuinte, no mesmo Estado, a posterior saída considerar-se-á ocorrida no estabelecimento do depositante, salvo se para retornar ao estabelecimento remetente (LC 87/96, art. 11, §5º).

41. O tema será analisado com maior rigor quando estivermos comentando as normas constantes do art. 31 desta LC 87/96.

Aplicação em concurso.

FCC – Procurador do Estado – PGE-TO/2018

A figura do "estabelecimento" é elemento essencial na legislação do ICMS. De acordo com o Código Tributário do Estado do Tocantins, o

(A) veículo será considerado estabelecimento interestadual de depósito fechado, quando prestar serviço de transporte interestadual de gado bovino ou suíno, confinado em jornadas de longa duração, nos termos fixados em decreto.

(B) local em que tenha sido efetuada a operação de circulação de mercadorias pode ser considerado estabelecimento, desde que este local não seja público, mas seja edificado.

(C) local poderá ser considerado estabelecimento, desde que nele não se exerçam atividades em caráter apenas temporário.

(D) veículo será considerado estabelecimento, quando utilizado na captura de pescado, ainda que em vias fluviais.

(E) local não será considerado estabelecimento, se for público e não edificado.

Resposta: D.

2. **Critério Espacial no ICMS incidente sobre operações de circulação de mercadorias (LC 87/96, art. 11, inciso I e §§ 1º e 2º).** O critério espacial do ICMS incidente sobre operações de circulação de mercadoria está discriminado nas diversas alíneas do inciso I do art. 11 da LC 87/96. Daremos especial ênfase, em virtude das controvérsias jurisprudenciais suscitadas, bem como da maior incidência em provas de concursos públicos, aos casos de importação de mercadorias e de aquisição de energia elétrica, petróleo e seus derivados.

2.1. Operações de importação. Nas importações de mercadorias ou bens do exterior, considerar-se-á ocorrida a operação no estabelecimento onde ocorrer a entrada da mercadoria, em se tratando de importação realizada por pessoa jurídica, ou no domicílio do adquirente, em se tratando de pessoa física.

Nossos tribunais vêm considerando, de maneira, a nosso entender, acertada, que *o sujeito ativo da relação jurídico-tributária do ICMS é o Estado onde estiver situado o domicílio ou o estabelecimento do* ***destinatário jurídico*** *da mercadoria (alínea a do inciso IX do § 2º do art. 155 da Carta de Outubro); pouco importando se o desembaraço aduaneiro ocorreu por meio de ente federativo diverso"* (STF, RE 299.079, Primeira Turma, julgamento em 30-6-2004)[42].

42. **No mesmo sentido:** STF, RE 405.457, Segunda Turma, julgamento em 4-12-2009; STF, AI 733.464-AgR, Primeira Turma, julgamento em 25-8-2009; STF, AI 663.936-AgR, Primeira

O que o julgado acima quer dizer é que, na importação, o ICMS deverá ser recolhido ao Estado em que sediado o importador, ou seja, o **verdadeiro beneficiário da operação ou prestação**. Referido importador poderá ser tanto a pessoa física consumidora quanto a empresa revendedora do bem adquirido. A regra vale mesmo nas situações em que a mercadoria nem tenha passado pelo Estado do beneficiário no momento do desembaraço aduaneiro.

✦ **Exemplo.** Caso determinado bem, em virtude de operação internacional de compra e venda, entre no território nacional por meio do Porto de Santos, mas seja destinado a pessoa física ou jurídica domiciliada no Estado do Mato Grosso, a este caberá a cobrança do ICMS. Indo além, caso a pessoa contratante, sediada em Mato Grosso, tenha adquirido o bem com vistas à sua venda por estabelecimento localizado no Paraná, a este último Estado caberá a arrecadação tributária. Os ajustes entre particulares não podem prevalecer sobre a efetiva destinação do bem.

▶ **STF:.**

– "Nos termos do art. 155, § 2º, IX, a, da Constituição Federal, o sujeito ativo da relação jurídico-tributária do ICMS é o Estado onde estiver situado o **domicílio ou o estabelecimento do destinatário jurídico da mercadoria importada**. Precedentes. Na definição do destinatário da mercadoria importada, não devem prevalecer os pactos particulares mantidos entre as partes envolvidas na importação, mas a efetiva destinação do bem importado. Precedentes." (STF, AI 816070 AgR, Primeira Turma, julgado em 02/12/2010)

▶ **STJ:**

– "É competente para a cobrança do ICMS na operação de importação o ente federado em que estiver localizado o estabelecimento para o qual se destina fisicamente a mercadoria ou o bem importado, sendo **irrelevante que seu ingresso no território nacional tenha-se dado mediante estabelecimento localizado em outro estado**." REsp 835.537-MG, Rel. Min. Eliana Calmon, julgado em 16/12/2008. Informativo n. 381.

▶ **IMPORTANTE: Momento do recolhimento do tributo.** De qualquer forma, é legítima a cobrança do ICMS por ocasião do desembaraço aduaneiro

Turma, julgamento em 30-6-2009; STF, RE 598.051-AgR, Segunda Turma, julgamento em 12-5-2009.

(Súmula Vinculante n. 48 do STF), muito embora a arrecadação, aqui, seja destinada ao Estado do destinatário jurídico da operação.

REPERCUSSÃO GERAL: Recentemente, o Supremo Tribunal Federal reconheceu a repercussão geral da discussão sobre qual é o sujeito ativo constitucional do ICMS, incidente sobre operação de **importação de matéria-prima** que será **industrializada por estabelecimento localizado no Estado de Minas Gerais**, mas que, porém, é desembaraçada por estabelecimento sediado no Estado de São Paulo, sendo este último (SP) o destinatário do produto acabado, para posterior comercialização.[43]

Aplicação em concurso.

FCC – Auditor Fiscal da Receita Estadual – SEFSC-SC/2018

"João, residente em Lages/SC, compra uma passagem de avião, ida e volta, de Florianópolis/SC para Buenos Aires/Argentina, via Porto Alegre/RS, e vai viajar. Em Buenos Aires utiliza serviço de transporte entre o aeroporto e o hotel. No comércio local, compra queijos e vinhos a serem entregues no hotel. Com o telefone do quarto, faz ligações telefônicas, a serem cobradas na conta do hotel, ao vendedor de vinhos, para confirmar a hora da entrega, e ao seu amigo Manuel, que estava em Florianópolis/SC, solicitando indicação de um bom restaurante. À noite, vai ao restaurante, e, além do jantar, consome uma garrafa de vinho e assiste a um show de música ao vivo. Ao retornar ao Brasil, traz consigo 24 garrafas de vinho, que são apresentadas ao oficial da alfândega e devidamente tributadas. Depois, retorna de ônibus de Florianópolis/SC para Lages/SC".

- Em vista dos fatos descritos, e considerando o disposto na Lei no 10.297/1996, considera-se como local da operação ou prestação, para os efeitos da cobrança do imposto, o domicílio de João, em Lages/SC, para fins do ICMS devido no desembaraço aduaneiro dos vinhos na alfândega.

Resposta: Correta.

2.2. Operações com petróleo, seus derivados e energia elétrica. Conforme exposto anteriormente, as operações interestaduais envolvendo petróleo, seus derivados e energia elétrica **serão imunes**, cabendo o imposto, à alíquota interna, ao Estado de destino da mercadoria, ainda que adquirida diretamente por consumidor final. Em virtude disso, nada mais natural do que considerar como local da operação o do Estado onde estiver localizado o adquirente.

43. STF, ARE 665134 RG, Relator(a): Min. JOAQUIM BARBOSA, julgado em 10/02/2012, PUBLIC 07-03-2012.

2.2.1. Operações com minerais e energia elétrica. Como, nas operações com energia elétrica, só se considera ocorrido o fato gerador no momento do consumo da energia, teremos como local da operação aquele em que acontecer o consumo.

▶ **STJ:**

- "**A energia furtada antes da entrega ao consumidor final não pode ser objeto de incidência do ICMS**, tomando por base de cálculo o valor da última operação realizada entre a empresa produtora e a que distribui e comercializa a eletricidade. **O fato gerador do ICMS é o consumo de energia elétrica**, portanto o **momento do consumo é o elemento temporal da obrigação tributária**, sendo o **aspecto espacial o local onde ela é consumida**, logo o estado de destino é que recolhe o imposto. Dessa forma, o ICMS deve incidir sobre o valor da energia efetivamente consumida. Portanto, embora a base de cálculo do ICMS inclua as operações de produção e distribuição, conforme determinam os arts. 34, § 9º, do ADCT e 9º da LC n. 87/1996, essas fases não configuram isoladamente hipótese de incidência do mencionado imposto. Assim, a energia elétrica furtada nas operações de transmissão e distribuição não sofre incidência de ICMS por absoluta "intributabilidade" em face da não ocorrência do fato gerador." REsp 1.306.356-PA, Rel. Min. Castro Meira, julgado em 28/8/2012. Informativo n. 503.

3. **Critério Espacial nas prestações de serviços de transporte interestadual, intermunicipal e de comunicação.** Tratando-se de **serviço de transporte**, considerar-se-á como local da prestação, para fins de incidência, aquele: a) onde tenha início a prestação (LC 87/96, art. 11, II, a); b) onde se encontre o transportador, quando em situação irregular pela falta de documentação fiscal ou quando acompanhada de documentação inidônea, como dispuser a legislação tributária (LC 87/96, art. 11, II, b); c) do estabelecimento destinatário do serviço, na hipótese da utilização, por contribuinte, de serviço cuja prestação se tenha iniciado em outro Estado e não esteja vinculada a operação ou prestação subsequente (LC 87/96, art. 11, II, c).

Nas **prestações onerosas de serviço de comunicação**, o local da operação será: a) **o da prestação do serviço de radiodifusão sonora e de som e imagem**, assim entendido o da geração, emissão, transmissão e retransmissão, repetição, ampliação e recepção (LC 87/96, art. 11, III, a); b) **o do estabelecimento da concessionária ou da permissionária que forneça ficha, cartão, ou assemelhados** com que o serviço é pago (LC 87/96, art.

11, III, b); c) **o do estabelecimento destinatário do serviço, na hipótese de serviço cuja prestação se tenha iniciado em outro Estado** e não esteja vinculada a operação ou prestação subsequente (LC 87/96, art. 11, III, c); d) o **do estabelecimento ou domicílio do tomador do serviço, quando prestado por meio de satélite** (LC 87/96, art. 11, III, c.1).

► **STJ:**

DIREITO TRIBUTÁRIO. ICMS. TELEVISÃO VIA SATÉLITE DTH. INCIDÊNCIA. VIOLAÇÃO DO ARTIGO 535 DO CPC. NÃO OCORRÊNCIA. **LOCAL DA PRESTAÇÃO. COBRANÇA DO SERVIÇO E, APÓS A LC 102/2000, ESTABELECIMENTO DO TOMADOR.**

(...) O serviço de TV via satélite DTH é considerado serviço de telecomunicação, seja do ponto de vista material, disponibilização de modo oneroso, de meios (ou canais) necessários à comunicação à distância seja por expressa disposição legal, artigos 60 e 170 da Lei 9.472/97 e Resolução nº 220/2000, o que implica na incidência de ICMS. 3. Por se tratar de atividade meramente preparatória à comunicação, não incide ICMS no valor pago a título de adesão ao serviço. 4. Na espécie, **antes da LC 102/2000, o local da prestação é o da cobrança do serviço, alínea "d" do inciso III do artigo 11 da Lei Complementar 87/96. Após, incide o disposto na alínea "c-1": "o do estabelecimento ou domicílio do tomador do serviço**, quando prestado por meio de satélite". O tomador do serviço é o usuário devidamente habilitado para receber o sinal via satélite. (...). (REsp 677.108/PR, Rel. Ministro CASTRO MEIRA, SEGUNDA TURMA, julgado em 28/10/2008, DJe 01/12/2008)

Aplicação em concurso.

UEL-COPS/Auditor Fiscal-PR/2012

"A Lei Estadual nº 11.580/1996, que regula o ICMS no Estado do Paraná, no que tange a bens e mercadorias, especifica o local da operação e da prestação para os efeitos da cobrança do imposto. Este deve ser

Onde se encontre, quando em situação irregular pela falta de documentação fiscal ou quando acompanhado de documentação fiscal inidônea."

Resposta: Correta.

FCC/Auditor Fiscal Estadual de Tributos – RO/2010

"A respeito do local da operação ou da prestação para os efeitos da cobrança do ICMS, considere as seguintes afirmações:

I. Tratando-se de prestação onerosa de serviço de comunicação, o local da prestação do serviço de radiodifusão sonora e de som e imagem, assim entendido o da geração, emissão, transmissão e retransmissão, repetição, ampliação e recepção.

II. Tratando-se de prestação de serviço de transporte, o local onde tenha fim a prestação.

III. Tratando-se de mercadoria ou bem, o local onde se encontre, quando acompanhado de documentação inidônea, como dispuser a legislação tributária."

Está correto o que se afirma APENAS em

a) III.

b) II e III.

c) II.

d) I e III.

e) I

3.1. Prestação de Serviços de Comunicação Via Satélite. Muito embora seja regra a destinação integral do produto da arrecadação do tributo ao Estado em que localizado o tomador do serviço prestado via satélite, a própria Lei Kandir estabelece que, nos casos de serviços ditos "não medidos, que envolvam localidades situadas em diferentes unidades da Federação e cujo preço seja cobrado por períodos definidos", os Estados da Federação em que localizados tomador e prestador do serviço serão agraciados com 50% da receita do ICMS cada um.

A maior controvérsia relativa aos dispositivos em comento diz respeito aos serviços de televisão prestados via satélite.

▶ **STJ:**

"(...) Por **serviço medido**, entende-se que o usuário paga pelo serviço efetivamente utilizado, como por exemplo, os **serviços de água, telefonia, luz** etc. **Nos serviços de televisão por assinatura**, o pagamento não é variável pelo tempo de utilização. O assinante opta por um pacote de canais e por ele **pagará um valor fixo mensalmente**. Logo, entende-se que **o serviço prestado pela empresa de televisão por assinatura não é medido** e o preço será cobrado por períodos definidos, qual seja, mensal. Desse modo, aplica-se ao caso o disposto no art. 11, § 6º, da LC 87/1996, segundo o qual **se deve recolher o ICMS em partes iguais para as unidades da Federação em que estiverem localizados o prestador e o tomador**."[44]

44. STJ, REsp 1.497.364-GO, Rel. Min. Humberto Martins, julgado em 3/9/2015, DJe 14/9/2015 (Informativo 569).

Art. 12. Considera-se ocorrido o fato gerador do imposto no momento:

I – **da saída de mercadoria** de estabelecimento de contribuinte, ainda que para outro estabelecimento do mesmo titular;

II – **do fornecimento de alimentação, bebidas e outras mercadorias** por qualquer estabelecimento;

III – **da transmissão a terceiro** de mercadoria depositada em armazém geral ou em depósito fechado, no Estado do transmitente;

IV – **da transmissão de propriedade de mercadoria**, ou de título que a represente, quando a mercadoria não tiver transitado pelo estabelecimento transmitente;

V – **do início da prestação de serviços de transporte** interestadual e intermunicipal, de qualquer natureza;

VI – **do ato final do transporte iniciado no exterior**;

VII – **das prestações onerosas de serviços de comunicação, feita por qualquer meio**, inclusive a geração, a emissão, a recepção, a transmissão, a retransmissão, a repetição e a ampliação de comunicação de qualquer natureza;

VIII – **do fornecimento de mercadoria com prestação de serviços**:

a) não compreendidos na competência tributária dos Municípios;

b) compreendidos na competência tributária dos Municípios e com indicação expressa de incidência do imposto de competência estadual, como definido na lei complementar aplicável;

IX – **do desembaraço aduaneiro de mercadorias ou bens importados do exterior**;

X – do recebimento, pelo destinatário, de serviço prestado no exterior;

XI – da aquisição em licitação pública de mercadorias ou bens importados do exterior e apreendidos ou abandonados;

XII – da entrada no território do Estado de lubrificantes e combustíveis líquidos e gasosos derivados de petróleo e energia elétrica oriundos de outro Estado, quando não destinados à comercialização ou à industrialização;

XIII – da utilização, por contribuinte, de serviço cuja prestação se tenha iniciado em outro Estado e não esteja vinculada a operação ou prestação subsequente.

§ 1º Na hipótese do inciso VII, quando o serviço for prestado mediante pagamento em ficha, cartão ou assemelhados, considera-se ocorrido o fato gerador do imposto quando do fornecimento desses instrumentos ao usuário.

§ 2º Na hipótese do inciso IX, após o desembaraço aduaneiro, a entrega, pelo depositário, de mercadoria ou bem importados do exterior deverá ser autorizada pelo órgão responsável pelo seu desembaraço, que somente se fará mediante a exibição do comprovante de pagamento do imposto incidente no ato do despacho aduaneiro, salvo disposição em contrário.

§ 3º Na hipótese de entrega de mercadoria ou bem importados do exterior antes do desembaraço aduaneiro, considera-se ocorrido o fato gerador neste momento, devendo a autoridade responsável, salvo disposição em contrário, exigir a comprovação do pagamento do imposto.

1. **Critério Temporal do ICMS sobre operações de circulação de mercadorias: regra geral.** Em regra, considera-se ocorrida a operação relativa à **circulação de mercadoria** no **momento da saída** da referida mercadoria do estabelecimento do contribuinte do imposto (LC 87/96, art. 12, I). Nos termos da LC 87/96, considera-se ocorrido o fato gerador também no momento: a) **da transmissão a terceiro de mercadoria depositada em armazém geral** ou em depósito fechado, no Estado do transmitente; b) da **transmissão de propriedade de mercadoria**, ou de título que a represente, quando a mercadoria não tiver transitado pelo estabelecimento transmitente.

Aplicação em concurso.

FCC/TCE/BA/Procurador/2011

"As operações relativas à circulação de mercadorias e a saída de mercadoria de estabelecimento de contribuinte correspondem, respectivamente, aos seguintes aspectos da hipótese de incidência do ICMS – Imposto sobre a Circulação de Mercadorias e Serviços

a) espacial e temporal.
b) material e temporal.
c) material e espacial.
d) espacial e quantitativo.
e) temporal e espacial."

Resposta: b.

1.1. Deslocamento de bens entre estabelecimentos de um mesmo titular. As operações de circulação de mercadorias entre estabelecimentos do mesmo titular são conhecidas como **transferências.** Aqui, não custa lembrar, tem-se concluído pela **impossibilidade de tributação** em virtude da inexistência de circulação jurídica do bem. Não vale, portanto, a literalidade do art. 12, I, da LC 87/96.

– **Súmula 166 do STJ:** "Não constitui fato gerador do ICMS o simples deslocamento de mercadoria de um para outro estabelecimento do mesmo contribuinte."

► **STF:**

– *"O simples deslocamento da mercadoria de um estabelecimento para outro da mesma empresa, sem a transferência de propriedade, não caracteriza a hipótese de incidência do ICMS*[45]*"* (STF, RE 596.983-AgR, Segunda Turma, julgamento em 12-5-2009)

► **IMPORTANTE:** Algumas bancas de concurso insistem em cobrar o conhecimento da "letra da lei". É importante que o candidato esteja atento a isso.

FCC/Auditor Fiscal Estadual de Tributos – RO/2010

"Considera-se ocorrido o fato gerador do ICMS no momento

a) do fornecimento de mercadoria com prestação de serviços compreendidos na competência tributária dos Municípios e sem indicação expressa de incidência do imposto de competência estadual, como definido na lei complementar aplicável.
b) do ato final do transporte com término no exterior.
c) da aquisição em licitação pública de mercadorias importadas do exterior e apreendidas ou abandonadas, excetuados os bens adquiridos nessas mesmas circunstâncias.
d) da saída de mercadoria de estabelecimento de contribuinte, ainda que para outro estabelecimento do mesmo titular.
e) da entrada na repartição aduaneira das mercadorias ou bens importados do exterior."

Resposta: D (Levou-se em conta apenas a letra da lei.)

FCC/TJ/GO/Juiz/2009

"Empresa do ramo de calçados foi autuada pelo Estado de Goiás por não recolher o ICMS sobre a circulação dos sapatos produzidos na fábrica, localizada no município de Rio Verde/GO para o depósito distribuidor, localizado no município de Anápolis/GO. Diante disso, impetrou mandado de segurança para anulação do crédito tributário constituído. Com base na jurisprudência sumulada do STJ

45. **No mesmo sentido**: STF, AI 618.947-AgR, Segunda Turma, julgamento em 2-3-2010; STF, RE 267.599-AgR, Segunda Turma, julgamento em 24-11-2009; STF, AI 693.714-AgR, Primeira Turma, julgamento em 30-6-2009; STF, AI 481.584-AgR, Primeira Turma, julgamento em 30-6-2009.

a) a competência para a autuação não é do Estado de Goiás, mas da União, na medida em que o ICMS é um imposto de caráter nacional.

b) não constitui fato gerador do ICMS o simples deslocamento de mercadoria de um para outro estabelecimento do mesmo contribuinte.

c) o imposto que incide é o ISS e não o ICMS.

d) está correta a autuação pelo não recolhimento do ICMS na saída da fábrica, mesmo que a mercadoria seja destinada para outro estabelecimento do mesmo contribuinte.

e) existe imunidade na circulação de mercadorias de um para outro estabelecimento do mesmo contribuinte."

Resposta: b.

1.2. Aquisições em licitações públicas. Nas licitações públicas, considerar-se-á ocorrida a materialidade da exação no **momento da aquisição da mercadoria ou bem.**

Aplicação em concurso.

FCC/Sefin/RO/AuditorFiscal/2010

"Considera-se ocorrido o fato gerador do ICMS no momento da aquisição em licitação pública de mercadorias importadas do exterior e apreendidas ou abandonadas, excetuados os bens adquiridos nessas mesmas circunstâncias."

Resposta: Errada.

2. **Critério Temporal do ICMS nas operações mistas (art. 12, II e VIII).** Conforme exposto anteriormente, são operações mistas aquelas que envolvem, simultaneamente, a **circulação de mercadorias e a prestação de determinados serviços**, como ocorre no caso de fornecimento de alimentação e bebidas em bares e restaurantes. Aqui só haverá incidência do ICMS quando (a) os serviços não estiverem compreendidos na competência tributária dos municípios, ou, (b) constando os serviços da LC 116/2003 – que regula o ISSQN -, haja indicação expressa de incidência do ICMS. Em tais casos, a incidência tributária dar-se-**á no momento do fornecimento** da mercadoria e do serviço.

3. **Critério temporal do ICMS nas operações com combustíveis derivados do petróleo (LC 87/96, art. 12, XII).** Como as operações interestaduais envolvendo combustíveis derivados do petróleo são imunes, só haverá incidência nos 2 (dois) casos já estudados, quais sejam: a) aquisição direta por consumidor final do Estado de destino e; b) aquisição por contribuinte do imposto, seguida de nova operação no Estado de Destino. Nos dois casos, considerar-se-á ocorrida a incidência **no momento da entrada do**

produto no território do Estado de Destino, a quem caberá o produto da arrecadação do imposto, à alíquota interna deste último.

3.1. Critério temporal nas operações com energia elétrica. Nas operações com energia elétrica, conforme exposto nos comentários aos primeiros artigos desta Lei Complementar, tem a jurisprudência considerado como materialidade do imposto o **efetivo consumo** da energia elétrica. Diante disso, nada mais natural do que se considerar ocorrida a incidência apenas **no momento do consumo da energia elétrica**.

▶ **STJ:**

– **SÚMULA N. 391:** O ICMS incide sobre o valor da tarifa de energia elétrica correspondente à demanda de potência efetivamente utilizada.

– "No **recurso submetido ao regime do art. 543-C do CPC** e art. 6º da Res. n. 8/2008-STJ, a Seção assentou, por maioria, que, levando-se em conta o fato gerador e não a política tarifária fixada pelo art. 2º, XII, da Res. ANEEL n. 456/2000, bem como por se tratar de mercadoria e não de um serviço, **não há que se falar em incidência de ICMS no fornecimento de energia elétrica no caso de demanda contratada, mas apenas sobre o consumo, a ser calculado tomando-se por base a demanda da potência elétrica com efeito utilizada**, afastadas, ademais, as alegações de ofensa aos arts. 2º, VI, e 19 do Convênio n. 66/1988; arts. 2º, I, 12, I, e 13, I, da LC n. 87/1996 e art. 116, II, do CTN." REsp 960.476-SC, Rel. Min. Teori Albino Zavascki, julgado em 11/3/2009. **Informativo n. 386**.

– **"A energia furtada antes da entrega ao consumidor final não pode ser objeto de incidência do ICMS**, tomando por base de cálculo o valor da última operação realizada entre a empresa produtora e a que distribui e comercializa a eletricidade. **O fato gerador do ICMS é o consumo de energia elétrica**, portanto o **momento do consumo é o elemento temporal da obrigação tributária**, sendo o **aspecto espacial o local onde ela é consumida**, logo o estado de destino é que recolhe o imposto. Dessa forma, o ICMS deve incidir sobre o valor da energia efetivamente consumida. Portanto, embora a base de cálculo do ICMS inclua as operações de produção e distribuição, conforme determinam os arts. 34, § 9º, do ADCT e 9º da LC n. 87/1996, essas fases não configuram isoladamente hipótese de incidência do mencionado imposto. Assim, a energia elétrica furtada nas operações de transmissão e distribuição não sofre incidência de ICMS por absoluta "intributabilidade" em face da não ocorrência do fato gerador." REsp 1.306.356-PA, Rel. Min. Castro Meira, julgado em 28/8/2012. **Informativo n. 503.**

4. **Critério temporal do ICMS nas importações de bens e serviços (LC 87/96, art. 12, IX e X e §§ 2º e 3º).** A lei dispõe também acerca dos momentos de incidência nos casos de importação de mercadorias ou serviços. Como não se pode exigir o tributo no território estrangeiro, nada mais natural do que considerar ocorrida a materialidade do imposto **no momento da entrada da mercadoria ou do serviço no território nacional.** No caso de mercadorias, a lei vai além e considera como momento de ingresso o do desembaraço aduaneiro do referido bem. As normas dos parágrafos 2º e 3º também visam à proteção dos interesses nacionais.

   – **Súmula Vinculante n. 48 do STF**: "Na entrada de mercadoria importada do exterior, é legítima a cobrança do ICMS por ocasião do desembaraço aduaneiro."

   – **Súmula 661 do STF:** "Na entrada de mercadoria importada do exterior, é legítima a cobrança do ICMS por ocasião do desembaraço aduaneiro."

Aplicação em concurso.

FCC/Sefin/RO/AuditorFiscal/2010

"Considera-se ocorrido o fato gerador do ICMS no momento da entrada na repartição aduaneira das mercadorias ou bens importados do exterior."

Resposta: Errada.

5. **Critério temporal do ICMS na prestação de serviços de transporte e comunicação (LC 87/96, art. 12, V e V).** Considera-se ocorrida a materialidade da exação no momento da prestação onerosa do serviço de comunicação, bem como do início da prestação dos serviços de transporte sujeito à incidência da lei.

Aplicação em concurso.

FCC/Sefin/RO/AuditorFiscal/2010

"Considera-se ocorrido o fato gerador do ICMS no momento do ato final do transporte com término no exterior."

Resposta: Errada.

FCC – Auditor Fiscal da Receita Estadual – SEFSC-SC/2018

"João, residente em Lages/SC, compra uma passagem de avião, ida e volta, de Florianópolis/SC para Buenos Aires/Argentina, via Porto Alegre/RS, e vai viajar. Em Buenos Aires utiliza serviço de transporte entre o aeroporto e o hotel. No comércio local, compra queijos e vinhos a serem entregues no hotel. Com o telefone do quarto, faz ligações telefônicas, a serem cobradas na conta do hotel, ao vendedor de vinhos, para confirmar a hora da entrega, e ao seu amigo Manuel, que estava em Florianópolis/SC, solicitando indicação de um bom restaurante. À noite, vai ao restaurante, e, além do jantar, consome uma garrafa de vinho e assiste a um show de música ao vivo. Ao retornar ao Brasil, traz consigo 24 garrafas de vinho, que são apresentadas ao oficial da alfândega e devidamente tributadas. Depois, retorna de ônibus de Florianópolis/SC para Lages/SC".

Em vista dos fatos descritos, e considerando o disposto na Lei no 10.297/1996, considera-se ocorrido o fato gerador do imposto, a favor do Estado de Santa Catarina, no momento

(A) da emissão do bilhete de passagem aérea, comprada por João.

(B) em que João completou a ligação telefônica para falar com Manuel.

(C) do início da viagem de Florianópolis/SC para Lages/SC.

(D) da compra das garrafas de vinho.

(E) da entrega das garrafas de vinho no hotel.

Resposta: C.

5.1. ICMS comunicação mediante o fornecimento de fichas, cartões e assemelhados. Como, para falarmos em comunicação, é indispensável falarmos no fornecimento, pelo contribuinte, dos meios materiais necessários para que a comunicação possa se estabelecer, nada mais natural do que, quando o serviço for prestado mediante pagamento em ficha, cartão ou assemelhados, considerar-se ocorrido o fato gerador do imposto no momento do fornecimento desses instrumentos ao usuário.

► **STJ:**

– "Buscava-se definir **a que Estado-membro pertence** o **ICMS-comunicação** incidente sobre o fornecimento de **fichas ou cartões telefônicos**, isso quando o estabelecimento revendedor está situado em Estado-membro diverso daquele em que se localiza a sede da concessionária fornecedora dos cartões. Entre outras funções, deve a lei complementar (LC) fixar o critério espacial da obrigação tributária decorrente da incidência do ICMS (art. 155, § 2º, XII, **d**, da CF/1988), o que permite definir a que unidade federada deverá ser recolhido o imposto (sujeição ativa) e qual estabelecimento da empresa será responsável por seu pagamento (sujeição passiva). Por sua vez, o art. 11, III, **b**, da LC n. 87/1996 determina que, para os serviços de comunicação prestados mediante o fornecimento de fichas, cartões ou assemelhados, o ICMS será devido ao ente federativo no qual se encontra o estabelecimento da empresa que forneça tais instrumentos. ". **REsp 1.119.517-MG, Rel. Min. Castro Meira, julgado em 9/2/2010. Informativo n. 422.**

5.2. Incidência do ICMS-Comunicação mesmo em caso de inadimplência do consumidor final. É irrelevante para fins de incidência do ICMS-Comunicação a inadimplência do tomador/usuário do serviço:

► **STJ:**

– "(...) A incidência do ICMS-comunicação tem como fato gerador a **prestação onerosa de serviço de comunicações** por qualquer meio, inclusive a geração, a emissão, a recepção, a transmissão, a retransmissão, a repetição e a ampliação de comunicação de qualquer natureza (art. 2º, III da LC 87/96). (...)

O inadimplemento da obrigação civil assumida pelo contratante (Consumidor-final) **é desinfluente para a constatação da ocorrência do fato gerador** que enseja a exação". (REsp 1308698/SP, Rel. Ministro NAPOLEÃO NUNES MAIA FILHO, PRIMEIRA TURMA, DJe 03/02/2017)

Art. 13. A **base de cálculo** do imposto é:

I – **na saída de mercadoria** prevista nos incisos I, III e IV do art. 12, o valor da operação;

II – na hipótese do inciso II do art. 12, o valor da operação, compreendendo mercadoria e serviço;

III – **na prestação de serviço de transporte** interestadual e intermunicipal e de comunicação, o preço do serviço;

IV – no fornecimento de que trata o inciso VIII do art. 12

a) o valor da operação, na hipótese da alínea a;

b) o preço corrente da mercadoria fornecida ou empregada, na hipótese da alínea b;

V – na hipótese do inciso IX do art. 12, a soma das seguintes parcelas:

a) o valor da mercadoria ou bem constante dos documentos de importação, observado o disposto no art. 14;

b) imposto de importação;

c) imposto sobre produtos industrializados;

d) imposto sobre operações de câmbio;

e) quaisquer outros impostos, taxas, contribuições e despesas aduaneiras;

VI – na hipótese do inciso X do art. 12, o valor da prestação do serviço, acrescido, se for o caso, de todos os encargos relacionados com a sua utilização;

VII – no caso do inciso XI do art. 12, o valor da operação acrescido do valor dos impostos de importação e sobre produtos industrializados e de todas as despesas cobradas ou debitadas ao adquirente;

VIII – na hipótese do inciso XII do art. 12, o valor da operação de que decorrer a entrada;

IX – na hipótese do inciso XIII do art. 12, o valor da prestação no Estado de origem.

§ 1º Integra a base de cálculo do imposto, inclusive na hipótese do inciso V do caput deste artigo:

I – o montante do próprio imposto, constituindo o respectivo destaque mera indicação para fins de controle;

II – o valor correspondente a:

a) seguros, juros e demais importâncias pagas, recebidas ou debitadas, bem como descontos concedidos sob condição;

b) frete, caso o transporte seja efetuado pelo próprio remetente ou por sua conta e ordem e seja cobrado em separado.

§ 2º Não integra a base de cálculo do imposto o montante do Imposto sobre Produtos Industrializados, quando a operação, realizada entre contribuintes e relativa a produto destinado à industrialização ou à comercialização, configurar fato gerador de ambos os impostos.

§ 3º No caso do inciso IX, o imposto a pagar será o valor resultante da aplicação do percentual equivalente à diferença entre a alíquota interna e a interestadual, sobre o valor ali previsto.

§ 4º Na saída de mercadoria para estabelecimento localizado em outro Estado, pertencente ao mesmo titular, a base de cálculo do imposto é:

I – o valor correspondente à entrada mais recente da mercadoria;

II – o custo da mercadoria produzida, assim entendida a soma do custo da matéria-prima, material secundário, mão-de-obra e acondicionamento;

III – tratando-se de mercadorias não industrializadas, o seu preço corrente no mercado atacadista do estabelecimento remetente.

§ 5º Nas operações e prestações interestaduais entre estabelecimentos de contribuintes diferentes, caso haja reajuste do valor depois da remessa ou da prestação, a diferença fica sujeita ao imposto no estabelecimento do remetente ou do prestador.

1. **Base de Cálculo do Tributo: Noções Gerais (LC 87/96, art. 13, I).** As noções gerais atinentes à base de cálculo do ICMS foram expostas quando da análise dos dispositivos do art. 8º desta Lei Complementar n. 87/96, para onde remetemos o leitor. Por expressa disposição constitucional, a base de cálculo do ICMS é o **valor total da operação ou o preço do serviço** relativos à circulação de mercadorias ou das prestações dos serviços de transporte e comunicação (CF/88, art. 155, II), entendendo-se como valor total da operação *"o montante efetivamente recebido pelo vendedor e mais outras despesas cobradas ou debitadas, que tenham relação com a operação, tais como descontos condicionais, seguros, fretes e outras.*[46]*"*. Nas operações interestaduais, caso haja reajuste posterior à saída, mas antes da concretização do negócio, a diferença também ficará sujeita à incidência do imposto.

2. **Inclusão do IPI e de outras despesas na base de cálculo do ICMS.** A exemplo do que acontece na base de cálculo utilizada para fins de substituição tributária, também aqui, o legislador complementar exemplifica uma série de parcelas que devem, caso presentes, integrar o cálculo do valor total da operação. O que o candidato deve ter em mente é que a BC do tributo será sempre o **valor total da operação**, não importando quantas ou quais parcelas integrem tal montante.

   2.1. IPI. Nos termos do art. 155, §2º, XI, da Constituição, o ICMS *não compreenderá, em sua base de cálculo, **o montante do imposto sobre produtos industrializados** quando a operação, realizada entre contribuintes e relativa a produto destinado à industrialização ou à comercialização, configure fato gerador dos dois impostos.*

   Caso um dos polos do negócio relativo à circulação de mercadorias seja não contribuinte, por sua vez, haverá inclusão do montante despendido a título de IPI na base de cálculo do ICMS. A título de exemplo, a venda de componentes automobilísticos de uma indústria metalúrgica a uma montadora de automóveis será operação sujeita à incidência tanto do ICMS quanto do IPI. Aqui, no entanto, o montante pago pelo IPI não estará presente na base de cálculo do ICMS.

46. KOCH. Deonísio. **Manual do ICMS – teoria e prática**. 3. ed. Curitiba: Juruá, 2012. P. 253

QUADRO SINÓPTICO	
INCLUSÃO DO IPI NA BASE DE CÁLCULO DO ICMS	
NÃO INCLUSÃO DO IPI	**INCLUSÃO DO IPI**
• Operação com produtos industrializados realizada entre contribuintes e sujeitas à incidência de IPI e ICMS.	• Operações realizadas entre não contribuintes dos 2 impostos ou em que uma delas não esteja sujeita à incidência do IPI.
• Ex.: Operação de compra e venda de peças de automóveis celebrada entre montadora de veículos e indústria metalúrgica.	• Ex.: Operação de compra e venda de frutas realizada entre cooperativa de agricultores e supermercado.

Aplicação em concurso.

SEFAZ/SC/Auditor Fiscal-SC/2010

"Quanto ao ICMS, é correto afirmar que não compreenderá, em sua base de cálculo, o montante do imposto sobre produtos industrializados, quando a operação, realizada entre contribuintes e relativa a produto destinado à industrialização ou à comercialização, configure fato gerador dos dois impostos."

Resposta: Certa.

FCC/Auditor Fiscal Estadual de Tributos – RO/2010

"NÃO integra a base de cálculo do ICMS o montante do Imposto sobre Produtos Industrializados (IPI), quando a operação, realizada entre contribuintes e relativa a produto destinado à industrialização ou à comercialização, configurar fato gerador de ambos os impostos."

Resposta: Certa.

2.2. Seguro, frete e outros encargos. Sendo a base de cálculo o valor total da operação, nada mais natural do que a inclusão de valores despendidos com despesas como seguro e frete.

▶ **STJ:**

– "**O valor do frete** (referente ao transporte do veículo entre a montadora/fabricante e a concessionária/revendedora) **integra a base de**

cálculo do ICMS incidente sobre a circulação da mercadoria, para fins da substituição tributária progressiva ('para frente'), à luz do artigo 8º, II, "b", da Lei Complementar 87/96. Entrementes, **nos casos em que a substituta tributária** (a montadora/fabricante de veículos) **não efetua o transporte, nem o engendra por sua conta e ordem, o valor do frete não deve ser incluído na base de cálculo do imposto**, ex vi do disposto no artigo 13, § 1º, II, "b", da LC 87/96". (AgRg no REsp 886.646/RS, Rel. Ministro MAURO CAMPBELL MARQUES, SEGUNDA TURMA, julgado em 19/08/2010, DJe 28/09/2010)

– "Trata-se de saber se, na **base de cálculo para incidência do ICMS**, incluem-se os **custos para aquisição do selo de controle do IPI**. A Turma entendeu que a **aquisição do referido selo tem natureza jurídica de obrigação acessória**, porquanto visa a facilitar a fiscalização e arrecadação do tributo principal, conforme prevê o art. 113, § 2º, do CTN. A cobrança pela confecção e fornecimento dos selos, amparada pelo DL n. 1.437/1975, nada mais é do que o ressarcimento aos cofres públicos do seu custo, não configurando taxa ou preço público. **Portanto, o custo com a aquisição dos selos de controle do IPI integra o preço final da mercadoria** comercializada e, dessa forma, **está compreendido no "valor da operação"**, que vem a ser a base de cálculo do ICMS, nos termos do art. 13, § 1º, da LC n. 87/1996. Assim, o recurso foi parcialmente conhecido e lhe foi negado provimento." REsp 732.617-MG, Rel. Min. Teori Albino Zavascki, julgado em 14/4/2009. Informativo n. 390.

2.2.1 Seguro de garantia estendida. O valor pago pelo consumidor final ao comerciante a título de "seguro de garantia estendida" não integra a base de cálculo do ICMS incidente sobre a operação de compra e venda da mercadoria.

► **Informativo do STJ:**

– "A par disso, e ponderando os elementos supramencionados, verifica-se que **o "seguro de garantia estendida" não se subsume ao art. 13, § 1º, II, "a", da LC 87/1996**, pelas razões seguintes. A uma, **o pagamento do prêmio dessa modalidade de seguro não deve ser exigido do comprador como condição indispensável para a aquisição da mercadoria**. Isso porque o seguro em questão é de adesão voluntária, podendo, ou não, ser contratado diretamente pelo consumidor final. Além disso, **o seguro não é pago pelo vendedor para depois ser exigido do**

comprador, na composição do preço da operação, para o fechamento do negócio; essa, sim, hipótese de incidência do art. 13, § 1º, II, "a", da LC 87/1996. **A duas**, o seguro de garantia estendida, conforme dispõe o art. 1º da Resolução CNSP 122, de 3/5/2005 e o art. 1º da Resolução CNSP 296, de 25/10/2013, **pode ser contratado pelo consumidor quando da aquisição do bem ou posteriormente, durante o prazo de garantia do fabricante**, o que denota que esse negócio jurídico, embora relacionado, é autônomo e subsequente à operação de compra, sendo possível a sua contratação depois de já circulada a mercadoria (fato gerador do ICMS), configurando, portanto, nova relação jurídica e, por isso, não pode compor o valor da operação anterior já concretizada. **A três, porque os valores pagos pelo consumidor ao comerciante devem ser repassados à companhia seguradora por força contratual da parceria, não configurando, portanto, receita do varejista na espécie.** Assim, a garantia estendida é estabelecida entre o consumidor e a empresa seguradora, inexistindo relação jurídico-tributária entre o fisco e o comerciante que possa imputar ao último o dever de recolher tributo sobre receita pertencente a terceiro, sob pena de afronta ao princípio da capacidade contributiva. **Entretanto, apenas, se o "seguro de garantia estendida" vier a ser indevidamente exigido pelo comerciante, como condição do negócio, a fim de reduzir, por meio de simulação, a base de cálculo do ICMS, poderá o fisco autuar essa conduta irregular do contribuinte com espeque no princípio da realidade** (art. 116, I, do CTN)." REsp 1.346.749-MG, Rel. Min. Benedito Gonçalves, julgado em 10/2/2015, DJe 4/3/2015 (Informativo 556)

Aplicação em concurso.

FCC/AUDITOR FISCAL DA RECEITA ESTADUAL/SEFAZ RJ/2014

A Metalúrgica Sansão e Dalila, localizada no Estado do Rio de Janeiro, fabricou, sob encomenda de empresa petrolífera, um guindaste, no valor de R$ 200.000,00, cobrando, ainda, mais R$ 30.000,00, pelo projeto de engenharia industrial de desenvolvimento do produto e, também, R$ 20.000,00, a título de despesas de montagem e instalação do equipamento. A empresa metalúrgica recebeu o valor total no mês de fevereiro de 2013, emitindo documento fiscal de "Venda para Entrega Futura". Entretanto, o equipamento só ficou pronto no dia 30 de junho de 2013, data em que saiu do estabelecimento do fabricante com destino ao local de instalação, sendo instalado, no estabelecimento destinatário, em Campos-RJ, no dia 1o de julho de 2013. Nesse caso, o fato gerador ocorrerá em

a) fevereiro e a base de cálculo do ICMS será de R$ 250.000,00.

b) julho e a base de cálculo do ICMS será de R$ 220.000,00.

c) junho e a base de cálculo do ICMS será de R$ 250.000,00.

d) fevereiro e a base de cálculo do ICMS será de R$ 220.000,00.

e) fevereiro e a base de cálculo do ICMS será de R$ 230.000,00

Resposta: c)

3. **ICMS por dentro.** Dispõe nossa *Lex Suprema* caber *à lei complementar fixar a base de cálculo, de modo que o montante do imposto a integre, também na importação do exterior de bem, mercadoria ou serviço* (CF/88, art. 155, §2º, XII, "i"). Faz menção o dispositivo à **cobrança "por dentro" do ICMS**, ou simplesmente "ICMS por dentro", modalidade esta que, a partir da Emenda Constitucional n. 33/2001 passou a ser expressamente admitida para os casos de ICMS sobre importações.

A justificativa da técnica do cálculo do ICMS por dentro é a **facilitação do acesso do consumidor ao montante pago** a título do tributo, já que o mencionado valor deveria vir destacado na nota fiscal.

✦ **Exemplo.** Um exemplo pode ajudar o estudante a compreender o funcionamento da técnica de cálculo do ICMS "por dentro".

Imagine-se uma operação de compra e venda de determinado bem realizada entre uma indústria e um estabelecimento atacadista pelo valor de R$ 100,00, a uma alíquota de 17%, já computados no preço o lucro do vendedor e as despesas com seguro e frete. Caso o cálculo do tributo fosse feito na modalidade convencional, ou "por fora", como ocorre no cálculo do IPI, teríamos o montante a ser pago a título de ICMS de R$ 17,00:

ICMS = 100 x 17% = R$ 17,00.

Utilizando-se a técnica de cálculo "por dentro", no entanto, também o ICMS passa a integrar o preço da operação.

Dessa forma, utilizando o exemplo acima, temos que R$ 100,00 equivale a apenas 83% da base de cálculo (R$ 100,00 – 17%), e que 100% da referida BC (Base de Cálculo Efetiva) equivale a R$ 120,48. O tributo devido na operação, por sua vez, será de R$ 20,48 (R$ 120,48 X 17%). O cálculo, como se pode perceber, não passa de mera "regra de três":

83% → R$ 100

17% → X (R$ 20,48)

100% → BC Efetiva (R$ 120,48)

ICMS devido = 17% X R$ 120,48 = R$ 20,48.

Como os R$ 100,00 (valor do bem) correspondem, na verdade, a apenas 83% da base de cálculo efetiva, no caso de ICMS por dentro, temos clara majoração do imposto, daí porque tantas críticas por parte da doutrina.

O Supremo Tribunal Federal e o Superior Tribunal de Justiça já se manifestaram diversas vezes sobre o assunto, todas elas de maneira favorável à forma de cálculo supracitada, inclusive nos casos de substituição tributária, como se pode perceber pela análise dos arestos abaixo colacionados:

▶ **STF:**

- "A Suprema Corte já firmou o entendimento de que **é constitucional a base de cálculo do ICMS corresponder ao valor da operação somado ao próprio tributo.**" (STF, AI 413753 AgR, Primeira Turma, julgado em 21/09/2004)

- "É pacífica a jurisprudência desta Corte quanto à constitucionalidade da inclusão do valor da operação ou da prestação de serviço somado ao próprio tributo, para aferição da base de cálculo do ICMS, sem violação aos princípios da não-cumulatividade, da capacidade contributiva, da razoabilidade e da legalidade." (STF, AI 397743 AgR, Segunda Turma, julgado em 14/12/2004)

▶ **STJ:**

- "...Ora, **o ICMS-Substituição Tributária (ICMS-ST) não é um tributo diferente do ICMS "comum"**, mas um regime ou sistema utilizado com o objetivo de simplificar a tributação, facilitando a fiscalização e diminuindo os ônus administrativos para os próprios contribuintes, considerando que concentra em apenas um deles, de regra o mais capacitado do ponto de vista organizacional para o recolhimento do imposto e todas as obrigações acessórias correspondentes a várias etapas de circulação da mercadoria. **A base de cálculo do ICMS não sofre qualquer modificação quando se trata de arrecadação mediante substituição tributária.** Nessa toada, ainda que não haja referência expressa quanto à inclusão do ICMS em sua base de cálculo na modalidade substituição, não se pode extrair desse fato interpretação diversa daquela prevista no art. 13 da LC n. 87/1996, que ao estabelecer regra geral, não foi excluída pelo art. 8º (que regulamenta a substituição tributária) da mesma lei. REsp 1.454.184-MG, Rel. Min. Mauro Campbell Marques, julgado em 5/5/2016, DJe 9/6/2016.

Aplicação em concurso.

FCC/Auditor Fiscal Estadual de Tributos – RO/2010

"NÃO integra a base de cálculo do ICMS o montante do próprio imposto."

Resposta: Errada.

FCC/AUDITOR FISCAL DA RECEITA ESTADUAL/SEFAZ RJ/2014

Tratando-se de ICMS, NÃO integra a base de cálculo do imposto

a) o frete, quando o transporte for efetuado pelo próprio remetente ou por sua conta e ordem, e seja cobrado em separado.

b) as despesas financeiras (juros) cobrados pelo vendedor da mercadoria, pois se trata de operação sujeita ao IOF.

c) os descontos concedidos sem condição.

d) as despesas de montagem, instalação e colocação de paredes divisórias cobradas pelo vendedor da mercadoria.

e) o montante do próprio imposto, visto que isso implicaria bitributação.

Resposta: c)

4. **Descontos não condicionados, mercadorias dadas em bonificação e subvenções.** Dispõe a Lei Complementar n. 87/96 que a base de cálculo do imposto é integrada também pelos descontos concedidos sob condição (LC 87/96, art. 13, §1º, II, a) a ser cumprida pelo consumidor, ou seja, descontos concedidos em virtude de eventos futuros e incertos.

4.1. Descontos condicionados. São exemplos de **descontos condicionados** aqueles concedidos para clientes que aderirem ao plano de financiamento oferecido por empresa do mesmo grupo da empresa comerciante, assim como aqueles descontos concedidos aos clientes que efetuarem o pagamento do negócio antes do prazo combinado.

► **IMPORTANTE:** A **subvenção econômica** paga pelo Governo Federal às empresas concessionárias de energia elétrica para fins de redução da tarifa cobrada de consumidores de baixa renda **não configura isenção tributária**, devendo seu valor **integrar a base de cálculo do ICMS**. A relação contratual entre a União e as concessionárias não acarreta qualquer alteração na relação tributária entre os Estados e as referidas empresas.

Informativo do STJ:

– "...Não obstante a louvável intenção do Governo Federal de não onerar a tarifa de energia elétrica de parcela carente da população, **a concessão de subvenção não implica automática isenção do montante na base de cálculo de ICMS.** Utiliza-se aqui a mesma lógica adotada pelo STJ na elaboração da Súmula n. 95: "A redução da alíquota do imposto sobre produtos industrializados ou do imposto de importação não implica redução do ICMS". Ainda que a relação da União com as concessionárias seja contratual, e não tributária, o foco reside na autonomia do Estado para exercer a sua competência tributária. Assim, há duas relações jurídicas distintas: a) uma relação contratual entre a União e as concessionárias (arts. 21, XII, "b", e 175 da CF); e b) outra relação jurídico-tributária entre os Estados e as concessionárias (art. 155, II e § 2°, da CF). Nesse contexto, não há razoabilidade em diminuir a base de cálculo do imposto estadual em razão da concessão de subvenção econômica pela União. **A exigibilidade do imposto é anterior à concessão da subvenção econômica.** Se, por um lado, não é permitido aos entes federativos estranhos à relação interferirem na execução do contrato entre Poder Concedente e concessionárias, por outro, não é permitido ao Poder Concedente interferir na relação tributária entre outro ente federativo e seus contribuintes. Exigir a redução da base de cálculo do imposto estadual, no caso, é implementar isenção heterônoma em hipótese não permitida pela CF. Ressalta-se que a subvenção foi concedida sob a condição de ser mantida a tarifa reduzida aos consumidores finais de baixa renda. **Assim, o caso amolda-se à hipótese prevista na alínea "a" do inciso II do § 1° do art. 13 da LC n. 87/1996, de modo que o ICMS possui como base de cálculo o valor total da operação, ainda que exista no caso desconto concedido sob condição**. Desse modo, a subvenção econômica faz parte do preço final da mercadoria, não havendo razão para não incluir na base de cálculo do ICMS a subvenção em operações com energia elétrica. (...) Portanto, **a única forma de isentar as concessionárias de energia elétrica de pagar o ICMS sobre o valor da subvenção é mediante convênio na forma da LC n. 24/1975**, a qual "dispõe sobre os convênios para a concessão de isenções do imposto sobre operações relativas à circulação de mercadorias, e dá outras providências". REsp 1.286.705-SP, Rel. Min. Humberto Martins, julgado em 15/12/2015, DJe 12/2/2016 (Informativo n. 576).

4.2. Descontos incondicionados. Diferente será o caso dos chamados **descontos incondicionados**, ou seja, descontos concedidos independentemente do cumprimento de qualquer condição. Aqui, referidos valores não integrarão a base de cálculo do ICMS pelo simples fato de não fazerem parte do valor da operação da qual decorre a saída da mercadoria.[47]

Trata-se da modalidade de uso mais frequente, *"na qual o vendedor fixa um preço de partida, por vezes uma mera ilusão de preço, para, em seguida, definir o preço real da venda, atribuindo a diferença a qualidade de desconto.*[48]*"* São exemplo de descontos promocionais os descontos para pagamento à vista ou quaisquer outros descontos cuja efetivação não fique a depender de evento futuro e incerto.

4.3. Mercadorias dadas em bonificação. Também não integrarão a base de cálculo outros elementos estranhos à operação mercantil realizada, como, por exemplo, o valor intrínseco dos bens entregues por fabricante à empresa atacadista a título de bonificação, ou seja, sem a efetiva cobrança de um preço sobre os mesmos bens.

▶ **STJ:**

- **Súmula 459:** "Os descontos incondicionais nas operações mercantis não se incluem na base de cálculo do ICMS".

- "A Seção, ao julgar o **recurso sob regime do art. 543-C do CPC** c/c a Resolução n. 8/2008-STJ, entendeu que **os valores das mercadorias dadas em bonificação (entrega de uma maior quantidade de produto vendido em vez de conceder uma redução no valor da venda) ou com descontos incondicionais não integram a base de cálculo do ICMS**." REsp 1.111.156-SP, Rel. Min. Humberto Martins, julgado em 14/10/2009. Informativo n. 411.

- "Revela *contraditio in terminis* ostentar a Lei Complementar que a base de cálculo do imposto é o valor da operação da qual decorre a saída da mercadoria e a um só tempo fazer integrar ao preço os descontos incondicionais ou bonificações" (STJ, REsp 688.393/RJ, Primeira Turma, julgado em 17/10/2006).

---

47. STJ, EREsp 508057/SP, Primeira Seção, julgado em 18/10/2004.
48. KOCH, Deonísio. **Manual do ICMS**. 3. ed. Curitiba: Juruá, 2012. p. 263.

QUADRO SINÓPTICO	
BASE DE CÁLCULO DO ICMS EM CASO DE CONCESSÃO DE DESCONTOS E BONIFICAÇÕES	
• **Descontos Incondicionados e Bonificações**	• **Descontos Condicionados**
• Não integram a base de cálculo do ICMS	• Integram a base de cálculo do ICMS
• Ex.: Pagamento à vista, bônus de mercadorias	• Ex.: Subvenções concedidas pelo Governo Federal às concessionárias de energia para redução do valor cobrado junto aos consumidores de baixa renda

Aplicação em concurso.

FMP/Procurador do Estado-AC/2012

"Considerando a situação hipotética que segue, assinale a alternativa **correta**.

Empresa atacadista do ramo de cosméticos costuma conceder a seus clientes descontos incondicionais nas vendas que realiza a clientes varejistas. Em tais operações mercantis, sempre inclui base de cálculo do ICMS o valor dos aludidos descontos. Segundo o advogado da empresa, tais descontos incondicionais não integram a base de cálculo do ICMS. Diante disso, a empresa pretende propor ação judicial que lhe assegure para o futuro a não inclusão na base de cálculo do ICMS do valor dos descontos incondicionais. Nessa situação, assinale a assertiva **correta**."

a) É cabível ação declaratória, visto que, segundo o entendimento do STJ, os descontos incondicionais nas operações mercantis não se incluem na base de cálculo do ICMS.

b) É cabível ação anulatória de débito fiscal, visto que, segundo o entendimento do STJ, os descontos incondicionais nas operações mercantis não se incluem na base de cálculo do ICMS.

c) É cabível ação de consignação em pagamento, visto que, segundo o entendimento do STJ, os descontos incondicionais nas operações mercantis não se incluem na base de cálculo do ICMS.

d) Descabe qualquer ação judicial, visto que, segundo o STJ, é legítima a inclusão dos descontos incondicionais nas operações mercantis na base de cálculo do ICMS.

Resposta: A.

Cespe/Unb/TJ/MA – Juiz/2013

"Os descontos incondicionais nas operações mercantis devem ser incluídos na base de cálculo o ICMS."

Resposta: Errada.

5. **Vendas a prazo e operações com cartão de crédito.** Nas operações de **venda a prazo**, ou simplesmente vendas parceladas, a base de cálculo do ICMS será o **valor total do negócio**, constante da nota fiscal, de forma que, em havendo acréscimo ao preço final em contrapartida ao benefício de diferimento concedido pelo comerciante, haverá também incremento do valor devido a título de ICMS. Na **venda a prazo propriamente dita**, importante salientar, não existe participação intermediadora de instituição financeira. Trata-se de negócio jurídico único.

▶ **STJ**

- **Súmula 395:** "O ICMS incide sobre o valor da venda a prazo constante da nota fiscal".

- "A **'venda financiada'** e a **'venda a prazo'** são **figuras distintas** para o fim de encerrar a base de cálculo de incidência do ICMS, sendo certo que sobre a venda a prazo – que ocorre sem a intermediação de instituição financeira -, incide ICMS. A 'venda a prazo' revela modalidade de negócio jurídico único, cognominado compra e venda, no qual o vendedor oferece ao comprador o pagamento parcelado do produto, acrescendo-lhe um plus ao preço final, razão pela qual o valor desta operação integra a base de cálculo do ICMS, na qual se incorpora. In casu, dessume-se do voto condutor do aresto recorrido hipótese de venda a prazo, em que o financiamento foi feito pelo próprio vendedor, razão pela qual a base de cálculo do ICMS é o valor total da venda." (AgRg no Ag 1305819/DF, Rel. Ministro HUMBERTO MARTINS, SEGUNDA TURMA, julgado em 24/08/2010, DJe 08/09/2010)

5.1. Operações como cartão de crédito. Situação diversa é a das operações de compra financiada de mercadorias, via de regra realizadas com o uso de **cartões de crédito**. Aqui, a rigor, **o que existe entre comerciante e consumidor é uma operação de pagamento à vista**, na qual o primeiro receberá o valor integral ainda que tenham acertado o parcelamento da dívida. Da nota fiscal não constará qualquer acréscimo de valor. O fato é que a venda financiada *"depende de duas operações distintas para a efetiva 'saída da mercadoria' do estabelecimento (art. 2º do DL 406/68),* *quais sejam, uma compra e venda e outra de financiamento, em que há a intermediação de instituição financeira*[49]".

– **Súmula n. 237 do STJ:** "Nas operações com cartão de crédito, os encargos relativos ao financiamento não são considerados no cálculo do ICMS."

QUADRO SINÓPTICO	
BASE DE CÁLCULO NAS OPERAÇÕES DE COMPRA FINANCIADA E A PRAZO	
Vendas a prazo	**Vendas Financiadas (inclusive com cartão de crédito)**
• Acréscimo no valor da nota fiscal	• Não há acréscimo no valor da nota fiscal
• Não há intermediação de instituição financeira	• Há intermediação de instituição financeira
• ICMS incidirá sobre o valor acrescido	• ICMS incidirá sobre o preço final inalterado.

6. **Circulação de mercadorias entre estabelecimentos do mesmo titular, ainda que localizados em Estados diversos (LC 87/96, art. 13, I e §4º).** Em que pese o disposto no inciso I e no parágrafo 4º do art. 13 desta lei complementar, a jurisprudência pátria, de maneira pacífica, não admite a incidência do ICMS nos casos de circulação de mercadorias entre estabelecimentos do mesmo titular, ainda que localizados em Estados diversos. Tais operações, repita-se, são conhecidas como **transferências.**

▶ **STF:.**

– "(...) o **simples deslocamento da mercadoria de um estabelecimento para outro da mesma empresa**, sem a transferência de propriedade, não caracteriza a hipótese de incidência do ICMS[50]" (STF, **RE 596.983-AgR**, Segunda Turma, julgamento em 12-5-2009).

49. STJ, AgRg nos EDcl no Ag 1196539/SP, Primeira Turma, julgado em 03/08/2010, Recurso Repetitivo.
50. **No mesmo sentido**: STF, AI 618.947-AgR, Segunda Turma, julgamento em 2-3-2010; STF, RE 267.599-AgR, Segunda Turma, julgamento em 24-11-2009; STF, AI 693.714-AgR, Primeira Turma, julgamento em 30-6-2009; STF, AI 481.584-AgR, Primeira Turma, julgamento em 30-6-2009.

▶ **STJ**

- **Súmula 166:** "Não constitui fato gerador do ICMS o simples deslocamento de mercadoria de um para outro estabelecimento do mesmo contribuinte."

- "O deslocamento de bens ou mercadorias entre estabelecimentos de uma mesma empresa, por si, não se subsume à hipótese de incidência do ICMS, porquanto, para a ocorrência do fato imponível é imprescindível a circulação jurídica da mercadoria com a transferência da propriedade." (STJ, REsp 1125133/SP, Primeira Seção, julgado em 25/08/2010)

- "A jurisprudência cristalizada no âmbito do STJ é no sentido de que 'não constitui fato gerador de ICMS o simples deslocamento de mercadoria de um para outro estabelecimento do mesmo contribuinte' (Súmula 166), restando assente, em diversos julgados, a **irrelevância dos estabelecimentos situarem-se em Estados distintos**. (REsp 772891/RJ, Rel. Ministro LUIZ FUX, PRIMEIRA TURMA, julgado em 15/03/2007, DJ 26/04/2007)

7. Base de Cálculo nas operações mistas e nas licitações (LC 87/96, art. 13, II, IV e VII). Os comentários sobre as operações mistas foram tecidos quando do estudo dos critérios material e temporal do ICMS. No que diz respeito à base de cálculo do ICMS, basta ao estudante saber que **se trata do valor total da operação.**

A exceção fica por conta dos casos em que **o ISSQN incide sobre o serviço e o ICMS sobre a circulação** da mercadoria, quando então a base de cálculo do ICMS será **apenas o valor da operação** relativa à circulação.

No caso de ICMS incidente sobre a **aquisição em licitação pública** de mercadorias ou bens importados do exterior e apreendidos ou abandonados, a base de cálculo será o **valor da operação acrescido do valor dos impostos de importação** e **sobre produtos industrializados** e de todas as despesas cobradas ou debitadas ao adquirente.

Aplicação em concurso.

FCC/Auditor Fiscal Estadual de Tributos – RO/2010

"A base de cálculo do ICMS no fornecimento de alimentação, bebidas e outras mercadorias é

a) o valor da operação, compreendendo a mercadoria e o serviço.

b) apenas o valor da mercadoria fornecida.

c) apenas o preço do serviço prestado no fornecimento.

d) o valor da operação acrescido do imposto sobre produtos industrializados e de quaisquer outras taxas.

e) o valor da prestação de serviço acrescido do imposto sobre produtos industrializados e de quaisquer outras taxas."

Resposta: A.

8. **Serviços de Transporte interestadual, intermunicipal e de comunicação (LC 87/96, art. 13, III).** A base de cálculo do ICMS incidente sobre serviços de transporte e comunicação será o preço do serviço. Não existem, aqui, maiores controvérsias doutrinárias ou jurisprudenciais.

   A base de cálculo será a mesma também nos casos de furto "por clonagem" de linha telefônica.

▶ **STJ:**

– "O fato gerador do ICMS na telefonia é a disponibilização da linha em favor do usuário que contrata, onerosamente, os serviços de comunicação da operadora. **A inadimplência e o furto por 'clonagem' fazem parte dos riscos da atividade econômica, que não podem ser transferidos ao Estado**. Nos termos do art. 118 do Código Tributário Nacional, o descumprimento da operação de compra e venda mercantil não tem o condão de malferir a ocorrência do fato gerador do ICMS. Inexiste previsão legal que permita a compensação tributária de ICMS em serviços de telefonia móvel inadimplidas, ou cujo sinal foi furtado por 'clonagem' do aparelho celular. 'A exigência tributária não está vinculada ao êxito dos negócios privados.' (REsp 956.842/RS, Rel. Min. José Delgado, Primeira Turma, julgado em 20.11.2007, DJ 12.12.2007, p. 408.) Não compete ao Estado zelar pelo cumprimento da obrigação dos consumidores; cabe, no caso, à prestadora dos serviços buscar, pela via própria, o recebimento de seus créditos." (REsp 1189924/MG, Rel. Ministro HUMBERTO MARTINS, SEGUNDA TURMA, julgado em 25/05/2010, DJe 07/06/2010)

9. **Base de cálculo nas importações de bens e serviços (LC 87/96, art. 13, V e VI).** Os incisos V e VI do art. 13 da LC 87/96 cuidam da base de cálculo do ICMS nos casos de importação de mercadorias e serviços. Como não poderia deixar de ser, aqui, o valor total da operação será obtido pelo somatório de uma série de parcelas fixadas em lei, como, por exemplo, o valor da mercadoria ou bem constante dos documentos de importação, imposto de importação, imposto sobre produtos industrializados e outras despesas aduaneiras. Também aqui valerá a regra do ICMS "por dentro".

▶ **STJ:**

- "Estando o decisório recorrido respaldado no fundamento de que, sendo auto aplicável a EC 33/01, é possível exigir o recolhimento do ICMS na importação de mercadorias e de bens com a inclusão do seu próprio montante na sua base de cálculo, não é possível o exame de infringência ao artigo 13, V da Lei Complementar 87/96, pois tal importaria a incursão na seara constitucional, o que é defeso em sede de recurso especial." (AgRg no Ag 700.600/RS, Rel. Ministro JOSÉ DELGADO, PRIMEIRA TURMA, julgado em 06/12/2005, DJ 06/02/2006, p. 206)

Aplicação em concurso.

FGV/ALERJ/Procurador/2017

NÃO integra(m) a base de cálculo do ICMS nas operações de importação de mercadorias:

a) o imposto de importação e o imposto sobre produtos industrializados;

b) a taxa de armazenagem e capatazia;

c) a contribuição ao PIS e a COFINS incidente na importação;

d) a Taxa de Utilização do SISCOMEX;

e) quaisquer despesas aduaneiras devidas à repartição alfandegária.

Resposta: b.

10. **Operações Interestaduais com combustíveis derivados de petróleo e energia elétrica (LC 87/96, art. 13, VIII).** A base de cálculo do ICMS nos casos elencados no art. 13, VIII, da LC 87/96 também será o valor total da operação. Sobre a materialidade da exação e os critérios espacial e temporal do ICMS incidente sobre tais operações, recomendamos a leitura dos comentários aos artigos 2º, 3º, 8º, 11 e 12 desta lei complementar.

Não custa lembrar, contudo, que o ICMS não incidirá sobre demanda de **potência contratada** nos casos em que não existir o efetivo consumo da mercadoria, e que, em decorrência disso, em caso de furto de energia elétrica, não haverá incidência tributária.

Art. 14. **O preço de importação expresso em moeda estrangeira será convertido em moeda nacional** pela **mesma taxa de câmbio utilizada** no cálculo do imposto de importação, sem qualquer acréscimo ou devolução posterior se houver variação da taxa de câmbio até o pagamento efetivo do preço.

Parágrafo único. O valor fixado pela autoridade aduaneira para base de cálculo do imposto de importação, nos termos da lei aplicável, substituirá o preço declarado.

1. **Preço de importação (LC 87/96, art. 14, *caput*).** O dispositivo em comento não suscita maiores controvérsias. A **taxa de câmbio** utilizada no cálculo do imposto de importação, não custa dizer, **é aquela vigente no momento do registro da declaração de importação de mercadoria submetida ao despacho para consumo** (Decreto n. 4.543/02 – Regulamento Aduaneiro, art. 73, I) no órgão competente.

   1.1. Valor fixado pela autoridade aduaneira e pauta fiscal (LC 87/96, art. 14, Parágrafo único). Nas importações de mercadorias também não se admite a fixação de preços com base no regime de pauta fiscal, ou seja, não se admite a fixação de preços de maneira arbitrária e desarrazoada. O que o candidato deve ter em mente é que, desde que amparada nos critérios legalmente estabelecidos, poderá a Administração Pública estabelecer de maneira antecipada os valores de operações.

Art. 15. Na falta do valor a que se referem os incisos I e VIII do art. 13, **a base de cálculo do imposto é:**

I – **o preço corrente da mercadoria, ou de seu similar, no mercado atacadista do local da operação ou**, na sua falta, no mercado atacadista regional, caso o remetente seja produtor, extrator ou gerador, inclusive de energia;

II – **o preço FOB estabelecimento** industrial à vista, caso o remetente seja industrial;

III – o **preço FOB estabelecimento comercial à vista**, na venda a outros comerciantes ou industriais, caso o remetente seja comerciante.

§ 1º Para aplicação dos incisos II e III do caput, adotar-se-á sucessivamente:

I – o preço efetivamente cobrado pelo estabelecimento remetente na operação mais recente;

II – caso o remetente não tenha efetuado venda de mercadoria, o preço corrente da mercadoria ou de seu similar no mercado atacadista do local da operação ou, na falta deste, no mercado atacadista regional.

§ 2º Na hipótese do inciso III do caput, se o estabelecimento remetente não efetue vendas a outros comerciantes ou industriais ou, em qualquer caso, se não houver mercadoria similar, a base de cálculo será equivalente a setenta e cinco por cento do preço de venda corrente no varejo.

1. **Critérios para fixação da base de cálculo do imposto (LC 87/96, art. 15, I).** Assim como no art. 8º da LC 87/96, o art. 15 em estudo fixa alguns critérios para se chegar ao valor das operações de circulação de mercadoria

e prestações de serviços de transporte interestadual, intermunicipal e de comunicação, base de cálculo do ICMS. Os critérios em comento aplicam-se subsidiariamente àqueles constantes do art. 13 supra. O que a **jurisprudência não admite**, repita-se, é a fixação da base de cálculo pelo regime de **pauta fiscal** (vide comentários ao art. 8º).

2. Cláusulas FOB (Free On Board) e CIF (Cost, Insurance and Freight) (LC 87/96, art. 15, II, III e §§ 1º e 2º). Pela cláusula **Free on Board**, atribui-se ao vendedor o encargo de entregar a mercadoria "a bordo", pelo preço estabelecido, ficando as despesas de transporte (frete e seguro), assim como os riscos, a cargo do comprador.

Em se verificando a cláusula ***Cost Insurance and Freight***, o vendedor ficará encarregado das referidas despesas. O preço do frete, importante dizer, é base de cálculo do ISSQN. Os dispositivos legais supracitados, assim como o inciso I, do mesmo art. 15, contêm alguns critérios subsidiários para fixação da base de cálculo do ICMS. Recomendamos ao estudante que memorize os conceitos das cláusulas FOB e CIF, bem como a letra pura da lei.

2.1. Cláusula FOB e Responsabilidade Tributária. A cláusula FOB, embora produza efeitos entre as partes, não exime o vendedor da responsabilidade pelo tributo devido.

▶ **STJ:**

"O Superior Tribunal de Justiça firmou jurisprudência no sentido de que **a Cláusula FOB não pode ser oposta pelo vendedor ao Fisco no intuito de exonerá-lo do pagamento do tributo devido**, à luz do que dispõe o art. 123 do CTN.

Precedentes: REsp 886.695/MG, Rel. Ministro Humberto Martins, Segunda Turma, julgado em 6/12/2007, DJ 14/12/2007; REsp 896.045/RN, Rel. Ministro Luiz Fux, Primeira Turma, julgado em 18/9/2008, DJe 15/10/2008; EDcl no REsp 37.033/SP, Rel. Ministro Ari Pargendler, Segunda Turma, julgado em 15/9/1998, DJ 3/11/1998". (REsp 1657359/SP, Rel. Ministro HERMAN BENJAMIN, SEGUNDA TURMADJe 17/05/2017)

"**A cláusula FOB opera entre as partes**, exonerando o vendedor da responsabilidade pela entrega da mercadoria ao destinatário, **nada valendo perante o Fisco(CTN, art.123), que só homologa o pagamento do ICMS pela alíquota interestadual se a mercadoria for entregue no estabelecimento do destinatário em outra unidade da federação**; não é a nota fiscal que define uma operação como interestadual, mas a transferência física da mercadoria de um Estado para outro. embargos de declaração rejeitados". (EDcl no REsp 37.033/SP, Rel. Ministro ARI PARGENDLER, SEGUNDA TURMA, julgado em 15/09/1998, DJ 03/11/1998)

Art. 16. Nas prestações sem preço determinado, a base de cálculo do imposto é o valor corrente do serviço, no local da prestação.

Art. 17. Quando o **valor do frete**, cobrado por estabelecimento pertencente ao mesmo titular da mercadoria ou por outro estabelecimento de empresa que com aquele mantenha relação de interdependência, exceder os níveis normais de preços em vigor, no mercado local, para serviço semelhante, constantes de tabelas elaboradas pelos órgãos competentes, o valor excedente será havido como parte do preço da mercadoria.

Parágrafo único. Considerar-se-ão interdependentes duas empresas quando:

I - uma delas, por si, seus sócios ou acionistas, e respectivos cônjuges ou filhos menores, for titular de mais de cinquenta por cento do capital da outra;

II - uma mesma pessoa fizer parte de ambas, na qualidade de diretor, ou sócio com funções de gerência, ainda que exercidas sob outra denominação;

III - uma delas locar ou transferir a outra, a qualquer título, veículo destinado ao transporte de mercadorias.

1. **Prestações de serviços sem preço determinado (LC 87/96, art. 16).** Mais uma vez, **a lei tenta fixar critério minimamente objetivo para fixação da base de cálculo do ICMS**. O dispositivo aplica-se, principalmente, para os casos de operações informais, em que não há o recolhimento do tributo. O valor corrente do serviço deverá ser alcançado sempre mediante processo regular, livre de arbitrariedades.

   Não se admite a prefixação de preços com base no regime de pauta fiscal.

2. **Superfaturamento do valor do frete (LC 87/96, art. 17).** O art. 17 em comento tem por objetivo principal evitar a transferência da incidência do ICMS, tributo incidente sobre operações de circulação de mercadorias, para o ISSQN, tributo incidente sobre o serviço de frete municipal, em decorrência de operações realizadas por empresas vinculadas de alguma forma. Mais uma vez, deve-se ter em mente que a fixação de preço não pode se dar de maneira arbitrária; deve-se obedecer a um "processo regular" (CTN, art. 148).

Art. 18. Quando o cálculo do tributo tenha por base, ou tome em consideração, o valor ou o preço de mercadorias, bens, serviços ou direitos, **a autoridade lançadora, mediante processo regular, arbitrará aquele valor ou preço, sempre que sejam omissos ou não mereçam fé as declarações ou os esclarecimentos prestados, ou os documentos expedidos pelo sujeito passivo** ou pelo terceiro legalmente obrigado, ressalvada, em caso de contestação, avaliação contraditória, administrativa ou judicial.

1. **Lançamento por arbitramento (LC 87/96, art. 18).** O dispositivo em comento reproduz a redação, já mencionada, do art. 148 do Código Tributário Nacional. **Trata-se da norma que regula, em linhas gerais, o lançamento de ofício – por arbitramento.** Nas situações elencadas no dispositivo, bem como em diversas outras analisadas anteriormente, a Administração Fazendária poderá valer-se de diversos critérios para encontrar a base de cálculo do ICMS devido sobre a operação. Deverá, no entanto, observar sempre o "processo regular", que inclui garantias constitucionais como o contraditório e a ampla defesa administrativa. Sobre os critérios para fixação da base de cálculo do ICMS, recomendamos a leitura dos comentários aos artigos 8º e 13 desta lei complementar.

Art. 19. O **imposto é não-cumulativo**, compensando-se o que for devido em cada operação relativa à circulação de mercadorias ou prestação de serviços de transporte interestadual e intermunicipal e de comunicação com o montante cobrado nas anteriores pelo mesmo ou por outro Estado.

1. **O princípio da não cumulatividade do ICMS (LC 87/96, art. 19).** A apuração do valor devido a título de ICMS depende não só dos fatores alíquota e base de cálculo, mas, principalmente, do **regime de compensação de débitos e créditos estabelecido pela Constituição de 1988**. Estamos falando do **princípio constitucional da não cumulatividade**.

   Sobre o assunto, dispõe o Texto Supremo que o ICMS *será não cumulativo, compensando-se o que for devido em cada operação relativa à circulação de mercadorias ou prestação de serviços com o montante cobrado nas anteriores pelo mesmo ou outro Estado ou pelo Distrito Federal* (CF/88, art. 155, §2º, I).

   1.1. Objetivo. O objetivo maior da não cumulatividade é **neutralizar os efeitos das múltiplas incidências tributárias**, de forma que, ao final do ciclo econômico de determinada mercadoria – desde a produção, passando por industriais, atacadistas e varejistas, até o consumidor – o tributo cobrado seja sempre equivalente, independentemente do número de operações[51]. Caso não fosse permitido aos agentes econômicos se creditar dos valores já pagos nas operações anteriores, os valores recolhidos ao final da cadeia seriam estratosféricos.

✦ **Exemplos.** Alguns exemplos podem facilitar a compreensão.

– Pensemos, inicialmente, numa **Operação Interna A** de compra e venda de peças de vestuário num montante total de R$ 100,00 celebrada diretamente entre indústria têxtil e consumidor a uma alíquota de 17%.

– Em seguida, imaginemos uma **Cadeia Econômica de Circulação B**, mais longa, das mesmas mercadorias, em que as peças de vestuários fossem vendidas da indústria para um lojista, por um valor de R$ 80,00, e, depois, deste para o consumidor final, pelo montante de R$ 100,00, aplicando-se a todas as operações a alíquota de 17%[52].

– Na primeira situação, o montante recolhido a título de ICMS ao Estado em que realizada a operação pode ser facilmente calculado. Basta ao contribuinte (indústria) aplicar a alíquota de 17% sobre a base de cálculo fornecida (R$ 100,00) para chegar ao total de R$ 17,00:

– **Operação A**: O valor recolhido é igual a aplicação da alíquota sobre a base de cálculo (17% X R$ 100,00), ou seja, R$ 17,00.

– Na segunda operação, graças ao princípio da não-cumulatividade, ao final do ciclo econômico de circulação da mercadoria – da indústria até o consumidor final, passando pela empresa varejista – seriam recolhidos ao Estado os mesmos R$ 17,00 supracitados.

– Aqui, quando da venda dos bens da indústria para a loja, a primeira recolheria ao Estado o montante de R$ 13,60 (17% x R$ 80,00). Na operação seguinte, por sua vez, a loja recolheria ao Poder Público, a título de ICMS o equivalente a 17% da operação (17% X R$ 100 = R$ 17,00) menos os valores já creditados quando da aquisição (R$ 13,60), ou seja, R$ 3,40. A soma dos valores é igual aos mesmos R$ 17,00 recolhidos na primeira operação:

---

51. KALUME, Célio Lopes. **ICMS Didático.** Belo Horizonte, Del Rey, 2012. P. 20.
52. Para facilitar a compreensão, os exemplos apresentados não levam em conta as peculiaridades do cálculo "por dentro" do ICMS nem a prévia existência de créditos compensáveis de titularidade da indústria.

- **Operação B.1**: Tendo sido a mercadoria vendida pela indústria à loja pelo valor de R$ 80,00, haverá o recolhimento de R$ 13,60 ao Estado (17% X R$ 80,00 = R$ 13,60).
- **Operação B.2**: Na venda da loja ao consumidor pelo valor de R$ 100,00, a contribuinte irá recolher aos cofres públicos o total de R$ 3,40, correspondente ao valor creditado quando da compra (R$ 13,60) menos o débito da operação (17% X R$ 100,00 = 17,00).
- O valor final recolhido será de **R$ 17,00 (R$ 13,60 + R$ 3,40)**

Dados	**Indústria →**	**Loja →**	**Consumidor**
Preço	R$ 80,00	R$ 100,00	
Alíquotas	17%	17%	
Débito	R$ 13,60	R$ 17,00	
Crédito	R$ 0,00	R$ 13,60	
ICMS recolhido	R$ 13,60	R$ 3,40	
Total: R$ 17,00			

► **IMPORTANTE.** Ainda que incluíssemos mais uma etapa na cadeia acima, não haveria mudança no panorama apresentado, senão vejamos:

Dados	**Indústria**	**Distribuidora →**	**Loja →**	**Consumidor**
Preço	R$ 80,00	R$ 90,00	R$ 100,00	
Alíquotas	17%	17%	17%	
Débito	R$ 13,60	R$ 15,30	R$ 17,00	
Crédito	R$ 0,00	R$ 13,60	R$ 15,30	
ICMS recolhido	R$ 13,60	R$ 1,70	R$ 1,80	
Total: R$ 17,00				

Aplicação em concurso.

FCC/PGE-MT/PROCURADOR DO ESTADO/MT/2016

"O princípio da não cumulatividade é

(A) um atributo exclusivo do ICMS e do IPI.

(B) princípio de tributação por meio do qual se pretende evitar a assim chamada "tributação em cascata" que onera as sucessivas operações e prestações com bens e serviços sujeitos a determinado tributo.

(C) técnica de tributação aplicável também aos impostos reais, tais como o ITR e o IPTU.

(D) suscetível apenas de interpretação restritiva e literal, à medida que institui um benefício fiscal ao contribuinte.

(E) um instrumento de transferência de riqueza indireta entre as Unidades da Federação inserido no pacto federativo, à medida que o crédito de ICMS a ser suportado pela Unidade da Federação de destino dos bens e serviços está limitado ao valor do imposto efetivamente recolhido em favor do Estado de origem."

Resposta: B

FCC/SEFAZ-SP/AGENTE FISCAL DE RENDAS/2009

"Segundo o princípio da não-cumulatividade do ICMS, é correto afirmar:

a) A isenção, salvo determinação em contrário da legislação, implicará crédito para compensação com o montante devido nas operações ou prestações seguintes.

b) A não-incidência, salvo determinação em contrário da legislação, não acarretará a anulação do crédito relativo às operações anteriores.

c) Compensa-se o que for devido em cada operação relativa à circulação de mercadorias ou prestação de serviços com o montante cobrado nas anteriores pelo mesmo ou outro Estado ou pelo Distrito Federal.

d) Compensa-se o que for devido em cada operação relativa à circulação de mercadorias ou prestação de serviços com o montante pago nas anteriores pelo mesmo ou outro Estado ou pelo Distrito Federal.

e) Compensa-se o que for restituído em cada operação relativa à circulação de mercadorias ou prestação de serviços com o montante pago nas anteriores pelo mesmo ou outro Estado ou pelo Distrito Federal."

Resposta: c.

FMP/Procurador do Estado-AC/2012

"A empresa MRLC Ltda. atua no ramo de venda de material de escritório (papéis, canetas, lápis etc.). Suas vendas ocorrem exclusivamente no balcão da loja, sendo submetidas à tributação pelo ICMS. A fim de reduzir a carga tributária mensal, a empresa, a partir de maio de 2010, passou a lançar na conta corrente fiscal créditos do ICMS pela entrada de serviços de comunicação e de energia elétrica.

Considerando a Lei Complementar 87/96, assinale a alternativa correta."

a) É ilícita a apropriação de créditos.

b) É lícita apenas a apropriação dos créditos pela entrada de energia elétrica.

c) É lícita apenas a apropriação dos créditos pela entrada dos serviços de comunicação.

d) É lícita a apropriação de ambos os créditos.

Resposta: a.

FCC/PGE-SP/Procurador do Estado – SP/2009

"O princípio da não-cumulatividade propicia que o montante a pagar pelo contribuinte resulte da diferença a maior, em determinado período, entre o imposto devido pelas saídas de mercadorias do estabelecimento e o que foi pago pelas que nele entraram, evitando a incidência em 'cascata'."

Resposta: Certa.

1.2. Aplicação ao ICMS-Transporte e ao ICMS-Comunicação. A **não cumulatividade não se restringe às operações relativas à circulação de mercadorias**, mas aos 3 (três) núcleos de incidência do ICMS previstos no Texto Constitucional: a) circulação de mercadorias; b) serviços onerosos de comunicação; c) serviços onerosos de transporte.

Para o STJ, "esse novo critério deve garantir o **direito de crédito sobre todos os materiais empregados de forma absolutamente necessária nos veículos utilizados na prestação do serviço de transporte**, assim como nas **centrais telefônicas de propriedade dos prestadores de serviço de comunicação**, por exemplo, até porque esses materiais impactam decisivamente a composição do preço do serviço que será oferecido ao público.[53]"

Assim, exemplificativamente, uma empresa de transporte fluvial poderá **creditar-se do ICMS** incidente sobre a **aquisição do combustível** necessário à prestação de sua atividade essencial[54]. Da mesma forma, nada obsta a que as **empresas de telecomunicação** creditem-se do ICMS incidente sobre a **energia elétrica** adquirida para realização de sua atividade-fim.[55]

---

53. STJ, REsp 1.435.626-PA, Rel. Min. Ari Pargendler, julgado em 3/6/2014.
54. STJ, REsp 1.435.626-PA, Rel. Min. Ari Pargendler, julgado em 3/6/2014.
55. REsp 1201635/MG, Rel. Ministro SÉRGIO KUKINA, PRIMEIRA SEÇÃO, julgado em 12/06/2013,

2. **Substituição para trás (diferimento) e não cumulatividade.** Importante observar ainda que o regime de substituição tributária para trás, ou **diferimento, não ofende o princípio da não cumulatividade.** Nesse caso, no entanto, a entrada da mercadoria no estabelecimento substituto, vinda do estabelecimento substituído, **não dará ao primeiro o direito de creditamento referente às operações anteriores.** É que, não havendo tributação, não poderá, por via de consequência, existir creditamento.

O substituto, aqui, deverá recolher o tributo diferido mesmo que, na condição de contribuinte, esteja isento.

✦ **Exemplo.** A título de exemplo, uma indústria de borracha, substituta tributária, responsável pelo recolhimento do ICMS alusivo à operação anterior, de saída de látex levada a efeito por cooperativa de seringueiros (substituídos tributários), não poderá escriturar em seus livros fiscais o crédito referente às referidas operações, sobretudo porque os seringueiros não incluem no preço, nem poderiam fazê-lo, o montante do ICMS recolhido. Na verdade, não há ICMS recolhido.

▶ **STF:**

– "O regime de diferimento, ao substituir o sujeito passivo da obrigação tributária, com o adiamento do recolhimento do imposto, em nada ofende o princípio da não-cumulatividade (RE 112.098, DJ 14.02.92, e RE 102.354, DJ 23.11.84). O princípio da não-cumulatividade do ICMS consiste em impedir que, nas diversas fases da circulação econômica de uma mercadoria, o valor do imposto seja maior que o percentual correspondente à sua alíquota prevista na legislação. O contribuinte deve compensar o tributo pago na entrada da mercadoria com o valor devido por ocasião da saída, incidindo a tributação somente sobre valor adicional ao preço. Na hipótese dos autos, **a saída da produção dos agravantes não é tributada pelo ICMS**, pois sua incidência é **diferida** para a próxima etapa do ciclo econômico. **Se nada é recolhido na venda da mercadoria, não há que se falar em efeito cumulativo.** O atacadista ou industrial, ao comprar a produção dos agravantes, não recolhe o ICMS, portanto não escritura qualquer crédito desse imposto. **Se a entrada da mercadoria não é tributada, não há créditos a compensar na saída.** Impertinente a invocação do princípio da não-cumulatividade para permitir a transferência dos créditos de ICMS, referente à compra de

---

DJe 21/10/2013 (Recurso submetido ao rito do art. 543-C do CPC – Recurso repetitivo).

insumos e maquinário, para os compradores da produção agrícola, sob o regime de diferimento. Agravo regimental improvido." (STF, RE 325623 AgR, Segunda Turma, julgado em 14/03/2006).

Aplicação em concurso.

ESAF/AUDITOR FISCAL DA RECEITA ESTADUAL-MG/2015

"Nos casos de diferimento do ICMS, o contribuinte que promover a operação ou a prestação que encerrar a fase do diferimento deverá efetuar o recolhimento do imposto diferido, exceto se tratar de operação não tributada."

Resposta: Errada.

3. **Alíquotas aplicáveis às operações internas e interestaduais.** Nos termos da Constituição de 1988, na redação conferida pela **Emenda Constitucional n. 87, de 16 de abril de 2015**, *nas operações e prestações que destinem bens e serviços a consumidor final, contribuinte ou não do imposto, localizado em outro Estado, adotar-se-á a alíquota interestadual e caberá ao Estado de localização do destinatário o imposto correspondente à diferença entre a alíquota interna do Estado destinatário e a alíquota interestadual* (CF/88, art. 155, §2º, VII).

Ainda de acordo com o **novo texto da Constituição**, a **responsabilidade pelo recolhimento do imposto** correspondente à diferença entre a alíquota interna e a interestadual mencionada no parágrafo anterior será atribuída: a) ao destinatário, quando este for contribuinte do imposto ou; b) ao remetente, quando o destinatário não *for contribuinte do imposto.*

✦ **Exemplo.** Numa operação de aquisição de sapatos realizada por uma loja (contribuinte habitual do ICMS), sediada em Fortaleza, junto a uma indústria localizada na cidade de Salvador, ao Estado da Bahia caberá o imposto correspondente à alíquota interestadual (12%). Quando da venda da mercadoria ao consumidor, pela loja de sapatos sediada em Fortaleza, haverá o pagamento do tributo ao Estado do Ceará correspondente à diferença entre a alíquota interna (17%) e a interestadual (12%).

Na operação A, a indústria recolherá ICMS à alíquota interestadual ao Estado da Bahia;

Na operação B, a Loja de sapatos recolherá ICMS ao Estado do Ceará correspondente à diferença entre a alíquota interna (17%) e a interestadual (12%).

► **IMPORTANTE 1**: *Importante observar que,* **na redação original da Constituição de 1988**, *aplicava-se às operações interestaduais envolvendo "consumidor final não contribuinte habitual" a mesma regra das operações internas, em que o ICMS é inteiramente destinado, à alíquota interna, ao Estado de origem da operação.*

Com o passar dos anos – e o incremento do comércio eletrônico -, as diversas unidades da Federação, percebendo que estavam perdendo arrecadação para grandes Estados produtores, como São Paulo, decidiram **alterar a regra de repartição do tributo** nas operações em epígrafe, a fim de que pelo menos parte do produto da tributação ficasse no Estado de destino das mercadorias.

A fim de reduzir as perdas dos mencionados Estados produtores, contudo, previu o Constituinte derivado, no art. 99 do ADCT da Constituição, regra transitória de partilha da "diferença entre as alíquotas internas e interestaduais" nas operações com consumidor final não contribuinte habitual.[56]

► **IMPORTANTE 2:** *O STF julgou inconstitucional o Protocolo ICMS 21/2011 do CONFAZ, que institui a cobrança de ICMS no Estado de destino nas operações de venda de mercadoria a consumidor final realizada de forma não presencial (vendas realizadas por telefone ou pela internet), sob o fundamento de que os signatários do Protocolo teriam invadido a competência das unidades federadas de origem, que constitucionalmente seriam os sujeitos ativos da relação tributária quando da venda de bens ou serviços a consumidor final não contribuinte localizado em outra unidade da Federação.*

Nos termos do voto do Ministro Relator, além disso, "o Protocolo impugnado, ao determinar que o estabelecimento remetente fosse o responsável pela retenção e recolhimento do ICMS em favor da unidade federada destinatária, vulnerara a exigência de lei em sentido formal e complementar (CF, art. 155, § 2º, XII, b) para instituir uma nova modalidade de

56. **CF/88-ADCT Art. 99.** Para efeito do disposto no inciso VII do § 2º do art. 155, no caso de operações e prestações que destinem bens e serviços a consumidor final não contribuinte localizado em outro Estado, o imposto correspondente à diferença entre a alíquota interna e a interestadual será partilhado entre os Estados de origem e de destino, na seguinte proporção: I – para o ano de 2015: 20% (vinte por cento) para o Estado de destino e 80% (oitenta por cento) para o Estado de origem; II – para o ano de 2016: 40% (quarenta por cento) para o Estado de destino e 60% (sessenta por cento) para o Estado de origem; III – para o ano de 2017: 60% (sessenta por cento) para o Estado de destino e 40% (quarenta por cento) para o Estado de origem; IV – para o ano de 2018: 80% (oitenta por cento) para o Estado de destino e 20% (vinte por cento) para o Estado de origem; V – a partir do ano de 2019: 100% (cem por cento) para o Estado de destino."

substituição tributária."[57] *(STF, ADI 4628/DF, rel. Min. Luiz Fux, 17.9.2014, ADI 4713/DF, rel. Min. Luiz Fux, 17.9.2014, RE 680089/SE, rel. Min. Gilmar Mendes, 17.9.2014 (Informativo n. 759).*

Aplicação em concurso.

FGV/OAB/XIV EXAME DE ORDEM UNIFICADO

A pessoa jurídica "X" é fabricante de telefones celulares e, nas vendas realizadas para seus adquirentes, comerciantes de tais aparelhos, efetua remessas de telefones entre diferentes Estados da federação. Em março de 2014, o Estado "Y", ao fiscalizar uma dessas remessas, verificou que a pessoa jurídica "X" não recolheu o Imposto sobre Circulação de Mercadorias e Prestação de Serviços ("ICMS") incidente sobre tal operação e, imediatamente, apreendeu todos os telefones celulares.

Tendo em vista o caso apresentado, responda, fundamentadamente, aos itens a seguir.

a) O Estado "Y" agiu corretamente ao apreender as mercadorias? (Valor: 0,60)

b) Será aplicável a alíquota interna ou a interestadual à operação, realizada pela pessoa jurídica "X", de remessa de aparelhos celulares a consumidor final localizado em outro Estado, quando o destinatário não for contribuinte do ICMS? (Valor: 0,65)

3.1. Alíquotas aplicáveis às importações. Nas importações, realizadas tanto por pessoas físicas quanto por pessoas jurídicas, contribuintes habituais do ICMS ou não, a alíquota incidente sobre o valor da operação será **a alíquota fixada pelo Estado em que domiciliado ou sediado o destinatário jurídico da mercadoria**[58] (CF/88, art. 155, §2º, IX, a).

Assim, caso um estabelecimento situado no Estado de São Paulo adquira, pela internet, mercadorias vendidas por pessoa jurídica sediada na Itália, a alíquota incidente sobre a operação será a fixada pelo Estado de São Paulo.

Aplicação em concurso.

TJ-SC/TJ-SC/JUIZ/2010

"Nas operações interestaduais entre contribuintes do Imposto sobre Operações relativas à Circulação de Mercadorias e Prestação de Serviços de Transporte Interestadual e Intermunicipal e de Comunicação (ICMS):

57. STF, ADI 4628/DF, rel. Min. Luiz Fux, 17.9.2014, ADI 4713/DF, rel. Min. Luiz Fux, 17.9.2014, RE 680089/SE, rel. Min. Gilmar Mendes, 17.9.2014 (Informativo n. 759).

58. A sujeição ativa do ICMS nos casos de operações de importação de bens foi estudada em item anterior.

a) O destinatário deve se debitar da alíquota interestadual.

b) O destinatário deve se creditar da alíquota interestadual e se debitar da alíquota interna.

c) O remetente está isento do imposto.

d) O imposto é deferido para o destinatário da mercadoria ou serviço.

e) O remetente deve aplicar a alíquota interna."

Resposta: b.

FCC/PGE-AM/PROCURADOR/2010

"Nas operações interestaduais entre contribuintes do ICMS, via de regra,

a) existe apenas uma alíquota interestadual, aprovada pelo Senado Federal.

b) a alíquota interestadual é inferior a alíquota interna.

c) a alíquota interna é inferior a alíquota interestadual.

d) as alíquotas devem ser idênticas.

e) as alíquotas serão sempre variáveis, dependendo do Estado de origem."

Resposta: b.

FCC/PGE-SP/PROCURADOR DO ESTADO/2002

"No que se refere ao ICMS, é correto afirmar que em relação às operações que destinem bens e serviços a consumidor final localizado em outro Estado, aplicar-se-á a alíquota interna, quando o destinatário for contribuinte do imposto."

Resposta: Errada.

FCC/PGE-SP/Procurador do Estado – SP/2009

"Em relação ao ICMS é correto afirmar:

a) Nas operações interestaduais, o ICMS é devido integralmente ao Estado onde se localizar o destinatário da mercadoria.

b) Compete ao Conselho Nacional de Política Fazendária (CONFAZ) estabelecer as alíquotas do ICMS aplicáveis às operações e às prestações internas e interestaduais.

c) É vedado aos Estados estabelecer o regime de substituição tributária para o ICMS, visto que o imposto é inexigível antes da ocorrência do fato gerador.

d) Salvo deliberação em contrário dos Estados e do Distrito Federal, por meio de convênio, as alíquotas internas, nas operações relativas ao ICMS, não poderão ser inferiores às previstas para as operações interestaduais.

e) É vedado à lei complementar estabelecer que o valor do ICMS integre a sua base de cálculo, inclusive na importação de bens, mercadorias e serviços do exterior."

Resposta: D.

3.1.1. Alíquotas Específicas nas Operações Interestaduais com Bens Importados: A Guerra dos Portos. Como visto anteriormente, a Constituição Federal de 1988 exige participação conjunta dos Estados no momento da concessão de isenções e benefícios de natureza fiscal (CF/88, art. 155, §2º, XII), tudo com o objetivo principal de **mitigar os efeitos da guerra fiscal** entre os diversos entes da Federação. Por ser o ICMS um tributo que, embora estadual, possui características marcadamente nacionais, a admissão de concessão unilateral de benefícios por determinado Estado seria extremamente lesiva aos interesses de todos os demais.

Assim mesmo, durante algum tempo, **alguns Estados da Federação**, com o objetivo de atrair novas atividades econômicas para seus territórios, **começaram a reduzir, sem autorização do CONFAZ, para 4% a alíquota do ICMS sobre os produtos importados** por empresas sediadas nos seus territórios. A legislação dos referidos entes admitia ainda que, no momento do envio das mercadorias a outras entidades da Federação, o contribuinte se creditasse pela "alíquota cheia" do imposto; prática conhecida pela alcunha de **"guerra dos portos"**.

As empresas beneficiadas, assim, ao pagar menos tributos, obtinham vantagens competitivas em relação àquelas localizadas nos Estados de destino.

Como o procedimento para impugnação de benefícios fiscais concedidos por outros Estados em violação ao disposto no art. 155, §2º, XII, da CF/88 é extremamente moroso e, nos moldes da jurisprudência pacífica do Superior Tribunal de Justiça, demanda o ajuizamento de Ação Direita de Inconstitucionalidade, **várias empresas começaram a migrar** para os locais em que as alíquotas reduzidas eram concedidas.

Visando a acabar com a mencionada "guerra dos portos", o Senado Federal, no uso da atribuição que lhe confere o art. 155, §2º, IV, da CF/88 – segundo o qual "resolução do Senado Federal, de iniciativa do Presidente da República ou de um terço dos Senadores, aprovada pela maioria absoluta de seus membros, estabelecerá as alíquotas aplicáveis às operações e prestações, interestaduais e de exportação" – aprovou a Resolução n. 13/2012, por meio da qual ficou estabelecida a **alíquota única de ICMS**

de 4% nas operações interestaduais com bens e mercadorias importados do exterior, obedecidas determinadas condições.

A partir da promulgação da mencionada resolução, todos os Estados puderam voltar a competir em igualdade de condições para atrair empresas.

Aplicação em concurso.

PGE/RJ/Procurador/2012

É válida Resolução do Senado Federal que estabeleça alíquota interestadual diferenciada para produtos importados com a finalidade de coibir a guerra fiscal?

4. **ICMS Monofásico nas Operações com combustíveis.** Dispõe a Constituição, na redação que lhe foi conferida pela Emenda Constitucional n. 33/2001, caber à lei complementar definir os **combustíveis e lubrificantes sobre os quais o imposto incidirá uma única vez**, qualquer que seja a sua finalidade, hipótese em que não se aplicará o regime de imunidades previsto no inciso X, b, do art. 155, §2º do Texto Supremo (CF/88, art. 155, §2º, XII, h).

Trata-se do chamado **ICMS Monofásico** sobre operações envolvendo combustíveis, cujo objetivo principal é "submeter a cobrança do tributo à sistematização da substituição tributária para frente, antecipando a cobrança, otimizando a utilização da mão de obra fiscal e diminuindo a possibilidade de sonegação.[59]"

As principais vantagens e desvantagens do sistema de substituição tributária progressiva foram estudadas em item anterior.

Com a nova regra, embora excludente do regime de imunidades previsto no art. 155, §2º, X, b, da Constituição[60], mantém-se a lógica da destinação do imposto ao Estado em que ocorrer o consumo da mercadoria, desde que se trate de lubrificantes e combustíveis derivados do petróleo (CF/88, art. 155, §4º, I). Agora, no entanto, **o recolhimento se dará em uma única etapa do ciclo econômico da mercadoria**, qual seja, a do momento da saída da mercadoria do estabelecimento situado no Estado produtor.

---

59. ALEXANDRE, Ricardo. **Direito Tributário Esquematizado**. 5. ed. Rio de Janeiro: Forense; São Paulo: Método, 2011. p. 630.

60. Art. 155. (...)
§2º. (...)X – não incidirá: b) sobre operações que destinem a outros Estados petróleo, inclusive lubrificantes, combustíveis líquidos e gasosos dele derivados, e energia elétrica;

Até os dias de hoje, **não foi promulgada a lei complementar necessária à instituição do regime monofásico de incidência**.

✦ **Exemplo.** Imaginemos uma cadeia econômica de circulação de combustível derivado de petróleo em que o produto vai de refinaria localizada no Rio de Janeiro até o consumidor final domiciliado no Estado de Minas Gerais, passando por distribuidoras e postos de gasolina sediados também em Minas Gerais.

Na situação hipotética apresentada, caso estivéssemos diante da antiga sistemática de imunidades, apenas a primeira operação – interestadual – do ciclo econômico seria imune, devendo todas as demais, da distribuidora até os consumidores, passando pelos postos de gasolina, serem tributadas à alíquota interna do Estado consumidor (MG).

Segundo a sistemática do ICMS Monofásico, porém, apenas a primeira etapa da cadeia supracitada (saída do combustível da refinaria à distribuidora) será tributada, devendo o montante arrecadado ser destinado ao Estado de consumo do combustível, qual seja, Minas Gerais.

4.1. ICMS Monofásico nas operações com gás natural e seus derivados. Admite-se, também por meio de lei complementar, a instituição **do regime monofásico de incidência** do ICMS para operações interestaduais com **gás natural e seus derivados**, assim como lubrificantes e combustíveis não derivados do petróleo.

Em tais casos, no entanto, o produto da arrecadação do imposto nem sempre pertencerá ao Estado consumidor. Na verdade, será obedecida regra de repartição semelhante àquela aplicável às operações sujeitas à incidência plurifásica, ou seja: a) nas operações interestaduais, entre contribuintes, o imposto será repartido entre os Estados de origem e de destino, mantendo-se a mesma proporcionalidade que ocorre nas operações com as demais mercadorias[61] e; b) nas operações interestaduais destinadas a não contribuinte, o imposto caberá ao Estado de origem.

Aplicar-se-á às referidas operações o regime de alíquotas estabelecido no art. 155, §4º, IV, da Constituição, que estabelece que as alíquotas do

61. O Estado de origem ficará com o montante correspondente à alíquota interestadual, incidente sobre a primeira operação, enquanto o Estado de destino ficará com o montante correspondente à diferença entre a alíquota interna e a interestadual incidente sobre a operação seguinte.

imposto serão definidas mediante convênio celebrados entre todos os Estados e Distrito Federal, observando-se o seguinte: a) serão uniformes em todo o território nacional, podendo ser diferenciadas por produto; b) poderão ser específicas, por unidade de medida adotada, ou *ad valorem*, incidindo sobre o valor da operação ou sobre o preço que o produto ou seu similar alcançaria em uma venda em condições de livre concorrência; c) poderão ser reduzidas e restabelecidas, não se lhes aplicando o disposto no art. 150, III, *b* (princípio da anterioridade).

QUADRO SINÓPTICO		
ICMS Monofásico em Operações com Combustíveis e Lubrificantes Derivados ou Não de Petróleo		
Operações com derivados de petróleo	**Operações interestaduais com gás natural e demais combustíveis entre contribuintes.**	**Operações interestaduais com gás natural e demais combustíveis entre não contribuintes.**
• ICMS incidente sobre uma única operação	• ICMS incidente sobre uma única operação	• ICMS incidente sobre uma única operação
• Imposto destinado ao Estado do consumo.	• Imposto dividido entre Estado de origem e Estado de consumo.	• Imposto destinado ao Estado de origem.

Por fim, dispõe o **art. 155, §5º, da Constituição de 1988**, que as regras necessárias à aplicação do regime monofásico de incidência do ICMS, inclusive as relativas à apuração e à destinação do imposto, serão estabelecidas mediante deliberação (leia-se "convênios") dos Estados e do Distrito Federal.

Aplicação em concurso.

PUC-PR/TJ-RO/JUIZ/2011

"Dadas as assertivas abaixo, assinale a única CORRETA.

a) A imunidade dos ICMS sobre combustíveis e lubrificantes, quando em operação interestadual, pode ser afastada por determinação expressa em lei complementar, que também fixará incidência única desse imposto sobre esses produtos, independentemente de sua finalidade.

b) A imunidade de ICMS sobre operações de combustível interestadual abrange também o álcool combustível.

c) A energia elétrica é serviço, por isso sobre ela poderia incidir ICMS sobre operação interestadual se não fosse a previsão imunizante.

d) Sobre energia elétrica e combustível não poderá incidir qualquer outro imposto, salvo ICMS.

e) A União não pode estabelecer nenhuma desoneração de ICMS estadual, já que não se trata de tributo inserido na sua competência."

Resposta: a.

CESPE/UNB/TJ/MA – JUIZ/2013

Considerando o princípio da anterioridade e a interpretação das leis tributárias, e outros aspectos relacionados ao direito tributário, assinale a opção correta.

A. Em regra, o ICMS é considerado um imposto plurifásico, mas a própria CF prevê hipótese excepcional de incidência monofásica do ICMS.

B. Segundo o STF, o prazo da anterioridade nonagesimal começa a ser contado a partir da promulgação da lei que resulte da conversão de medida provisória editada, e não da publicação da medida provisória que institua ou modifique contribuição.

C. Consoante entendimento consolidado no STF, os convênios celebrados pelo Poder Executivo exigem a ratificação do Poder Legislativo.

D. Na atual legislação tributária, não se admitem interpretações in dubio contra fiscum e pro lege, sendo atualmente aplicável a interpretação in dubio pro fisco.

Resposta: b.

5. **Não-cumulatividade e Simples Nacional.** As empresas optantes do simples nacional não se sujeitam, em regra, ao princípio da não-cumulatividade, por força da regra contida no art. 23 da LC n. 123/2006, ressalvadas as hipóteses expressamente admitidas pela legislação. Ademais, em muitos casos, as sociedades não optantes do simples não podem se creditar do tributo nas aquisições feitas junto a microempresas e empresas de pequeno porte:

▶ **LC n. 123/2006:**

Art. 23. As microempresas e as empresas de pequeno porte optantes pelo Simples Nacional **não farão jus à apropriação nem transferirão créditos relativos a impostos ou contribuições abrangidos pelo Simples** Nacional.

§ 1º As pessoas jurídicas e aquelas a elas equiparadas pela legislação tributária **não optantes pelo Simples Nacional terão direito a crédito correspondente ao ICMS** incidente sobre as suas aquisições de mercadorias de microempresa ou empresa de pequeno porte optante pelo Simples Nacional, **desde que destinadas à comercialização ou industrialização e observado**, como limite, o ICMS efetivamente devido pelas optantes pelo Simples Nacional em relação a essas aquisições.

§ 2º A alíquota aplicável ao cálculo do crédito de que trata o § 1º deste artigo deverá ser informada no documento fiscal e corresponderá ao percentual de ICMS previsto nos Anexos I ou II desta Lei Complementar para a faixa de receita bruta a que a microempresa ou a empresa de pequeno porte estiver sujeita no mês anterior ao da operação.

§ 3º Na hipótese de a operação ocorrer no mês de início de atividades da microempresa ou empresa de pequeno porte optante pelo Simples Nacional, a alíquota aplicável ao cálculo do crédito de que trata o § 1º deste artigo corresponderá ao percentual de ICMS referente à menor alíquota prevista nos Anexos I ou II desta Lei Complementar.

§ 4º Não se aplica o disposto nos §§ 1º a 3º deste artigo quando:

I - a microempresa ou empresa de pequeno porte estiver sujeita à tributação do ICMS no Simples Nacional por valores fixos mensais;

II - a microempresa ou a empresa de pequeno porte não informar a alíquota de que trata o § 2º deste artigo no documento fiscal;

III - houver isenção estabelecida pelo Estado ou Distrito Federal que abranja a faixa de receita bruta a que a microempresa ou a empresa de pequeno porte estiver sujeita no mês da operação.

IV - o remetente da operação ou prestação considerar, por opção, que a alíquota determinada na forma do **caput** e dos §§ 1° e 2° do art. 18 desta Lei Complementar deverá incidir sobre a receita recebida no mês.

§ 5º Mediante **deliberação exclusiva e unilateral dos Estados e do Distrito Federal**, poderá ser concedido às pessoas jurídicas e àquelas a elas equiparadas pela legislação tributária não optantes pelo Simples Nacional **crédito correspondente ao ICMS** incidente sobre os insumos utilizados nas mercadorias adquiridas de indústria optante pelo Simples Nacional, sendo vedado o estabelecimento de diferenciação no valor do crédito em razão da procedência dessas mercadorias.

§ 6º O Comitê Gestor do Simples Nacional disciplinará o disposto neste artigo.

▶ **STF:**

"Agravo regimental no recurso extraordinário com agravo. Tributário. Não cumulatividade. Optantes do Simples Nacional. Aproveitamento e transferência de créditos de ICMS. Impossibilidade. Precedentes. 1. A jurisprudência da Corte vem se firmando pela impossibilidade de aproveitamento e transferência de créditos por parte dos contribuintes optantes pelo SIMPLES". (STF, ARE 938209 AgR, Relator(a): Min. DIAS TOFFOLI, Segunda Turma, julgado em 30/06/2017, PUBLIC 14-08-2017)

Aplicação em concurso.

FCC – Auditor Fiscal da Receita Estadual – SEFSC-SC/2018

"Conforme estabelece a Lei Complementar no 123/2206, as microempresas e as empresas de pequeno porte optantes pelo Simples Nacional (SN) não farão jus à apropriação nem transferirão créditos relativos a impostos ou contribuições abrangidos pelo Simples Nacional. Esta mesma lei dispõe que

(A) o contribuinte do ICMS, que adquirir mercadoria de fornecedor do SN, poderá se creditar, por ocasião da entrada, do produto do valor de mercadoria pela alíquota interna do ICMS.

(B) o contribuinte do IPI, PIS e COFINS poderá se creditar, na entrada da mercadoria adquirida de fornecedor do SN, do valor da base de cálculo multiplicado pela alíquota de cada tributo, tal como se tivesse realizado a aquisição de um fornecedor não optante.

(C) o contribuinte do ISS não cumulativo poderá se creditar, a título de crédito outorgado, do valor da operação vezes a alíquota do ISS no município.

(D) caso o destinatário da mercadoria realize qualquer crédito, isto equivale a redução ou supressão de tributos para fins penais.

(E) o contribuinte do ICMS, não optante pelo SN, terá direito a crédito correspondente ao ICMS incidente sobre as suas aquisições de mercadorias provenientes de empresas do SN, desde que destinadas à comercialização ou industrialização com saída tributada, no valor do ICMS pago pelo fornecedor em relação à venda".

Resposta: E

6. **Não-cumulatividade e Regime Especial de Tributação.** O contribuinte que optar por regime especial de tributação pode ser proibido de ser creditar do ICMS incidente nas operações de entrada de mercadorias, desde que assim preveja a legislação específica.

▶ **STF:**

"1. Firmou-se a jurisprudência do Plenário deste Supremo Tribunal Federal no sentido de que **a vedação, pela legislação estadual, ao aproveitamento dos créditos do ICMS gerados pela entrada de insumos tributados, quando o contribuinte exerce, livremente, opção pela tributação das saídas mediante base de cálculo reduzida, não viola o princípio da não cumulatividade**. Precedente: RE 584.023-AgR-EDv-AgR-segundo, Rel. Min. Celso de Mello, Tribunal Pleno, DJe 11.12.2015. 2. Agravo regimental conhecido e provido para dar provimento ao recurso extraordinário. (AI 765420 AgR-segundo, Relator(a): Min. MARCO AURÉLIO, Relator(a) p/ Acórdão: Min. ROSA WEBER, Primeira Turma, PUBLIC 04-08-2017)

Art. 20. Para **a compensação a que se refere o artigo anterior, é assegurado ao sujeito passivo o direito de creditar-se do imposto anteriormente cobrado em operações de que tenha resultado a entrada de mercadoria, real ou simbólica,** no estabelecimento, inclusive a destinada ao seu **uso ou consumo ou ao ativo permanente**, ou o recebimento de serviços de transporte interestadual e intermunicipal ou de comunicação.

§ 1º **Não dão direito a crédito** as entradas de mercadorias ou utilização de serviços resultantes de operações ou prestações isentas ou não tributadas, ou que se refiram a mercadorias ou serviços alheios à atividade do estabelecimento.

§ 2º Salvo prova em contrário, **presumem-se alheios à atividade do estabelecimento os veículos de transporte pessoal.**

§ 3º É vedado o crédito relativo a mercadoria entrada no estabelecimento ou a prestação de serviços a ele feita:

I – para integração ou consumo em processo de industrialização ou produção rural, quando a saída do produto resultante não for tributada ou estiver isenta do imposto, exceto se tratar-se de saída para o exterior;

II – para comercialização ou prestação de serviço, quando a saída ou a prestação subsequente não forem tributadas ou estiverem isentas do imposto, exceto as destinadas ao exterior.

§ 4º Deliberação dos Estados, na forma do art. 28, poderá dispor que não se aplique, no todo ou em parte, a vedação prevista no parágrafo anterior.

§ 5º Para efeito do disposto no caput deste artigo, relativamente aos créditos decorrentes de entrada de mercadorias no estabelecimento destinadas ao **ativo permanente**, deverá ser observado:

I – a apropriação será feita à razão de um quarenta e oito avos por mês, devendo a primeira fração ser apropriada no mês em que ocorrer a entrada no estabelecimento;

II – em cada período de apuração do imposto, não será admitido o creditamento de que trata o inciso I, em relação à proporção das operações de saídas ou prestações isentas ou não tributadas sobre o total das operações de saídas ou prestações efetuadas no mesmo período;

III – para aplicação do disposto nos incisos I e II deste parágrafo, o montante do crédito a ser apropriado será obtido multiplicando-se o valor total do respectivo crédito pelo fator igual a 1/48 (um quarenta e oito avos) da relação entre o valor das operações de saídas e prestações tributadas e o total das operações de saídas e prestações do período, equiparando-se às tributadas, para fins deste inciso, as saídas e prestações com destino ao exterior ou as saídas de papel destinado à impressão de livros, jornais e periódicos;

IV – o quociente de um quarenta e oito avos será proporcionalmente aumentado ou diminuído, *pro rata die*, caso o período de apuração seja superior ou inferior a um mês;

V – na hipótese de alienação dos bens do ativo permanente, antes de decorrido o prazo de quatro anos contado da data de sua aquisição, não será admitido, a partir da data da alienação, o creditamento de que trata este parágrafo em relação à fração que corresponderia ao restante do quadriênio;

VI – serão objeto de outro lançamento, além do lançamento em conjunto com os demais créditos, para efeito da compensação prevista neste artigo e no art. 19, em livro próprio ou de outra forma que a legislação determinar, para aplicação do disposto nos incisos I a V deste parágrafo; e

VII – ao final do quadragésimo oitavo mês contado da data da entrada do bem no estabelecimento, o saldo remanescente do crédito será cancelado.

§ 6º Operações tributadas, posteriores a saídas de que trata o § 3º, dão ao estabelecimento que as praticar direito a creditar-se do imposto cobrado nas operações anteriores às isentas ou não tributadas sempre que a saída isenta ou não tributada seja relativa a:

I – produtos agropecuários;

II – quando autorizado em lei estadual, outras mercadorias.

1. **Regime de crédito físico X Regime de crédito financeiro: Mercadorias ou serviços alheios à atividade do estabelecimento e direito ao crédito (LC 87/96, art. 20, §1º).** Não é toda operação de entrada que dá direito ao registro do valor pago como crédito de ICMS. Nos termos do art. 20, §1º,

da Lei Complementar n. 87/96, não darão direito a crédito as entradas de mercadorias ou utilização de serviços resultantes de operações que se refiram a mercadorias ou serviços **alheios à atividade do estabelecimento**.

Fala-se, com isso, que nosso ordenamento jurídico adotou o **regime de crédito físico**, em detrimento do **regime de crédito financeiro**[62]. Pelo regime de **crédito físico**, apenas as mercadorias adquiridas para integrar o ciclo produtivo da mercadoria final darão ensejo ao creditamento de ICMS, tais como matérias primas, embalagens e produtos intermediários. Pelo regime de **crédito financeiro**, toda e qualquer entrada, ainda que, por exemplo, destinada ao ativo fixo do estabelecimento, dará ensejo ao creditamento do ICMS.

Na verdade, a LC 87/96, como será melhor analisado adiante, admite, ainda que sob uma série de condições, o creditamento de ICMS quando da entrada de bens destinados ao **ativo permanente** do estabelecimento, muito embora não integrem o ciclo econômico das mercadorias produzidas, razão pela qual alguns autores, como Sacha Calmon Navarro Coelho, preferem falar em **regime de crédito misto**[63].

Em provas objetivas de concursos, recomendamos que o candidato opte pela expressão crédito físico. Nas provas subjetivas, o mais indicado é fazer menção a tudo quanto exposto nos últimos parágrafos.

► **STJ:**

- **Súmula n. 432:** "As empresas de construção civil não estão obrigadas a pagar ICMS sobre mercadorias adquiridas como insumos em operações interestaduais."

- "A Turma reiterou seu entendimento de que, quanto ao **valor do material (estrutura metálica) adquirido para a construção do galpão onde funcionaria a empresa** de galvanização**, não há direito ao creditamento do ICMS**, uma vez que a **construção é alheia à finalidade da empresa**, situação prevista na parte final do art. 20, § 1º, da LC n. 87/1996." Precedente citado: REsp 860.701-MG, DJ 17/5/2007. REsp 1.077.242-MG, Rel. Min. Denise Arruda, julgado em 16/12/2008. Informativo n. 381.

---

62. STF, RE 447470 AgR, Segunda Turma, julgado em 14/09/2010
63. COELHO, Sacha Calmon. **Curso de Direito Tributário Brasileiro**. 9. ed. Rio de Janeiro: Forense, 2007. p. 360.

– **"Descabe o creditamento de ICMS de valores sobre materiais utilizados em obras de construção ou reforma da sede da recorrida, diante das exceções previstas no art. 20, § 1º, da LC n. 87/1996, entre elas a aquisição de mercadorias alheias à atividade do estabelecimento,** tal como no caso sub judice." REsp 1.062.839-RS, Rel. Min. Denise Arruda, julgado em 10/2/2009. Informativo n. 383.

– "No recurso representativo de controvérsia (art. 543-C do CPC e Res. n. 8/2008-STJ), a Seção reiterou que descabe a cobrança de diferencial de alíquota de ICMS sobre operações interestaduais realizadas por empresa de construção civil na aquisição de material a ser empregado na obra que executa." REsp 1.135.489-AL, Rel. Min. Luiz Fux, julgado em 9/12/2009. Informativo n. 419.

Aplicação em concurso.

FCC/Auditor Fiscal Estadual de Tributos – RO/2010

"A respeito da compensação do ICMS, é correto afirmar: Não dão direito a crédito as entradas de mercadorias ou utilização de serviços resultantes de operações ou prestações que se refiram a mercadorias ou serviços alheios à atividade do estabelecimento."

Resposta: Certa.

2. Produtos intermediários. Os **produtos intermediários** são aqueles utilizados no processo industrial das empresas, integrando-se ao produto final a ser revendido, a exemplo de peças adquiridas por indústria automobilística para fabricação de veículos ou mesmo o aço alienado pela indústria siderúrgica à fabricante de eletrodomésticos.

A Lei Complementar n. 87/96 condiciona o aproveitamento dos créditos relativos à aquisição de produtos intermediários apenas à comprovação de que eles **estão aptos a serem utilizados** para a consecução das atividades que constituem o objeto social do estabelecimento empresarial, **não se exigindo mais qualquer prova de consumo imediato e integral** no processo produtivo, como ocorria à época da vigência do Convênio ICM n. 66/88.

► **STJ:**

– "TRIBUTÁRIO. AGRAVO REGIMENTAL NO AGRAVO EM RECURSO ESPECIAL. ICMS. CREDITAMENTO. PRODUTOS INTERMEDIÁRIOS UTILIZADOS NO PROCESSO PRODUTIVO. POSSIBILIDADE. ART. 20, § 1º, DA LC 87/96. O Superior Tribunal de Justiça consolidou sua jurisprudência no sentido de que, na vigência do Convênio ICMS 66/88, o produto intermediário para fins de creditamento exigia prova de que ele foi consumido imediata e integralmente no processo produtivo ou compusesse o produto novo. Precedentes: AgRg no Ag 929.077/SP, Rel. Ministro Mauro Campbell Marques, Segunda Turma, DJe 12/09/2008; REsp 850.362/MG, Rel. Ministra Eliana Calmon, Segunda Turma, DJ 02/03/2007. A Lei Complementar 87/96, entretanto, ampliou as hipóteses de creditamento, condicionando o aproveitamento dos créditos relativos à aquisição de produtos intermediários apenas à comprovação de eles são utilizados para a consecução das atividades que constituem o objeto social do estabelecimento empresarial." (AgRg no AREsp 42263/MG, Rel. Ministro BENEDITO GONÇALVES, PRIMEIRA TURMA, julgado em 19/02/2013, DJe 26/02/2013)

2.1. Enquadramento de mercadoria como produto intermediário: necessidade de prova pericial. Muito embora, para aproveitamento do crédito, não se exija prova de que o produto intermediário foi consumido imediata e integralmente no processo produtivo, exige-se prova pericial para saber se um produto se enquadra, ou não, como intermediário.

▶ **STJ:**

– "O enquadramento de uma mercadoria como produto intermediário com a finalidade de aproveitamento de créditos de ICMS depende de **prova pericial. São produtos intermediários aqueles que integram o processo produtivo e se agregam à mercadoria para posterior circulação.** Para a sua identificação, exige-se conhecimento técnico especializado, porquanto a prova do fato é complexa diante da diversificação da atividade empresarial." Precedentes citados: REsp 324.481-SP, DJ 3/11/2003, e REsp 1.114.628-SP, DJe 8/2/2010. AgRg no AREsp 224.082-RS, Rel. Min. Humberto Martins, julgado em 18/10/2012. Informativo n. 507.

3. **Bens de conveniência.** Diferentemente dos produtos intermediários, os chamados **bens de conveniência** não são essenciais à atividade da empresa, daí por que não se vem admitindo o creditamento de ICMS em decorrência de sua entrada no estabelecimento.

✦ **Exemplo.** Exemplos de bens de conveniência são as **sacolas plásticas utilizadas pelos supermercados** para acondicionamento e transporte dos produtos vendidos. Ressalta a jurisprudência, nesse caso, que **as referidas sacolas, além de serem alheias à atividade fim do**

estabelecimento, servem até mesmo como material de publicidade, o que só reforça a tese de impossibilidade de creditamento.

3.1. Embalagens produzidas sob encomenda. O caso das sacolas plásticas de supermercados não se confunde com o das **embalagens produzidas em massa, embora sob encomenda, para posterior integração ou utilização direta em processo subsequente de industrialização ou de circulação de mercadoria**. Aqui, conforme visto quando do estudo do aspecto material do imposto, haverá incidência do ICMS.

▶ **STF:**

– "Até o julgamento final e com eficácia apenas para o futuro (ex nunc), concede-se medida cautelar para interpretar o art. 1º, caput e § 2º, da Lei Complementar 116/2003 e o subitem 13.05 da lista de serviços anexa, para reconhecer que o ISS não incide sobre operações de industrialização por encomenda de embalagens, destinadas à integração ou utilização direta em processo subseqüente de industrialização ou de circulação de mercadoria. Presentes os requisitos constitucionais e legais, incidirá o ICMS." (ADI 4389 MC, Relator(a): Min. JOAQUIM BARBOSA, Tribunal Pleno, julgado em 13/04/2011, PUBLIC 25-05-2011)

4. **Isenção e não incidência (LC 87/96, art. 20, §§1º e 3º).** Nos termos da Constituição Federal, a **isenção ou não incidência**, salvo determinação em contrário da legislação, **não implicará crédito para compensação** com o montante devido nas operações ou prestações seguintes (CF/88, art. 155, §2º, II, a), além disso, acarretará a anulação do crédito relativo às operações anteriores (CF/88, art. 155, §2º, II, b).

De acordo com o **§3º do estudado art. 20**, proíbe-se até mesmo o crédito relativo à mercadoria entrada no estabelecimento para **integração ou consumo em processo de industrialização ou produção rural, quando a saída não for tributada ou estiver isenta do imposto**. Regra semelhante foi instituída para os casos de serviços cuja saída posterior seja isenta. A regra não se confunde com aquele constante do art. 20, §6º, da LC 87/96, como veremos mais detidamente adiante.

✦ **Exemplo.** Para que o estudante entenda melhor o alcance do dispositivo, vamos nos utilizar novamente da situação hipotética apresentada no **comentário n. 2 ao art. 19** desta lei complementar, em que uma peça de vestuário vai da indústria até o consumidor, passando por uma distribuidora e uma loja. Aqui, contudo, vamos considerar a operação realizada entre distribuidora e lojista livre da incidência do ICMS por força de isenção.

Confira-se:

Dados	Indústria	Distribuidora →	Loja →	Consumidor
Preço	R$ 80,00	R$ 90,00	R$ 100,00	
Alíquotas	17%	Isenta	17%	
Débito	R$ 13,60	R$ 00,00	R$ 17,00	
Crédito	R$ 0,00	R$ 00,00	R$ 00,00	
ICMS recolhido	R$ 13,60	R$ 00,00	R$ 17,00	
Total: R$ 30,60				

Ao final da cadeia econômica, em virtude da anulação dos créditos relativos às operações anteriores, o valor recolhido a título de ICMS será maior do que aquele verificado na cadeia não isenta.

▶ **STF:**

– "Segundo orientação firmada pelo STF, as figuras da **redução da base de cálculo e da isenção parcial se equiparam**. Portanto, ausente autorização específica, pode a autoridade fiscal proibir o registro de créditos de ICMS proporcional ao valor exonerado (art. 155, §2º, II, b, da Constituição)" (STF, RE 465.236-AgR, Segunda Turma, julgamento em 6-4-2010).

– "A **redução da base de cálculo de ICMS equivale à hipótese de isenção parcial, a acarretar a anulação proporcional de crédito desse mesmo imposto, relativo às operações anteriores**, salvo disposição em lei estadual em sentido contrário. Assim, reduzida a base de cálculo, tem-se impossibilitado o creditamento integral, sem que se possa falar em ofensa ao princípio da não-cumulatividade (CF, art. 155, § 2º, II, b)." (RE 635688/RS, rel. Min. Gilmar Mendes, Plenário, Repercussão Geral, julgado em 16.10.2014.)

Aplicação em concurso.

FCC/Auditor Fiscal Estadual de Tributos – RO/2010

"A respeito da compensação do ICMS, é correto afirmar:

É permitido o crédito relativo a mercadoria entrada no estabelecimento ou prestação de serviços a ele feita para comercialização ou prestação de serviço, quando a saída ou a prestação subsequente estiverem isentas do imposto, exceto se se tratar de saída para o exterior."

Resposta: Errada.

PUC-PR/TJ-RO/JUIZ/2011

"Considere as assertivas abaixo:

I) A não cumulatividade dos ICMS é regra e se mantém mesmo nos casos de isenção no meio da cadeia produtiva.

II) A não incidência do ICMS nunca implicará crédito para compensação do montante devido nas operações seguintes, já que não houve nelas qualquer pagamento.

III) Salvo determinação legal em contrário, a isenção do ICMS acarretará a anulação do crédito relativo às operações anteriores.

IV) A isenção do IPI não tem disciplina expressa e explícita sobre seu crédito no texto constitucional.

V) O IPI terá reduzido seu impacto sobre a aquisição de bens de capital pelo contribuinte do imposto. "

Estão CORRETAS:

a) Somente as assertivas I, II e III.

b) Somente as assertivas I, II e V.

c) Somente as assertivas II e V.

d) Somente as assertivas III, IV e V.

e) Somente as assertivas II, IV e V.

Resposta: d

TJ-PR/TJ-PR/JUIZ/2010

"Dadas as assertivas abaixo, assinale a alternativa CORRETA:

Os créditos de ICMS de operações isentas e de não incidências, salvo determinação em contrário da legislação, podem ser apropriados pelo comprador da mercadoria isenta ou não sujeita à exação, nos termos expressos do Texto Magno em vigor e em perfeita consonância com o princípio da não cumulatividade."

Resposta: Errada.

FCC/PGE-AM/PROCURADOR/2010

"Em não havendo disposição legal em contrário, a isenção não onerosa, para o ICMS, concedida mediante lei,

a) não gera direito adquirido, devendo ser revogado por Emenda Constitucional.

b) exige a manutenção dos créditos do ICMS para operações subsequentes.

c) pode ser revogada mediante Decreto, desde que com fundamento jurídico.

d) não implica crédito para compensação com o imposto devido nas operações subsequentes.

e) gera direito adquirido, não podendo ser revogada a qualquer tempo."

Resposta: d.

4.1. Manutenção de crédito mesmo nos casos de isenção ou não incidência (LC 87/96, art. 20, §6º). A norma constante do **art. 20, §6º, da LC 87/96** – diferentemente daquela constante do §3º do mesmo artigo – cuida das hipóteses nas quais há operações tributadas, posteriores às saídas isentas ou não tributadas e, por isso, autoriza o creditamento do imposto incidente na operação anterior à realizada sob o benefício fiscal. Aqui, a operação isenta está no meio de uma grande cadeia de circulação.

Quando nossa Constituição (art. 155, §2º, II, a e b) diz que a isenção ou não incidência não implicará (a) crédito para compensação com o montante devido nas operações ou prestações seguintes e (b) acarretará a anulação do crédito relativo às operações seguintes, faz-se uma **ressalva** para eventual **"determinação em contrário da legislação"**.

Pois bem. A norma constante do §6º do art. 20, ao fazer menção às **operações com produtos agropecuários**, além de outras situações previstas na legislação estadual, ocorridas no meio de uma grande cadeia de circulação, concretiza a ressalva supracitada.

A jurisprudência tem entendido também que, quanto ao aproveitamento do crédito em operações envolvendo produtos agropecuários (LC 87/96, art. 20, §6º, I), não se admite qualquer tipo de restrição.

▶ **STJ:**

– "Cuida-se, na origem, de Mandado de Segurança **impetrado com a finalidade de aproveitamento de créditos escriturais de ICMS**

incidente na aquisição de insumos agrícolas utilizados na produção de mercadorias cuja saída é isenta. Ao contrário do que entendeu o Tribunal a quo, **a pretensão da recorrida não encontra amparo no § 6° do art. 20 da LC 87/1996, que não se confunde com a situação prevista no § 3° desse dispositivo legal.** O § 3° do art. 20 da LC 87/1996 incide diretamente sobre a operação de saída isenta ou não tributada, e veda o aproveitamento de crédito relativo a mercadoria entrada no estabelecimento para integração ou consumo em processo de industrialização ou produção rural. **Por outro lado, o § 6° cuida das hipóteses nas quais há operações tributadas, posteriores às saídas isentas ou não tributadas, e, por isso, autoriza o creditamento do imposto incidente na operação anterior à realizada sob o benefício fiscal.** Logo, como a pretensão inicial é pelo direito ao crédito relativo a mercadoria entrada da qual decorre saída isenta, tem incidência a vedação do § 3°, e não a exceção prevista no § 6° do art. 20 da LC 87/1996. (...)" (REsp 1357935/RS, Rel. Ministro HERMAN BENJAMIN, SEGUNDA TURMA, julgado em 02/05/2013, DJe 10/05/2013)

– "O art. 155, § 2º, inciso II, da CF/88 impõe que a isenção ou não incidência não implicará crédito para compensação com o montante devido nas operações ou prestações seguintes; e acarretará a anulação do crédito relativo às operações anteriores. Desse modo, a Constituição Federal, em regra, impõe a anulação (estorno) dos créditos de ICMS, ressalvando a existência de 'determinação em contrário da legislação' (art. 155, § 2º). Embora o art. 155, § 2º, da Constituição Federal tenha utilizado a expressão "legislação", não se pode olvidar que o art. 155, § 2º, XII, "c", da CF/88 dispõe que cabe à lei complementar disciplinar o regime de compensação do ICMS. A LC 87/96, no que se refere aos produtos agropecuários, autorizou, de forma plena, o creditamento do imposto cobrado nas operações anteriores às isentas com o imposto devido nas operações subsequentes. **Em relação a outras mercadorias, a autorização depende da previsão em lei estadual (art. 20, § 6º, II, da LC 87/96). Desse modo, o legislador complementar federal não impôs restrição ao aproveitamento dos créditos concernentes aos produtos agropecuários**. A LC 87/96, em harmonia com a CF/88, assegura o direito à compensação levando em consideração o imposto devido em cada operação, na qual haja circulação de mercadoria ou prestação de serviços de transporte interestadual e intermunicipal e de comunicação, sem impor que a operação antecedente refira-se a uma determinada mercadoria ou serviço. **Destarte, a regra contida no regulamento estadual (art. 37, § 8º, do RICMS/RS) inova o ordenamento jurídico, ou seja, a Administração Pública Estadual, ao exigir que a compensação ocorra entre produtos agropecuários da mesma espécie da que originou o respectivo crédito (não estorno), criou regra nova de compensação do ICMS (por ato infralegal), que não é prevista nem na Constituição Federal nem na LC 87/96.** Desse modo, viola o art. 20, § 6º, da LC 87/96 a disposição contida em norma infralegal estadual que restrinja seu âmbito de aplicação, criando regra nova de compensação do ICMS, sobretudo porque tal matéria é reservada à lei complementar. (...)" (REsp 897.513/RS, Rel. Ministro MAURO CAMPBELL MARQUES, SEGUNDA TURMA, julgado em 18/12/2012, DJe 08/02/2013)

Aplicação em concurso.

FCC/PGE-SP/Procurador do Estado – SP/2009

"A isenção ou a não-incidência do ICMS acarreta a anulação do crédito relativo às operações anteriores, salvo na hipótese de determinação em contrário da legislação, mas é assegurada a manutenção do crédito no caso de operações que destinem mercadorias para o exterior ou de serviços prestados a destinatários no exterior, embora não incida o imposto nestas hipóteses."

Resposta: Certa.

5. **Não Cumulatividade e Imunidade das Exportações.** Nos termos do **art. 155, §2º, X, a, da CF/88**, o ICMS não incidirá sobre operações que destinem mercadorias para o exterior, nem sobre serviços prestados a destinatários no exterior, **assegurada a manutenção e o aproveitamento do montante do imposto cobrado nas operações e prestações anteriores**.

✦ **Exemplo.** Ainda na cadeia hipotética imaginada acima, é como se o lojista vendesse suas mercadorias para pessoa domiciliada em outro país, operação que, embora imune, daria ao contribuinte o direito de se creditar do valor referente às operações anteriores. Vejamos:

Dados	Indústria	Distribuidora →	Loja →	Consumidor
Preço	R$ 80,00	R$ 90,00	R$ 100,00	
Alíquotas	17%	17%	Imune	
Débito	R$ 13,60	R$ 15,30	R$ 0,00	
Crédito	R$ 0,00	R$ 13,60	R$ 15,30	
ICMS recolhido	R$ 13,60	R$ 1,70	R$ 0,00	
Total: R$ 15,30				

Aplicação em concurso.

FMP/Procurador do Estado-AC/2012

"Dadas as assertivas abaixo, assinale a alternativa correta é admitida a transferência de saldo credor do ICMS por estabelecimentos que destinarem mercadorias ao exterior, na proporção que essas saídas representem do total das saídas realizadas pelo estabelecimento."

Resposta: Certa.

5.1. Manutenção irrestrita dos créditos na exportação: Transferência a terceiros e não incidência de PIS/COFINS. A manutenção de créditos de ICMS nos casos de exportação é irrestrita, não se admitindo sequer a incidência da contribuição PIS/COFINS sobre os valores pecuniários recebidos pela empresa exportadora em razão da transferência a terceiros de créditos de ICMS – decorrentes de exportação e aproveitados em razão do que dispõe a Constituição.

Julgando a matéria, nossa Corte Suprema deixou assentado que a norma constante do art. 155, §2º, X, a, da Constituição teria por finalidade incentivar as exportações.

▶ **STF.**

– "**É inconstitucional a incidência da contribuição para PIS e Cofins não cumulativas sobre os valores recebidos por empresa exportadora em razão da transferência a terceiros de créditos de ICMS**. Com base nesse entendimento, o Plenário, por maioria, negou provimento a recurso extraordinário em que discutido se os valores correspondentes à transferência de créditos de ICMS integrariam a base de cálculo de contribuição para PIS e Cofins não cumulativas. Inicialmente, aduziu-se que a apropriação de créditos de ICMS na aquisição de mercadorias teria suporte na técnica da não cumulatividade (CF, art. 155, § 2º, I), a fim de evitar que sua incidência em cascata onerasse demasiadamente a atividade econômica e gerasse distorções concorrenciais. Esclareceu-se, na sequência, que a não incidência e a isenção nas operações de saída implicariam a anulação do crédito relativo às operações anteriores. Destacou-se, contudo, que tratamento distinto seria conferido no caso de exportações, uma vez que a Constituição concederia imunidade a essas operações, bem como asseguraria a manutenção e o aproveitamento do montante do imposto cobrado nas operações e prestações anteriores (art. 155,§ 2º, X, a). **Frisou-se que essa norma teria por finalidade incentivar as exportações — ao desonerar as mercadorias nacionais do seu ônus econômico, de maneira a permitir que empresas brasileiras exportassem produtos, e não tributos —, mas não impedir a incidência cumulativa do ICMS**. (...) **Ofender-se-ia seu preceito porque se obstaculizaria o aproveitamento dos créditos, mediante a expropriação parcial deles, correspondente à carga tributária advinda da incidência das contribuições em questão. Transgredir-se-ia seu objetivo, pois se permitiria a exportação de tributos**, tendo em conta que o ônus econômico seria acrescido ao valor das mercadorias postas à venda no mercado internacional, a abalar a competitividade das empresas nacionais. Afastou-se, também, a alegação de afronta ao art. 150, § 6º, da CF *('§ 6.º Qualquer subsídio ou isenção, redução de base de cálculo, concessão de crédito presumido, anistia ou remissão, relativos a impostos, taxas ou contribuições, só poderá ser concedido mediante lei específica, federal, estadual ou municipal, que regule exclusivamente as matérias acima enumeradas ou o correspondente tributo ou contribuição, sem prejuízo do disposto no art. 155, § 2º, XII, g')*, haja vista que o deslinde da controvérsia não diria respeito à concessão de benefícios fiscais." RE 606107/RS, rel. Min. Rosa Weber, 22.5.2013. (RE-606107) Informativo n. 707.

5.2. Outras hipóteses de imunidade e manutenção do crédito de ICMS. A Constituição não dispôs acerca da manutenção do crédito em relação a outras hipóteses de imunidade. A jurisprudência, no entanto, tem dado indícios de que a manutenção do crédito do imposto deve ser sempre garantida.

Haverá manutenção dos créditos referentes às operações anteriores, por exemplo, também no caso da chamada **imunidade cultural**, conferida às operações envolvendo livros, jornais, periódicos e o papel destinado à sua impressão (CF/88, art. 150, VI, d). Em outras palavras, **não se estornam créditos referentes a mercadorias e serviços que venham a ser objeto de operações ou prestações com o papel destinado à impressão de livros, jornais e periódicos** (LC 87/96, art. 21, §2º).

▶ **STF:**

– "RECURSO EXTRAORDINÁRIO – MEDIDA CAUTELAR – PRESSUPOSTOS NECESSÁRIOS À CONCESSÃO DO PROVIMENTO CAUTELAR (RTJ 174/437-438) – ICMS – **INSUMOS DESTINADOS À IMPRESSÃO DE LIVROS, JORNAIS E PERIÓDICOS – INEXIGIBILIDADE DE ESTORNO DOS CRÉDITOS – TRANSGRESSÃO À NORMA CONSTITUCIONAL DA IMUNIDADE TRIBUTÁRIA** – CUMULATIVA OCORRÊNCIA, NO CASO, DOS REQUISITOS CONCERNENTES À PLAUSIBILIDADE JURÍDICA E AO 'PERICULUM IN MORA' – PRECEDENTES – MAGISTÉRIO DA DOUTRINA – DECISÃO REFERENDADA PELA TURMA." (STF, AC 2559 MC-REF, Segunda Turma, julgado em 14/06/2010)

No julgamento acima, o Supremo Tribunal Federal esclareceu que **o estorno de crédito do ICMS (não creditamento) implicaria, ao fim e ao cabo, onerar com esse imposto o próprio produto imune**, o qual passaria a conter em seu preço carga tributária de ICMS, situação vedada pela Constituição. Deixou expressamente consignado ainda nosso Tribunal Supremo que a anulação dos créditos prevista na Constituição dizia respeito única e exclusivamente às operações de isenção e não incidência, não se podendo interpretar a norma de maneira extensiva para alcançar os casos de imunidade. Em que pese ausência de julgados referentes a outras espécies de imunidades, o STF entendeu que o posicionamento deve ser aplicado a todas as demais imunidades.

QUADRO SINÓPTICO		
ISENÇÕES, IMUNIDADES E NÃO INCIDÊNCIA NAS CADEIAS DE CIRCULAÇÃO DE MERCADORIAS		
Isenção	**Não incidência**	**Imunidades**
Não dá ao adquirente direito a crédito	Não dá ao adquirente direito a crédito	Dá ao adquirente direito a crédito

ISENÇÕES, IMUNIDADES E NÃO INCIDÊNCIA NAS CADEIAS DE CIRCULAÇÃO DE MERCADORIAS		
Isenção	**Não incidência**	**Imunidades**
Anulação dos créditos relativos às operações anteriores	Anulação dos créditos relativos às operações anteriores	Manutenção dos créditos relativos às operações anteriores
Exceções: Operações com produtos agropecuários e hipóteses ressalvadas pela legislação local	**Exceções:** Operações com produtos agropecuários e hipóteses ressalvadas pela legislação local	Sem exceções
–	–	Ex.: Operações de envio de mercadoria ao exterior, imunidade cultural

Aquisição de bens destinados ao ativo fixo do estabelecimento (LC 87/96, art. 20, §5º). Conforme exposto, como regra, nosso ordenamento instituiu o regime de crédito físico de mercadorias, em que só darão direito a crédito do ICMS os bens integrantes do ciclo produtivo do contribuinte. A Lei Complementar n. 87/96, porém, prevê algumas hipóteses de **creditamento do ICMS nas operações de aquisição de mercadorias destinadas ao ativo fixo ou permanente** do estabelecimento. Referidos bens, embora importantes para o desempenho das atividades da empresa, não se enquadram no conceito de produtos intermediários, matérias primas, tampouco bens de conveniência.

Como se viu, admite-se o creditamento decorrente da entrada dos bens destinados ao ativo fixo, contudo, **a utilização dos referidos créditos se dará de maneira periódica e fracionada**. Recomendamos ao estudante que tente memorizar as condições para creditamento constantes do art. 20, §5º, da LC 87/96.

Além das condições mencionadas acima, **a LC 87/96 estabelece uma limitação temporal ao aproveitamento de créditos decorrentes de aquisições para uso e consumo.** Nos termos do **art. 33, I, da LC 87/96**, somente darão direito de crédito as mercadorias destinadas ao uso ou consumo do estabelecimento nele entradas a partir de 1º de janeiro de 2020.

Em momento anterior, a LC 87/96 fazia menção a mercadorias destinadas ao uso ou consumo do estabelecimento nele entradas a partir de **janeiro de 2011**, o que demonstra que o Poder Público não tem intenção, pelo menos a médio prazo, de admitir referido creditamento.

▶ **STJ:**

- "**São legítimas as restrições impostas pela LC n. 87/1996**, inclusive a limitação temporal prevista no art. 33, para o aproveitamento dos créditos de ICMS em relação à aquisição de bens destinados ao uso e consumo ou ao ativo permanente do estabelecimento contribuinte. **O princípio constitucional da não cumulatividade, por si só, não permite o amplo e irrestrito creditamento relativo a material de uso e consumo ou a bens destinados ao ativo permanente das empresas.**" Precedentes citados do STF: RE-AgR 545.845-SP; do STJ: RMS 20.454-RJ, DJ 31/5/2007, e REsp 1.105.151-SP, DJe 13/5/2009. AgRg no AREsp 186.016-PE, Rel. Min. Herman Benjamin, julgado em 18/10/2012. Informativo n. 508.

- "O Tribunal de origem manifestou-se em consonância com a jurisprudência desta Corte Superior, no **sentido de que são legítimas as restrições impostas pela Lei Complementar n. 87/96, inclusive a limitação temporal prevista em seu art. 33 para o aproveitamento dos créditos de ICMS em relação à aquisição de bens destinados ao uso e consumo, ou ao ativo permanente** do estabelecimento contribuinte. (...)" (AgRg nos EDcl no AREsp 76.575/SP, Rel. Ministro HUMBERTO MARTINS, SEGUNDA TURMA, julgado em 21/06/2012, DJe 28/06/2012).

Aplicação em concurso.

FCC/Auditor Fiscal Estadual de Tributos – RO/2010

"A respeito da compensação do ICMS, é correto afirmar:

Os créditos decorrentes de entrada de mercadorias no estabelecimento destinadas ao ativo permanente deverão ser feitos à razão de um sessenta avos por mês, devendo a primeira fração ser apropriada no mês em que ocorrer a entrada no estabelecimento."

Resposta: Errada.

FCC/Auditor Fiscal Estadual de Tributos – RO/2010

"NÃO dão direito de crédito do ICMS as mercadorias destinadas ao uso ou consumo do estabelecimento, no exercício de 2010."

Resposta: Certa.

Art. 21. O sujeito passivo deverá efetuar o estorno do imposto de que se tiver creditado sempre que o serviço tomado ou a mercadoria entrada no estabelecimento:

I – **for objeto de saída ou prestação de serviço não tributada ou isenta**, sendo esta circunstância imprevisível na data da entrada da mercadoria ou da utilização do serviço;

II – **for integrada ou consumida em processo de industrialização**, quando a saída do produto resultante não for tributada ou estiver isenta do imposto;

III – vier a ser utilizada **em fim alheio à atividade do estabelecimento;**

IV – **vier a perecer, deteriorar-se ou extraviar-se.**

§ 2º Não se estornam créditos referentes a mercadorias e serviços que venham a ser objeto de operações ou prestações destinadas ao exterior ou de operações com o papel destinado à impressão de livros, jornais e periódicos.

§ 3º O não creditamento ou o estorno a que se referem o § 3º do art. 20 e o caput deste artigo, não impedem a utilização dos mesmos créditos em operações posteriores, sujeitas ao imposto, com a mesma mercadoria.

1. **Regime de apuração de ICMS.** Antes de comentarmos as disposições do art. 21 da LC 87/96, com vistas a uma melhor compreensão do tema, faremos breve introdução acerca da sistemática de apuração do ICMS. Em seguida, poderemos passar ao estudo do "estorno de crédito" de ICMS.

A **apuração de débitos e créditos** de determinado contribuinte de ICMS é feita, em regra, por períodos de tempo previamente fixados na legislação estadual. Os valores das operações – consignados nas notas fiscais – devem ser devidamente registrados nos livros de entradas, saídas, inventário e apuração do ICMS.

Ao final de cada mês, em regra, baseado nos registros supracitados, o contribuinte fará o **encontro de contas**, confrontando o total do débito com o total do crédito. Caso haja saldo devedor, deverá o sujeito passivo emitir Guia de Informação e Apuração de ICMS – GIA/ICMS no respectivo valor e realizar o pagamento. Em havendo crédito, será este transferido para o período subsequente (LC 87/96, art. 24).

Nas **entradas serão contabilizados os créditos**; nas **saídas, os débitos**.

A forma de apuração mencionada acima é conhecida pela alcunha de **conta gráfica**, em alusão ao fato de a empresa criar uma espécie de "conta corrente de apuração do ICMS" devido por ocasião de todas as operações realizadas a cada período de tempo – fixado na legislação estadual.

Quando a lei fala em **"estorno do imposto"**, quer fazer menção ao cancelamento do crédito anteriormente escriturado na conta gráfica do contribuinte. Essa providência levará, obviamente, ao incremento da diferença entre débitos e créditos e, consequentemente, à elevação do montante devido a título de ICMS.

Maiores considerações sobre o regime de apuração do imposto serão tecidas quando estivermos analisando o art. 26 da presente lei complementar.

2. Diversas hipóteses de estorno do imposto (LC 87/96, art. 21, I a IV, e §2º). Os incisos I a IV do art. 21 da LC 87/96, bem como o parágrafo segundo do mesmo dispositivo, regulam a operacionalização da maior parte das regras de não cumulatividade constante do art. 20 estudado acima.

Como, nos casos de isenção ou não incidência, em regra, não se admite a manutenção dos créditos – na verdade, determina-se até mesmo a anulação dos créditos referentes às operações anteriores –, nada mais natural do que, em se verificando, ainda que de maneira inesperada, após uma operação tributada, a realização de uma operação isenta, determine-se o estorno do crédito (LC 87/96, art. 21, I).

A mesma lógica aplica-se às hipóteses dos incisos II, III e IV do art. 21 em comento.

► **STJ:**

- "A partir da vigência da LC 87/96, as mercadorias entradas no estabelecimento e destinadas ao ativo permanente dão direito de crédito do ICMS (art. 20, c/c o art. 33, III, da LC 87/96) incidente na operação de aquisição, impondo-se o estorno do imposto de que se tiver creditado o contribuinte sempre que o serviço tomado ou a mercadoria entrada no estabelecimento vier a ser utilizado em fim alheio à atividade do estabelecimento (art. 21, III, da LC 87/96). Por outro lado, é incontroverso que a impetrante é empresa que se dedica à produção e ao comércio de cervejas, refrigerantes, bebidas em geral e gás carbônico. Nesse contexto, é evidente que as mercadorias em discussão – vitrines, chopeiras, freezer expositores, mesas e cadeiras – destinam-se à atividade profissional da empresa. (...)
- Como bem observado pelo Ministério Público Federal, '**os bens adquiridos (chopeira, expositor etc.), destinados ao ativo permanente da**

recorrente, estão diretamente relacionados com a sua atividade-fim (produção e comércio de cervejas, refrigerantes, bebidas em geral, gelo e gás carbônico e produção e comércio de matérias-primas e materiais diversos, aparelhos, máquinas, equipamentos e tudo mais que seja necessário ou útil às suas atividades) e são necessários para a continuidade da empresa', razão pela qual 'deve ser reconhecido o seu direito ao crédito relativo à entrada das referidas mercadorias, conforme previsto nos arts. 19 e 20 da Lei Complementar nº 87/96 e no art. 33, § 3º, da Lei Estadual nº 2.657/96 e, por conseguinte, à restituição dos valores da garantia do depósito recursal, indevidamente convertido em renda'. (...) Recurso ordinário provido." (RMS 24.911/RJ, Rel. Ministro MAURO CAMPBELL MARQUES, SEGUNDA TURMA, julgado em 26/06/2012, DJe 06/08/2012)

► **IMPORTANTE**: O estorno do crédito só deve ocorrer nos casos em que as **operações posteriores** não admitam o creditamento. Por operação posterior, no entanto, deve-se entender aquela que implique circulação jurídica do bem, o que não ocorre no **comodato**.

► **STJ:**

– "O contribuinte não tem o dever de estornar crédito de ICMS apurado na importação de equipamento destinado ao ativo permanente da empresa na hipótese em que o bem seja, posteriormente, cedido em comodato a terceiro. Esse entendimento é extraído da interpretação dos arts. 20, § 3°, I, e 21, I, ambos da LC n. 87/1996. O primeiro artigo autoriza o creditamento do imposto cobrado na operação que tenha resultado na entrada de mercadoria no estabelecimento, mesmo a destinada ao ativo permanente, mas excepciona a hipótese em que a saída subsequente não for tributada ou estiver isenta. **O segundo impõe ao contribuinte o dever de estornar o ICMS creditado se incidir essa regra excepcional, isto é, quando o próprio creditamento for vedado. Se os equipamentos são cedidos em comodato, não se pode falar em "saída" sob a perspectiva da legislação do ICMS, entendida como circulação de mercadoria com transferência de propriedade. Nesse caso, os bens não deixam de integrar o patrimônio do contribuinte.**" REsp 1.307.876-SP, Rel. Min. Herman Benjamin, julgado em 5/2/2013. Informativo n. 516.

3. **Imunidades e desnecessidade de estorno de créditos (LC 87/96, art. 21, §3º).** Nos casos de operações ou prestações que destinem mercadorias ou

serviços ao exterior, assim como nos demais casos de imunidade, como a imunidade cultural, por existir permissão constitucional de manutenção e aproveitamento de créditos, **não haverá necessidade de estorno** (LC 87/96, art. 21, §2º).

▶ **STJ:**

– "1. Hipótese em que a contribuinte propôs Ação Ordinária para afastar a obrigação de estornar os créditos de ICMS relativos a insumos utilizados na produção de papel destinado ao mercado editorial.

2. O fundamento de seu pedido é peculiar: os insumos seriam imunes à tributação. Em princípio, se há imunidade, não incide ICMS sobre a venda deles à contribuinte e, portanto, não existe direito ao creditamento, mas sim à restituição do que o fornecedor recolheu indevidamente.

3. De qualquer forma, foi essa a demanda levada ao Judiciário. A contribuinte pede expressamente, em sua inicial, declaração de imunidade sobre os insumos e, 'por conseqüência', direito à manutenção dos créditos correspondentes.

4. Como não podia deixar de ser, as instâncias ordinárias julgaram exatamente essa questão e afirmaram, à luz da jurisprudência pacífica e conhecida do STF, que a imunidade do art. 150, VI, 'd', da CF abrange apenas papéis destinados à impressão de livros, jornais e periódicos, e não os demais insumos, na linha da Súmula 657/STF.

5. Afastada a premissa fixada pela própria contribuinte (imunidade dos insumos), não haveria por que o TJ analisar legislação federal atinente ao creditamento do ICMS (art. 21, § 2º, da Lei Complementar 87/1996).

6. O fundamento do acórdão recorrido é exclusivamente constitucional, de modo que não há como conhecer do Recurso Especial interposto.

7. O reconhecimento de repercussão geral pelo STF não impede o julgamento pelo STJ, pois, nos termos do art. 543-B do CPC, o sobrestamento do feito será analisado apenas por ocasião da eventual interposição de Recurso Extraordinário." (EDcl nos EDcl no Ag 1297351/SP, Rel. Ministro HERMAN BENJAMIN, SEGUNDA TURMA, julgado em 28/09/2010, DJe 02/02/2011)

Art. 22. (VETADO)

Art. 23. **O direito de crédito**, para efeito de compensação com débito do imposto, reconhecido ao estabelecimento que tenha recebido as mercadorias ou para o qual tenham sido prestados os serviços, **está condicionado à idoneidade da documentação e, se for o caso, à escrituração nos prazos e condições estabelecidos na legislação.**

Parágrafo único. O direito de utilizar o crédito **extingue-se depois de decorridos cinco anos** contados da data de emissão do documento.

1. **Idoneidade da documentação como requisito para creditamento do ICMS (LC 87/96, art. 23, *caput*).** Nos termos da LC 87/96, o adquirente da mercadoria só poderá escriturar o crédito referente à entrada caso a documentação (nota fiscal) fornecida pelo alienante seja idônea.

   Sobre o assunto, a jurisprudência pacífica do STJ tem entendido como suficiente a exigência, pelo adquirente, no momento da celebração do negócio jurídico, da documentação pertinente à assunção da regularidade do alienante. Tem-se afirmado, além disso, que a **declaração de inidoneidade somente produz efeito a partir da publicação.**

   Para as provas de concurso, recomendamos aos candidatos que memorizem tanto o que diz a letra "pura" da lei quanto o entendimento jurisprudencial.

▶ **STJ:**

- **SÚMULA N. 509**: "É lícito ao comerciante de boa-fé aproveitar os créditos de ICMS decorrentes de nota fiscal posteriormente declarada inidônea, quando demonstrada a veracidade da compra e venda."

- **REPETITIVO. ICMS. NOTAS INIDÔNEAS.**

  "A Seção, ao julgar o recurso sob o regime do art. 543-C do CPC, c/c a Res. n. 8/2008-STJ, reiterou o entendimento de que **o comerciante de boa-fé que adquire mercadoria cuja nota fiscal, emitida pela empresa vendedora, seja declarada inidônea pode aproveitar o crédito do ICMS pelo princípio da não cumulatividade, uma vez que demonstrada a veracidade da compra e venda, porquanto o ato declaratório de inidoneidade somente produz efeitos a partir de sua publicação**. A responsabilidade do adquirente de boa-fé reside na exigência, no momento da celebração do negócio jurídico, da documentação pertinente à assunção da regularidade do alienante, **cuja verificação de idoneidade cabe ao Fisco, razão pela qual não incide o art. 136 do CTN, aplicável ao alienante.** A boa-fé do adquirente em relação às notas fiscais declaradas inidôneas após a celebração do negócio jurídico realizado, uma vez que caracterizada, legitima o aproveitamento dos créditos do ICMS. Assim, a Seção negou provimento ao recurso. Precedentes citados: REsp 737.135-MG, DJ 23/8/2007; REsp 623.335-PR, DJ 10/9/2007; REsp 556.850-MG, DJ 23/5/2005, e REsp 246.134-MG, DJ 13/3/2006." REsp 1.148.444-MG, Rel. Min. Luiz Fux, julgado em 14/4/2010. **Informativo n. 430.**

Aplicação em concurso.

Consulplan – Cartórios – Provimento - TJ – MG/2017

"É lícito ao comerciante de boa-fé aproveitar os créditos de ICMS decorrentes de nota fiscal posteriormente declarada inidônea, quando demonstrada a veracidade da compra e venda".

Resposta: Correta.

2. **Prazo decadencial para escrituração dos créditos (LC 87/96, art. 23, Parágrafo único).** A parte final do *caput* do art. 23, da LC 87/96, bem como seu parágrafo único, dispõem sobre o prazo decadencial para aproveitamento do crédito por parte do adquirente da mercadoria. Nos moldes legais, tal prazo é de 05 (cinco) anos.

Não se trata, aqui, **da decadência regulada no art. 173 do Código Tributário Nacional**, que cuida dos prazos para que a Fazenda Pública realize o lançamento do tributo. O dispositivo em estudo faz menção, e isso deve ficar bem claro, ao lapso temporal que o contribuinte possui para aproveitar o crédito de ICMS decorrente da aquisição de mercadoria, ou seja, para exercer um **direito potestativo** seu.

A norma visa a proteger os interesses da arrecadação tributária, que poderia ver-se deveras prejudicada, por exemplo, em situações de créditos escriturados e aproveitados mais de 10 (dez) anos depois da realização da operação de compra e venda. Busca-se, em última instância, conferir maior estabilidade às relações sociais.

Alguns julgados do STJ, de maneira, a nosso entender, pouco técnica, fazem menção a um prazo "prescricional" para aproveitamento de crédito.

▶ **STJ:**

– "**Aplica-se aos créditos escriturais o prazo decadencial de cinco anos**, contados a partir da emissão do documento fiscal do qual decorre o débito do ICMS, conforme preceitua o art. 23, caput e parágrafo único da Lei Complementar 87/96."(EDREsp 278.884/SP, Rel.Min. Eliana Calmon, DJU de 22.04.02).

– "Na presente demanda o contribuinte busca recuperar quantias indevidamente recolhidas ao fisco quando recolheu ICMS sobre mercadoria enviada como bonificação. Assim, a questão não aborda discussão acerca de aproveitamento de crédito decorrente da regra da não-cumulatividade, estabelecida pelo texto constitucional, mas retrata hipótese de compensação/restituição, **na qual se discute pagamento indevido do ICMS, razão pela qual não há que se cogitar da aplicação do artigo 23 da Lei Complementar nº 87/96 que estabelece o prazo prescricional de cinco anos**, mais sim, na hipótese, a tese dos cinco mais cinco. (...)" (AgRg no AgRg nos EDcl no REsp 935.462/MG, Rel. Ministro FRANCISCO FALCÃO, PRIMEIRA TURMA, julgado em 15/04/2008, DJe 08/05/2008)

Aplicação em concurso.

FGV – Auditor Fiscal de Tributos Estaduais– SEFIN-RO/2018

Sobre o princípio da não-cumulatividade do ICMS, assinale a afirmativa correta.

(A) O ICMS incidente sobre a energia elétrica consumida pelas empresas de telecomunicação, que promovem processo industrial por equiparação, não pode ser creditado para abatimento do imposto devido quando da prestação dos serviços.

(B) O direito ao crédito para compensação com o montante devido nas operações seguintes é garantido, ainda que a saída da mercadoria seja isenta ou não tributada.

(C) O direito de o estabelecimento utilizar o crédito de ICMS extingue-se depois de decorridos cinco anos contados da data de emissão do documento.

(D) O direito ao crédito das mercadorias destinadas ao uso ou ao consumo do estabelecimento, nele entradas, é garantido.

(E) Ao comerciante, ainda que de boa-fé, é vedado aproveitar os créditos de ICMS decorrentes de nota fiscal posteriormente declarada inidônea

Resposta: C.

Art. 24. A legislação tributária estadual disporá sobre o período de apuração do imposto. As obrigações consideram-se vencidas na data em que termina o período de apuração e são liquidadas por compensação ou mediante pagamento em dinheiro como disposto neste artigo:

I – as obrigações consideram-se liquidadas por compensação até o montante dos créditos escriturados no mesmo período mais o saldo credor de período ou períodos anteriores, se for o caso;

II – se o montante dos débitos do período superar o dos créditos, a diferença será liquidada dentro do prazo fixado pelo Estado;

III – se o montante dos créditos superar os dos débitos, a diferença será transportada para o período seguinte.

1. **Regime de apuração do ICMS.** O artigo em estudo traz as principais regras alusivas à forma de apuração e liquidação do ICMS.

   As noções gerais referentes à sistemática de apuração do imposto foram apresentadas quando do estudo do art. 21 desta lei complementar.

   Conforme visto, a **apuração de débitos e créditos** de determinado contribuinte de ICMS é feita, em regra, por períodos de tempo previamente fixados na **legislação estadual**. Os valores das operações – consignados nas notas fiscais – devem ser devidamente registrados nos livros de entradas, saídas, inventário e apuração do ICMS. Ao final de cada período de apuração, que, em regra, é de 1 (um) mês, baseado nos registros supracitados, o contribuinte fará o **encontro de contas**, confrontando o total do débito com o total do crédito. Nas entradas serão contabilizados os créditos e nas saídas os débitos.

   Caso haja **saldo devedor**, deverá o sujeito passivo emitir Guia de Informação e Apuração de ICMS – GIA/ICMS no respectivo valor e realizar o pagamento (**LC 87/96, art. 24, II**).

   Havendo crédito, será este transferido para o período subsequente (**LC 87/96, art. 24, III**).

   A forma de apuração mencionada acima é conhecida pela alcunha de **conta gráfica**, em alusão ao fato de a empresa criar uma espécie de "**conta corrente de apuração do ICMS**" devido por ocasião de todas as operações realizadas a cada período de tempo – fixado na legislação estadual.

2. **Prazo para recolhimento do tributo (liquidação da obrigação) e forma de correção monetária dos créditos: Fixação por ato de natureza infralegal.**

Consoante jurisprudência pacífica, o prazo para recolhimento do tributo e a atualização da base de cálculo do ICMS não constituem matéria de reserva legal.

Assim, verificado pelo contribuinte, após o período de apuração previamente fixado, saldo devedor, o pagamento da GIA/ICMS dar-se-á dentro do prazo estabelecido, por exemplo, por Decreto do Executivo.

Sobre a atualização monetária, pacificou-se também o posicionamento de que os índices fixados pela legislação estadual ou municipal não podem ser superiores ao índice oficial de correção monetária.

Prevalece, portanto, o entendimento segundo o qual as matérias não elencadas no art. 97 do Código Tributário Nacional – como, por exemplo, fixação de prazo para pagamento do tributo e atualização monetária da base de cálculo – não estão englobadas pelo princípio da legalidade tributária.

► **STF:**

– "Improcedência da alegação, tendo em vista não se encontrar sob o princípio da legalidade estrita e da anterioridade a fixação do vencimento da obrigação tributária; já se havendo assentado no STF, de outra parte, **o entendimento de que a atualização monetária do débito de ICMS vencido não afronta o princípio da não-cumulatividade** (RE 172.394). Recurso não conhecido." (RE 195218, Relator(a): Min. ILMAR GALVÃO, Primeira Turma, julgado em 28/05/2002, DJ 02-08-2002 PP-00084 EMENT VOL-02076-05 PP-00929)

– "De outra parte, não se compreendendo no campo reservado a lei, pelo Texto Fundamental, a definição do vencimento e do modo pelo qual se procederá a atualização monetária das obrigações tributárias, também não se pode ter por configurada delegação de poderes no cometimento de tais encargos, pelo legislador ordinário, ao Poder regulamentar. **De considerar-se, por fim, que o princípio da não-cumulatividade não é infringido pelo fato de vir a ser recolhido, por valor corrigido, o imposto apurado, na época própria, pela diferença entre créditos e débitos efetuados pelos respectivos valores singelos, já que da correção do tributo não resulta acréscimo, mas simples atualização monetária do quantum devido**. Inconstitucionalidades não configuradas. Recurso conhecido, mas improvido. (RE 172394, Relator(a): Min. MARCO AURÉLIO, Relator(a) p/ Acórdão: Min. ILMAR GALVÃO, Tribunal Pleno, julgado em 21/06/1995,

DJ 15-09-1995 PP-29549 EMENT VOL-01800-12 PP-02317 RTJ VOL00176-002 PP-00894)

▶ **STJ**

– **Súmula 160**: É defeso, ao Município, atualizar o IPTU, mediante decreto, em percentual superior ao índice oficial de correção monetária.

– "É pacífico o entendimento desta Corte no sentido de que o prazo de apuração do tributo não constitui elemento submetido à estrita reserva legal, pelo que não há óbice à antecipação do período para apuração do ICMS por decreto estadual, conforme ocorrera no caso em apreço." (REsp 141.112/SP, Rel. Ministro FRANCIULLI NETTO, SEGUNDA TURMA, julgado em 17/05/2001, DJ 13/08/2001, p. 85)

Art. 25. Para efeito de aplicação do disposto no art. 24, **os débitos e créditos devem ser apurados em cada estabelecimento**, compensando-se os saldos credores e devedores entre os estabelecimentos do mesmo sujeito passivo localizados no Estado.

§ 1º Saldos credores acumulados a partir da data de publicação desta Lei Complementar por estabelecimentos que realizem operações e prestações de que tratam o inciso II do art. 3º e seu parágrafo único podem ser, na proporção que estas saídas representem do total das saídas realizadas pelo estabelecimento:

I – imputados pelo sujeito passivo a qualquer estabelecimento seu no Estado;

II – havendo saldo remanescente, transferidos pelo sujeito passivo a outros contribuintes do mesmo Estado, mediante a emissão pela autoridade competente de documento que reconheça o crédito.

§ 2º Lei estadual poderá, nos demais casos de saldos credores acumulados a partir da vigência desta Lei Complementar, permitir que:

I – sejam imputados pelo sujeito passivo a qualquer estabelecimento seu no Estado;

II – sejam transferidos, nas condições que definir, a outros contribuintes do mesmo Estado.

1. **Autonomia dos estabelecimentos para fins de apuração do imposto (LC 87/96, art. 25, *caput*).** Nos termos do art. 11, §3º, desta lei complementar, **estabelecimento** é o local, privado ou público, edificado ou não, próprio ou de terceiro, onde pessoas físicas ou jurídicas exerçam suas atividades em caráter temporário ou permanente, bem como onde se encontrem armazenadas mercadorias. São **exemplos de estabelecimentos** a **matriz da indústria, suas filiais e até mesmo os depósitos**. Para fins de apuração e liquidação do ICMS, deverão ser considerados os débitos e créditos apurados em cada estabelecimento.

Isso significa que **uma mesma empresa pode ter diversas inscrições no cadastro de contribuintes do ICMS do Estado** – uma para cada estabelecimento.

Isso significa também, em segundo lugar, que os saldos credores e devedores compensam-se, em regra, dentro do **âmbito de cada estabelecimento**. Em outros termos, ressalvadas as hipóteses discriminadas nos parágrafos primeiro e segundo, a serem estudadas em seguida, para a elaboração da **conta gráfica** da filial de determinada empresa, por exemplo, deve-se levar em consideração apenas as entradas e saídas verificadas naquela filial determinada, desconsiderando-se eventuais saldos credores apurados na matriz.

1.1. O Patrimônio da matriz responde pelas dívidas tributárias da filial – e vice versa. Em que pese o princípio da autonomia dos estabelecimentos para fins de apuração do imposto, discriminado acima, a jurisprudência do Superior Tribunal de Justiça consolidou recentemente, em recurso submetido ao regime do art. 543–C do CPC, o entendimento segundo o qual: a) **o patrimônio da matriz responde, em sede de execução fiscal ou ação cautelar fiscal, pelas dívidas da filial** e; b) o **patrimônio da filial responde, também em sede de execução fiscal ou ação cautelar fiscal, pelo débito da matriz**.

Em linhas gerais, considerou-se que o princípio da autonomia dos estabelecimentos tem especial relevância para a atividade fiscalizatória da administração tributária, não afastando a unidade patrimonial da empresa. Ressaltou-se ainda que que a inscrição da filial no CNPJ é derivada do CNPJ da matriz.

▶ **STJ:**

– "No âmbito do direito privado, cujos princípios gerais, à luz do art. 109 do CTN, são informadores para a definição dos institutos de direito tributário, a filial é uma espécie de estabelecimento empresarial, fazendo parte do acervo patrimonial de uma única pessoa jurídica, partilhando dos mesmos sócios, contrato social e firma ou denominação da matriz. Nessa condição, consiste, conforme doutrina majoritária, em uma universalidade de fato, não ostentando personalidade jurídica própria, não sendo sujeito de direitos, tampouco uma pessoa distinta da sociedade empresária. Cuida-se de um instrumento de que se utiliza o empresário ou sócio para exercer suas atividades. (...) **A discriminação do patrimônio da empresa, mediante a criação de filiais, não afasta a unidade**

patrimonial da pessoa jurídica, que, na condição de devedora, deve responder com todo o ativo do patrimônio social por suas dívidas, à luz de regra de direito processual prevista no art. 591 do Código de Processo Civil, segundo a qual 'o devedor responde, para o cumprimento de suas obrigações, com todos os seus bens presentes e futuros, salvo as restrições estabelecidas em lei'. (...) **O princípio tributário da autonomia dos estabelecimentos,** cujo conteúdo normativo preceitua que estes devem ser considerados, na forma da legislação específica de cada tributo, unidades autônomas e independentes nas relações jurídico-tributárias travadas com a Administração Fiscal, **é um instituto de direito material, ligado à questão do nascimento da obrigação tributária de cada imposto especificamente considerado e não tem relação com a responsabilidade patrimonial dos devedores prevista em um regramento de direito processual, ou com os limites da responsabilidade dos bens da empresa e dos sócios definidos no direito empresarial.** (...) A obrigação de que cada estabelecimento se inscreva com número próprio no CNPJ tem especial **relevância para a atividade fiscalizatória da administração tributária**, não afastando a unidade patrimonial da empresa, cabendo ressaltar que a inscrição da filial no CNPJ é derivada do CNPJ da matriz. (...) Nessa toada, limitar a satisfação do crédito público, notadamente do crédito tributário, a somente o patrimônio do estabelecimento que participou da situação caracterizada como fato gerador é adotar interpretação absurda e odiosa. Absurda porque não se concilia, por exemplo, com a cobrança dos créditos em uma situação de falência, onde todos os bens da pessoa jurídica (todos os estabelecimentos) são arrecadados para pagamento de todos os credores, ou com a possibilidade de responsabilidade contratual subsidiária dos sócios pelas obrigações da sociedade como um todo (v.g. arts. 1.023, 1.024, 1.039, 1.045, 1.052, 1.088 do CC/2002), ou com a administração de todos os estabelecimentos da sociedade pelos mesmos órgãos de deliberação, direção, gerência e fiscalização. Odiosa porque, por princípio, o credor privado não pode ter mais privilégios que o credor público, salvo exceções legalmente expressas e justificáveis.(...) Recurso especial conhecido e provido. **Acórdão submetido ao regime do art. 543-C do CPC** e da Resolução STJ n. 8/08. (REsp 1355812/RS, Rel. Ministro MAURO CAMPBELL MARQUES, PRIMEIRA SEÇÃO, julgado em 22/05/2013, DJe 31/05/2013)

2. **Saldos credores acumulados (LC 87/96, art. 25, §§ 1º e 2º).** Fala-se em saldo credor acumulado quando, dentro do período de tempo fixado para apuração do imposto, **os créditos, decorrentes das entradas de**

mercadorias, forem maiores que os débitos, decorrentes das saídas de mercadorias, o que se dá, por exemplo, em razão do elevado número de exportações realizadas por determinado estabelecimento ou mesmo em virtude de reduzido número de vendas.

Uma empresa que credita, em sua conta gráfica, num determinado mês, R$ 2.500,00 (dois mil e quinhentos reais) em razão da aquisição de insumos, e que só registra R$ 2.000,00 (dois mil reais) de débitos, decorrentes da venda de mercadorias, terá um saldo credor de R$ 500,00 (quinhentos reais).

2.1. Transferências incondicionadas de saldos credores acumulados de ICMS (LC 87/96, art. 25, §1º). O parágrafo primeiro do art. 25 da LC 87/96 contém hipóteses de transferências incondicionadas de saldos credores acumulados de ICMS.

Diz-se que tais transferências são **incondicionadas** porque, ao contrário do que ocorre nas situações elencadas no parágrafo segundo, **não dependem da edição de lei estadual regulamentadora**.

Assim, desde a publicação da Lei Complementar n. 87/96, os saldos credores acumulados por estabelecimentos exportadores de serviços ou bens podem ser transferidos, na proporção que tais saídas representem do total das saídas realizadas pelo estabelecimento: a) **pelo sujeito passivo a qualquer estabelecimento seu** e; b) **pelo sujeito passivo a outros contribuintes do mesmo Estado**, mediante emissão pela autoridade competente de documento que reconheça o crédito.

▶ **STJ:**

- **Súmula 129.** "O exportador adquire o direito de transferência de crédito do ICMS quando realiza a exportação do produto e não ao estocar a matéria-prima."

- "PROCESSO CIVIL E TRIBUTÁRIO. ICMS. LC 87/96. TRANSFERÊNCIA A TERCEIROS DE CRÉDITOS ACUMULADOS EM DECORRÊNCIA DE OPERAÇÕES DE EXPORTAÇÃO. NORMA DE EFICÁCIA PLENA. **DESNECESSIDADE DE EDIÇÃO DE LEI ESTADUAL** REGULAMENTADORA. AGRAVO REGIMENTAL A QUE SE NEGA PROVIMENTO." (AgRg no REsp 1232141/MA, Rel. Ministro TEORI ALBINO ZAVASCKI, PRIMEIRA TURMA, julgado em 16/08/2011, DJe 24/08/2011)

  "Por ser **autoaplicável o § 1º do art. 25 da Lei Complementar n. 87/96**, e sendo os créditos oriundos de operações disciplinadas no art. 3º, inciso II, do mesmo normativo, **'não é dado ao legislador estadual qualquer vedação ao aproveitamento dos créditos do ICMS, sob pena de infringir o princípio da não-cumulatividade, quando este aproveitamento se fizer em benefício de qualquer outro estabelecimento seu, no mesmo Estado, ou de terceiras pessoas, observando-se para tanto a origem no art. 3º'** (RMS 13544/PA, Rel. Min. Eliana Calmon, Segunda Turma, julgado em 19.11.2002, DJ 2.6.2003, p. 229). (...) In casu, **é direito da empresa transferir, na proporção que as saídas das mercadorias representem o total dos saldos apurados, os créditos acumulados em decorrência das operações descritas no art.3º, inciso II, da Lei Complementar n. 87/96 a outros contribuintes do mesmo estado**. (...)" (AgRg no AREsp 151.708/RS, Rel. Ministro HUMBERTO MARTINS, SEGUNDA TURMA, julgado em 05/06/2012, DJe 14/06/2012)

– "TRIBUTÁRIO. ICMS. CRÉDITOS ACUMULADOS. TRANSFERÊNCIA A TERCEIROS (CF/88, ART. 155, § 2º, XII, e ART. 25, § 1º, II, LC 87/96). O legislador constitucional estabeleceu a transferência de crédito acumulado, mas delegou à lei complementar a disciplina desta hipótese de não-incidência. (...) A jurisprudência do STJ entende que, conforme o disposto no art.25 da Lei Complementar 87/1996, **há duas hipóteses de transferência de crédito acumulado de ICMS a contribuintes do mesmo Estado**: a) nos termos do § 1º, os créditos oriundos de operações e prestações que destinem ao exterior mercadorias, inclusive produtos primários e industrializados semi-elaborados, ou serviços; e b) consoante o § 2º, os demais casos de saldos credores acumulados, a serem definidos pelo legislador estadual. (...) **Hipótese dos autos em que a transferência a terceiros refere-se a créditos oriundos de operações disciplinadas no art. 3º, II, da LC 87/96.** (...) Agravo Regimental não provido." (AgRg no REsp 1247425/MA, Rel. Ministro HERMAN BENJAMIN, SEGUNDA TURMA, julgado em 13/09/2011, DJe 16/09/2011)

Aplicação em concurso.

FAURGS/TJ-RS/JUIZ SUBSTITUTO/2015

"Com relação ao aproveitamento de créditos e à não cumulatividade aplicável ao ICMS, assinale a alternativa correta.

(A) A isenção ou não incidência acarretam a anulação do crédito relativo às operações posteriores, salvo determinação em contrário da legislação.

(B) A regra contida no art. 25, § 1º, da Lei Complementar nº 87/96, não é autoaplicável, facultando-se ao Estado, mediante lei, restringir o aproveitamento e a transferência dos saldos credores oriundos das operações disciplinadas no art. 3º, da LC.

(C) A transferência do crédito acumulado em decorrência de operações de exportação deve obedecer às normas da Lei Complementar nº 87/96, sendo imprópria a criação de normas limitadoras, por meio de lei estadual.

(D) O comerciante, ainda que demonstrada a boa-fé e a veracidade da aquisição, não pode aproveitar crédito de ICMS oriundo de mercadoria cuja nota fiscal seja posteriormente declarada inidônea.

(E) O direito ao aproveitamento de créditos fiscais decorrentes de entrada de bens destinados ao ativo fixo, por força da natureza constitucional do princípio da "não cumulatividade", não depende de autorização em lei específica."

Resposta: C.

► **IMPORTANTE:** Não há que se confundir a "**transferência incondicionada de saldos credores** de empresas exportadoras" com a "**transferência incondicionada de créditos** de empresas exportadoras". **Não existe livre disponibilidade do crédito**, estando o **legislador estadual autorizado**, mesmo nas situações descritas no art. 25, § 1º, **a vedar a transferência** dos créditos nos casos em que **os débitos tenham sido superiores**, ou seja, **nos casos em que não tenha havido saldo credor.**

► **Informativo do STJ:**

– "**Não viola o princípio da não cumulatividade a vedação, prevista em legislação estadual, de aproveitamento de crédito de ICMS decorrente de operação de exportação quando o contribuinte possuir débito superior ao crédito**. Por esse entendimento, não se nega o direito ao crédito do contribuinte; o que é obstado, na verdade, é a **livre disposição de tais créditos**, ante a vedação prevista em legislação estadual e a inexistência de saldo credor. (...) Veja-se que, por determinação legal, a operação de compensação de débitos com créditos ocorre anteriormente a qualquer outra operação. Havendo, ao final, saldo de créditos de ICMS, abre-se a possibilidade de apropriação, utilização ou transferência pelo contribuinte. **A apropriação, a utilização e a transferência de créditos de ICMS pressupõem a existência de saldo credor**, o que não ocorre no caso em que o contribuinte possui débito superior ao crédito. **Assim, embora o § 1° do art. 25 da LC n. 87/1996 seja**

autoaplicável, não podendo ser condicionado pelo legislador estadual, o seu pressuposto é a existência de saldos credores. Desta feita, a questão em análise possui natureza operacional. Nessa conjuntura, os créditos de ICMS, conquanto decorrentes de operações de exportação, submetem-se à compensação do caput do art. 25 da Lei Kandir. Desse modo, o que o Fisco não pode fazer é estornar os créditos decorrentes da exportação (art. 21, § 2º, da LC n. 87/1996), caso provada e suficientemente documentada a ocorrência das operações ou prestações de serviço. Em tal caso, estar-se-ia aumentando, de forma ilegítima, o débito de ICMS do contribuinte. Portanto, não fere o princípio da não cumulatividade a lei estadual que veda a apropriação e a utilização de crédito de ICMS ao contribuinte que tiver débito do imposto superior ao montante de créditos. REsp 1.505.296- SP, Rel. Min. Humberto Martins, julgado em 15/9/2015, DJe 9/12/2015 (Informativo n. 574).

2.2. Transferências condicionadas de saldos credores acumulados de ICMS (LC 87/96, art. 25, §2º). O parágrafo segundo do art. 25 da LC 87/96 contém hipóteses de transferências condicionadas de saldos credores acumulados de ICMS.

Diz-se que tais transferências são **condicionadas** porque demandam **edição de lei estadual regulamentadora**.

Assim, desde a publicação da Lei Complementar n. 87/96, a lei estadual poderá, nos demais casos de saldos credores acumulados, permitir que: a) sejam imputados pelo sujeito passivo a qualquer estabelecimento seu no Estado e; b) sejam transferidos, nas condições que definir, a outros contribuintes do mesmo Estado.

► **STJ:**

– "O Estado do Rio de Janeiro, em observância ao disposto nos arts. 25, § 2º, da Lei Complementar Federal 87/96, e 38 da Lei Estadual 2.657/96, bem como nos referidos Decretos Estaduais, entendeu que a empresa não preenchia os requisitos necessários à obtenção de autorização para transferência de crédito de ICMS a outro contribuinte do mesmo Estado. Assim, o ato impetrado pautou-se na estrita legalidade, não havendo falar em violação de direito líquido e certo a amparar o mandado de segurança. (...) **A transferência de créditos acumulados de ICMS a terceiro, embora seja operação tributária admitida, somente pode ser deferida quando o contribuinte enquadrar-se nas exigências impostas pela legislação que regulamenta a matéria.** (...) Por fim, ressalte-se que o indeferimento do pedido de transferência também foi fundamentado, consoante anteriormente ressaltado, na **existência de crédito tributário lançado, o que, segundo a legislação estadual, também obstaculiza a autorização da referida transferência**. No entanto, a empresa recorrente, em sua prova pré-constituída, também não demonstrou o adimplemento dos débitos fiscais. (...) Julgando demanda similar à dos presentes autos, esta Corte de Justiça concluiu que, 'exigindo a norma estadual não esteja a empresa em débito com o Fisco estadual, para fins da autorização da transferência solicitada, deveria ter a recorrente feito prova de que regularizou o seu estado de inadimplência, sem o que carecedora de direito certo e líquido' (RMS 19.583/RJ, 1ª Turma, Rel. Min. Francisco Falcão, DJ de 19.12.2005). (...)Recurso ordinário desprovido." (RMS 21.240/RJ, Rel. Ministra DENISE ARRUDA, PRIMEIRA TURMA, julgado em 16/12/2008, DJe 11/02/2009)

Art. 26. Em substituição ao regime de apuração mencionado nos arts. 24 e 25, a lei estadual poderá estabelecer:

I – que o cotejo entre créditos e débitos se faça por mercadoria ou serviço dentro de determinado período;

II – que o cotejo entre créditos e débitos se faça por mercadoria ou serviço em cada operação;

III – que, em função do porte ou da atividade do estabelecimento, o imposto seja pago em parcelas periódicas e calculado por estimativa, para um determinado período, assegurado ao sujeito passivo o direito de impugná-la e instaurar processo contraditório.

§ 1º Na hipótese do inciso III, ao fim do período, será feito o ajuste com base na escrituração regular do contribuinte, que pagará a diferença apurada, se positiva; caso contrário, a diferença será compensada com o pagamento referente ao período ou períodos imediatamente seguintes.

§ 2º A inclusão de estabelecimento no regime de que trata o inciso III não dispensa o sujeito passivo do cumprimento de obrigações acessórias.

1. **Regimes diferenciados de apuração e arrecadação do ICMS (LC 87/96, art. 26, I, II e III).** O dispositivo em comento faculta à lei estadual a instituição de regime de apuração diverso daquele discriminado nos arts. 24 e 25 da LC 87/96 – segundo o qual **o ICMS é apurado mediante o confronto de créditos e débitos em determinado período de tempo**, respeitado o princípio da autonomia do estabelecimento.

Admite-se, em primeiro lugar, que o cotejo entre créditos e débitos se faça por mercadoria ou serviço dentro de determinado período. A lei estadual poderá prever ainda que referido cotejo se faça por **mercadoria ou serviço em cada operação**. Por fim, faculta-se a apuração do tributo pelo **sistema de estimativa**, que, dada sua maior complexidade, será estudado em tópico próprio.

Na verdade, a jurisprudência tem admitido a instituição, sempre por meio de lei, de outros regimes especiais de apuração, diversos daqueles enunciados nos incisos I a III do supracitado art. 26 da LC 87/96.

▶ **STJ:**

- "Inexistem omissão, contradição e obscuridade em acórdão que, de modo explícito, aceita a instituição de regime especial de pagamento antecipado de ICMS imposto a contribuinte que se constata ser impontual no referente à liquidação do referido imposto e não cumpre a determinação de instalar máquinas de cupom fiscal. (...) O art. 26, II, da LC 87/96, combinado com o DL 408/68, arts. 6º, §§ 3º e 4º autorizam o regime especial de antecipação do pagamento do ICMS. (...) **No caso em exame, há, ainda, Lei Estadual (Lei 3.796/96, art. 76) a amparar a pretensão do Fisco**. (...)" (EDcl no RMS 13.814/SE, Rel. Ministro JOSÉ DELGADO, PRIMEIRA TURMA, julgado em 22/02/2005, DJ 04/04/2005, p. 167)
- "É legítima a cobrança antecipada do ICMS, sob o pálio da Constituição Federal (art. 146, III, b), Lei Complementar nº 26/87 (art. 26, II) e Lei Estadual nº 3.796/96 (art. 28, I, b, e 8º). Não padece de ilegalidade a sujeição do contribuinte ao regime especial de fiscalização, se este deixou de cumprir com suas obrigações tributárias (art. 76, § 1º e IV da Lei Estadual nº 3796/96)." (RMS 14618/SE, Rel. Ministro GARCIA VIEIRA, PRIMEIRA TURMA, julgado em 13/08/2002, DJ 30/09/2002, p. 158)

2. **Necessária obediência à proporcionalidade na fixação do regime diferenciado: Proibição de instituição de sanções políticas em matéria tributária.** Cunhou-se a expressão "sanção política" para designar as medidas restritivas ou proibitivas impostas aos contribuintes como meio indireto de cobrança de tributos. Fala-se que referidas práticas possuem natureza política justamente por violarem dispositivos de lei ou mesmo valores consagrados no texto da Constituição.

A súmula da jurisprudência dominante do Supremo Tribunal Federal encontra-se repleta de enunciados atinentes ao tema das sanções políticas.

O enunciado n. 70 assevera que "é inadmissível a interdição de estabelecimento como meio coercitivo para cobrança de tributo"; o enunciado n. 323, por sua vez, dispõe que: "é inadmissível a apreensão de mercadorias como meio coercitivo para pagamento de tributos"; por fim, o verbete n. 247 diz que "não é lícito à autoridade proibir que o contribuinte em débito adquira estampilhas, despache mercadorias nas alfândegas e exerça suas atividades profissionais".

A depender da gravidade das restrições, a instituição de regime especial de fiscalização ou arrecadação do imposto pode configurar **sanção política**. Em regra, contudo, conforme jurisprudência mais recente do STF, a verificação da **proporcionalidade ou não do regime** dar-se-á mediante análise do **caso concreto**, logo, demandará o reexame de fatos e provas.

Em alguns casos excepcionais, de legislação claramente desarrazoada, admite-se a declaração, em abstrato, da inconstitucionalidade da medida.

► **TJ/SP.**

– "O regime especial do ICMS, autorizado por lei, não impõe limitações à atividade comercial do contribuinte e nem violação ã garantia de liberdade de trabalho, inserta no artigo 5o, XIII, da Carta Política **Isto porque o contribuinte, ao fraudar o Fisco, imbuído de dolo ou má-fé, viola o princípio da livre concorrência e da isonomia, ao levar ao mercado valores abaixo do custo real do produto, deduzido do imposto que deixará de recolher.** (...)Além disso, o regime especial aplicado não impede a empresa açucareira e alcooleira de exercer suas atividades sem obrigar o contribuinte ao recolhimento do imposto antes da concreção efetiva do fato imponível, não impedindo, por outro lado, apropriação dos créditos legítimos do ICMS. (...) **Ademais, o regime especial não impõe qualquer sanção ao contribuinte, pois a apuração do imposto devido, que é feita no final do período de um mês, passa a ser realizada em cada operação tributada** (...)." (TJSP, Apelação n. 0162240-92.2007.8.26.0000, 7ª Câmara de Direito Público, Des. Relator Guerrieri Rezende, julgado em 05/11/2007).

► **STF:.**

– "Para que fosse possível reverter o acórdão recorrido na forma pleiteada pelo agravante, seria necessário **reabrir a instrução probatória para descaracterizar o regime especial de apuração e de recolhimento do tributo como cautela destinada a abordar situação tida como grave**. Agravo regimental ao qual se nega provimento." (STF, AI

808684 AgR, Relator(a): Min. JOAQUIM BARBOSA, Segunda Turma, julgado em 28/08/2012, ACÓRDÃO ELETRÔNICO DJe-183 DIVULG 17-09-2012 PUBLIC 18-09-2012)

– "Conflita com a Constituição Federal, em face da liberdade de comércio, da livre concorrência e do princípio da não-cumulatividade, a imposição de regime de recolhimento de tributo que implique **obrigação de satisfazer diariamente o valor correspondente ao Imposto sobre Circulação de Mercadorias e Serviços.**" (RE 195621, Relator(a): Min. MARCO AURÉLIO, Segunda Turma, julgado em 07/11/2000, DJ 10-08-2001 PP-00018 EMENT VOL-02038-03 PP-00524)

Aplicação em concurso.

Cespe – Delegado de Polícia – GO/2017

"Instrução normativa expedida em dezembro de 2015 pelo secretário de Fazenda do Estado de Goiás estabeleceu que, para ter acesso ao sistema de informática de emissão de nota fiscal, relativa ao ICMS, o contribuinte deve estar em dia com suas obrigações tributárias estaduais. Em janeiro de 2016, a empresa Alfa Ltda., com pagamento de tributos em atraso, requereu acesso ao sistema e teve o seu pedido indeferido.

Nessa situação hipotética,

A) ainda que a emissão de notas fiscais seja obrigação acessória, o princípio da legalidade estrita, vigente no direito tributário, impõe que tais deveres sejam previstos por lei ordinária, sendo inválida a restrição estabelecida por instrução normativa.

B) o ICMS é tributo sujeito à anterioridade nonagesimal, de modo que, embora válida a instrução normativa, o indeferimento é ato insubsistente, por ter aplicado a instrução normativa antes do prazo constitucional.

C) a interdição de emissão de notas fiscais é meio indireto de cobrança do tributo, já que inibe a continuidade da atividade profissional do contribuinte, o que torna a instrução normativa em questão inválida.

D) o ICMS não é tributo sujeito à anterioridade nonagesimal, de modo que o indeferimento é válido.

E) a emissão de notas fiscais é obrigação acessória, podendo ser regulada por ato infralegal, sendo válida a restrição estabelecida".

Resposta: C.

3. Regime de apuração por estimativa (LC 87/96, art. 26, III, e §§ 1º e 2º). A LC 87/96 faculta também aos Estados a instituição do regime de apuração do imposto por estimativa, a depender do porte ou da atividade do estabelecimento, respeitado sempre o direito ao contraditório.

Nos termos da lei, ao fim do período, será feito o ajuste com base na escrituração regular do contribuinte, que pagará a diferença apurada, se positiva. Caso a diferença seja negativa, ela será compensada com o pagamento referente ao período ou períodos imediatamente seguintes.

A sistemática lembra o regime de substituição tributária progressiva, em que a Administração precisa valer-se de indícios e presunções para chegar aos valores devidos pelo sujeito passivo da exação. Da mesma forma, aqui, não se pode valer de qualquer tipo de pauta fiscal nem se deixar de lado o direito do contribuinte à impugnação do montante porventura desarrazoado.

Por fim, prevê o artigo em estudo que a inclusão de estabelecimento no regime de que trata o inciso III não dispensa o sujeito passivo do cumprimento de obrigações acessórias.

► **STF:**

- "Substituição do regime de débito e crédito utilizado para apuração do ICMS, pelo **regime de apuração por estimativa. Sustentação de violação ao princípio da não-cumulatividade do ICMS**. (...) A Lei Complementar nº 87, de 13.9.96, reserva à lei estadual dispor sobre cálculo por estimativa. Improcede a alegação de que a cláusula 'vedada a utilização de créditos', art. 4º, da Lei em exame, ofende o princípio constitucional da não-cumulatividade. Possibilidade de compensação de eventuais créditos consignada no art. 4º, § 8º, II, do Diploma estadual atacado. (...) Quanto ao cálculo do ICMS, a utilização de eventuais créditos segue procedimento distinto, não cabendo a forma do sistema débito-crédito de apuração do ICMS. (...). (ADI 1995 MC, Relator(a): Min. NÉRI DA SILVEIRA, Tribunal Pleno, julgado em 03/08/2000, DJ 01-08-2003

► **STF:** Mais recentemente, nossa Corte Suprema, após reconhecer a repercussão geral da matéria, deixou claro que **a opção pelo regime de estimativa deve se dar por meio de lei (em sentido estrito), que fixe todos os contornos do novo regime**; confira-se:

"TRIBUTO – PRINCÍPIO DA LEGALIDADE. A exigibilidade de tributo pressupõe lei que o estabeleça – artigo 150 da Constituição Federal. ICMS – REGIME DE APURAÇÃO – ESTIMATIVA – DECRETO – IMPROPRIEDADE.

A criação de nova maneira de recolhimento do tributo, partindo-se de **estimativa** considerado o mês anterior, **deve ocorrer mediante lei no sentido formal e material, descabendo, para tal fim, a edição de decreto, a revelar o extravasamento do poder regulamentador do Executivo.**"[64]

3.1. Regime de apuração por estimativa e simples nacional. O caso mais conhecido de regime de apuração por estimativa é aquele fixado na Lei Complementar n. 123/2006 (Estatuto da Micro e Pequena Empresa), que institui o Regime Especial Unificado de Arrecadação de Tributos e Contribuições – Simples Nacional. O optante do Simples Nacional recolherá numerosos impostos e contribuições (art. 13, caput) mediante documento único de arrecadação, tomando por base sua receita bruta auferida no mês (art. 18, § 3º).

O que a lei faz, em linhas gerais, é presumir, com base na receita bruta, a renda auferida pela empresa, seu lucro, o volume de serviços prestados e mesmo o montante obtido a partir de operações relativas à circulação de mercadorias. Não há propriamente alteração das materialidades do tributo, previstas na Constituição de 1988 (operações relativas à circulação de mercadorias ou prestação de serviços de transporte interestadual, intermunicipal e de comunicação), mas estimativa, à luz da receita bruta, do montante das operações e prestações realizadas.

► **LC n. 123/2006:**

Art. 13. O **Simples Nacional** implica o recolhimento mensal, mediante **documento único** de arrecadação, dos seguintes impostos e contribuições:

I - Imposto sobre a Renda da Pessoa Jurídica - IRPJ;

II - Imposto sobre Produtos Industrializados - IPI, observado o disposto no inciso XII do § 1º deste artigo;

III - Contribuição Social sobre o Lucro Líquido - CSLL;

IV - Contribuição para o Financiamento da Seguridade Social - COFINS, observado o disposto no inciso XII do § 1º deste artigo;

---

64. STF, RE 632265, Relator(a): Min. MARCO AURÉLIO, Tribunal Pleno, julgado em 18/06/2015, PUBLIC 05-10-2015.

V - Contribuição para o PIS/Pasep, observado o disposto no inciso XII do § 1º deste artigo;

VI - Contribuição Patronal Previdenciária - CPP para a Seguridade Social, a cargo da pessoa jurídica, de que trata o art. 22 da Lei nº 8.212, de 24 de julho de 1991, exceto no caso da microempresa e da empresa de pequeno porte que se dedique às atividades de prestação de serviços referidas no § 5º-C do art. 18 desta Lei Complementar;

VII - Imposto sobre Operações Relativas à Circulação de Mercadorias e Sobre Prestações de Serviços de Transporte Interestadual e Intermunicipal e de Comunicação - ICMS;

VIII - Imposto sobre Serviços de Qualquer Natureza - ISS.

3.1.1. Simples Nacional e regime convencional de arrecadação. A LC n. 123/2006 estabelece algumas hipóteses em que o ICMS será recolhido por meio da sistemática convencional mesmo para optante do Simples Nacional; confira-se:

▶ **LC n. 123/2006:**

Art. 13. (...):

§ 1º O recolhimento na forma deste artigo não exclui a incidência dos seguintes impostos ou contribuições, devidos na qualidade de contribuinte ou responsável, em relação aos quais será observada a legislação aplicável às demais pessoas jurídicas:

(...)

XIII - **ICMS devido**:

a) nas operações sujeitas ao **regime de substituição tributária**, tributação concentrada em uma **única etapa** (monofásica) e **sujeitas ao regime de antecipação do recolhimento do imposto com encerramento de tributação**, envolvendo combustíveis e lubrificantes; energia elétrica; cigarros e outros produtos derivados do fumo; bebidas; óleos e azeites vegetais comestíveis; farinha de trigo e misturas de farinha de trigo; massas alimentícias; açúcares; produtos lácteos; carnes e suas preparações; preparações à base de cereais; chocolates; produtos de padaria e da indústria de bolachas e biscoitos; sorvetes e preparados para fabricação de sorvetes em máquinas; cafés e mates, seus extratos, essências e concentrados; preparações para molhos e molhos preparados; preparações de produtos vegetais; rações para animais domésticos; veículos automotivos e automotores, suas peças, componentes e acessórios; pneumáticos; câmaras de ar e protetores de borracha; medicamentos e outros produtos farmacêuticos para uso humano ou veterinário; cosméticos; produtos de perfumaria e de higiene pessoal; papéis; plásticos; canetas e malas; cimentos; cal e argamassas; produtos cerâmicos; vidros; obras de metal e plástico para construção; telhas e caixas d'água; tintas e vernizes; produtos eletrônicos, eletroeletrônicos e eletrodomésticos; fios; cabos e outros condutores; transformadores elétricos e reatores; disjuntores; interruptores e tomadas; isoladores; para-raios e lâmpadas; máquinas e aparelhos de ar-condicionado; centrifugadores de uso doméstico; aparelhos e instrumentos de pesagem de uso doméstico; extintores; aparelhos ou máquinas de barbear; máquinas de cortar o cabelo ou de tosquiar; aparelhos de depilar, com motor elétrico incorporado; aquecedores elétricos de água para uso doméstico e termômetros; ferramentas; álcool etílico; sabões em pó e líquidos para roupas; detergentes; alvejantes; esponjas; palhas de aço e amaciantes de roupas; venda de mercadorias pelo sistema porta a porta; nas **operações sujeitas ao regime de substituição tributária pelas operações anteriores**; e nas **prestações de serviços sujeitas aos regimes de substituição tributária e de antecipação de recolhimento do imposto com encerramento de tributação**; (Redação dada pele Lei Complementar nº 147, de 2014) (Produção de efeito)

b) **por terceiro, a que o contribuinte se ache obrigado**, por força da legislação estadual ou distrital vigente;

c) **na entrada**, no território do Estado ou do Distrito Federal, de **petróleo, inclusive lubrificantes e combustíveis líquidos e gasosos dele derivados, bem como energia elétrica**, quando não destinados à comercialização ou industrialização;

d) por ocasião do **desembaraço aduaneiro**;

e) na aquisição ou manutenção em estoque de **mercadoria desacobertada de documento fiscal**;

f) na operação ou prestação **desacobertada de documento fiscal**;

g) nas operações com bens ou mercadorias sujeitas ao regime de antecipação do recolhimento do imposto, nas aquisições em outros Estados e Distrito Federal:

1. com encerramento da tributação, observado o disposto no inciso IV do § 4º do art. 18 desta Lei Complementar;

2. sem encerramento da tributação, hipótese em que será cobrada a diferença entre a alíquota interna e a interestadual, sendo vedada a agregação de qualquer valor;

h) nas aquisições em outros Estados e no Distrito Federal de bens ou mercadorias, não sujeitas ao regime de antecipação do recolhimento do imposto, relativo à diferença entre a alíquota interna e a interestadual;

Aplicação em concurso.

FCC – Auditor Fiscal da Receita Estadual – SEFSC-SC/2018

"Conforme estabelece a Lei Complementar no 123/2006, que instituiu o Estatuto Nacional da Microempresa e da Empresa de Pequeno Porte, as microempresas e empresas de pequeno porte têm direito a tratamento diferenciado e favorecido, especialmente no que se refere à apuração e ao recolhimento dos impostos e contribuições da União, dos Estados, do Distrito Federal e dos Municípios, mediante regime único de arrecadação. O recolhimento mensal no âmbito do Regime Especial Unificado de Arrecadação de Tributos e Contribuições devidos pelas Microempresas e Empresas de Pequeno Porte – Simples Nacional

A) Inclui, entre outros tributos, o ICMS, mas não exclui a cobrança do ICMS em algumas situações como, por exemplo, nas importações, nas operações sujeitas à substituição tributária e nas operações sujeitas à antecipação tributária".

Resposta: Certa

4. **Inexistência de direito adquirido a regime jurídico de apuração.** Consoante jurisprudência dominante, não há direito adquirido do contribuinte a regime jurídico de apuração e arrecadação de tributo. Verificados os requisitos legais e obedecidas as regras da proporcionalidade, admite-se a alteração do regime de arrecadação, ainda que para outro mais severo.

► **STJ:**

– "O acórdão recorrido afirmou, conforme se extrai de sua ementa que 'o CEBAS da impetrante não foi renovado (às fls 95), a Fundação perdeu o caráter de entidade beneficente.' (fls. 101), e que houve o indeferimento da renovação, por ausência do preenchimento dos requisitos do Decreto n. 752/93. A revisão desse entendimento encontra óbice na Súmula 07/STJ. (...) Sem o Certificado de entidade Beneficente de Assistência Social – Cebas, não há que se falar em imunidade tributária. **(...) O STJ firmou jurisprudência no sentido de que não há direito adquirido a regime jurídico-fiscal** quando do julgamento do EREsp n. 982.620, de minha relatoria, assentando que **as entidades beneficentes, para a renovação do Certificado de Entidade Beneficente de Assistência Social (CEBAS) e conseqüente fruição da imunidade tributária (art. 195, § 7º, da CF), devem preencher as condições estabelecidas pela legislação superveniente.** (...) Incidência da Súmula 352/STJ: 'A obtenção ou a renovação do Certificado de Entidade Beneficente de Assistência Social (Cebas) não exime a entidade do cumprimento dos requisitos legais supervenientes'. (...)." (AgRg no AREsp 116133/CE, Rel. Ministro BENEDITO GONÇALVES, PRIMEIRA TURMA, julgado em 17/04/2012, DJe 24/04/2012)

▶ **TRF-3**

– DIREITO CONSTITUCIONAL, ECONÔMICO E TRIBUTÁRIO – OPERAÇÃO FINANCEIRA "SWAP", COM "HEDGE" – EXIGÊNCIA DO IMPOSTO DE RENDA: LEGITIMIDADE – IMPOSIÇÃO DO REGIME DE DESCONTO NA FONTE: LEGITIMIDADE. 1. A prova juntada com a petição inicial é suficiente para o exame do mérito da pretensão. 2. A exigência do imposto de renda sobre o ganho da aplicação financeira "swap", com ou sem "hedge", deriva do artigo 77, § 3º, da LF nº 8981/95. O regime jurídico de desconto na fonte – e só ele, não o tributo – esteve vetado, se presentes as condições do § 1º, alíneas a eb, do mesmo artigo 77. 3. A LF nº 9779/99 impôs o regime jurídico do desconto na fonte. A intenção do contribuinte, em relação ao rendimento da aplicação financeira, passou a ser irrelevante do ponto de vista fiscal, a partir da vigência desta lei. 4. **Não há direito adquirido, retroatividade da norma tributária, nem insegurança jurídica, diante da simples alteração do regime jurídico de apuração do tributo.** 5. A alegação de violação da isonomia, ausente a prova imprescindível, fica na dependência da exclusiva vocação discricionária do magistrado e, por isto, não pode ser acolhida. 6. Preliminar de ausência de liquidez e certeza rejeitada. No mérito, apelação e remessa oficial providas. (TRF-3 – AMS: 10747 SP 1999.61.00.010747-2, Relator: DESEMBARGADOR FEDERAL FABIO PRIETO, Data de Julgamento: 31/01/2008, QUARTA TURMA)

Art. 27. (VETADO)

Art. 28. (VETADO)

Art. 29. (VETADO)

Art. 30. (VETADO)

Art. 31. Nos exercícios financeiros de 2003 a 2006, a União entregará mensalmente recursos aos Estados e seus Municípios, obedecidos os montantes, os critérios, os prazos e as demais condições fixadas no Anexo desta Lei Complementar.

§ 1º Do montante de recursos que couber a cada Estado, a União entregará, diretamente:

I – setenta e cinco por cento ao próprio Estado; e

II – vinte e cinco por cento aos respectivos Municípios, de acordo com os critérios previstos no parágrafo único do art. 158 da Constituição Federal.

§ 2º Para atender ao disposto no **caput**, os recursos do Tesouro Nacional serão provenientes:

I – da emissão de títulos de sua responsabilidade, ficando autorizada, desde já, a inclusão nas leis orçamentárias anuais de estimativa de receita decorrente dessas emissões, bem como de dotação até os montantes anuais previstos no Anexo, não se aplicando neste caso, desde que atendidas as condições e os limites globais fixados pelo Senado Federal, quaisquer restrições ao acréscimo que acarretará no endividamento da União;

II – de outras fontes de recursos.

§ 3º A entrega dos recursos a cada unidade federada, na forma e condições detalhadas no Anexo, especialmente no seu item 3, será satisfeita, primeiro, para efeito de pagamento ou compensação da dívida da respectiva unidade, inclusive de sua administração indireta, vencida e não paga junto à União, bem como para o ressarcimento à União de despesas decorrentes de eventuais garantias honradas de operações de crédito externas. O saldo remanescente, se houver, será creditado em moeda corrente.

§ 4º A entrega dos recursos a cada unidade federada, na forma e condições detalhadas no Anexo, subordina-se à existência de disponibilidades orçamentárias consignadas a essa finalidade na respectiva Lei Orçamentária Anual da União, inclusive eventuais créditos adicionais.

§ 5º Para efeito da apuração de que trata o art. 4º da Lei Complementar nº 65, de 15 de abril de 1991, será considerado o valor das respectivas exportações de produtos industrializados, inclusive de semi-elaborados, não submetidas à incidência do imposto sobre operações relativas à circulação de mercadorias e sobre prestações de serviços de transporte interestadual e intermunicipal e de comunicação, em 31 de julho de 1996.

1. **Compensação financeira devida a Estados e Municípios (LC 87/96, art. 31).** O dispositivo em comento regula as compensações financeiras devidas pela União a Estados e Municípios em razão da perda de arrecadação decorrente das isenções instituídas pela LC 87/96 em prol das operações de exportação de mercadorias ou serviços. A regra já teve seus efeitos exauridos e dificilmente é cobrada em provas de concursos públicos.

   Vale lembrar que, à época da publicação da lei, a Constituição de 1988 ainda não continha qualquer dispositivo prevendo a imunidade das exportações de mercadorias ou serviços. A redação atual do art. 155, §2º, X, a, da CF/88 foi instituída apenas com o advento da Emenda Constitucional n. 42, de 19 de dezembro de 2003.

   A regra em estudo, e isso deve ficar bem claro, nada tem a ver com as normas constantes dos artigos 157 e seguintes da Constituição Federal de 1988, que dispõem sobre a repartição das receitas tributárias.

2. **Repartição do ICMS arrecadado pelo Estado entre os Municípios.** Como o tema da repartição de receitas tributárias costuma ser bastante cobrado nas provas de concursos públicos, dedicaremos algumas palavras, aqui, ao estudo do assunto, muito embora a LC 87/96 não contenha qualquer dispositivo a ele atinente.

   Nos termos da Constituição de 1988, pertencem aos Municípios **vinte e cinco por cento** do produto da arrecadação do imposto do Estado sobre operações relativas à circulação de mercadorias e sobre prestações de serviços de transporte interestadual e intermunicipal e de comunicação – ICMS (CF/88, art. 158, IV).

   Ademais disso, nossa *Lex Mater* afirma que as parcelas de receita pertencentes aos Municípios, mencionadas anteriormente, serão creditadas conforme os seguintes critérios: I – três quartos, no mínimo, na proporção do valor adicionado nas operações relativas à circulação de mercadorias; II – até um quarto, de acordo com o que dispuser lei estadual ou, no caso dos Territórios, lei federal (CF/88, art. 158, parágrafo único, I e II).

Aplicação em concurso.

FCC/Agente de Rendas – Gestão Tributária – SP/2013

"O Estado de São Paulo concedeu benefício fiscal às indústrias fabricantes de lanchas, já instaladas em seu território, a fim de que estas não transferissem suas fábricas para Estado vizinho, que também concedia benefícios a este setor. Em razão direta deste benefício, a Prefeitura de Lancharia,

Município que concentra os fabricantes de lanchas no Estado, concluiu que haveria redução no repasse do ICMS feito pelo Estado de São Paulo. Inconformada com esta situação, a Municipalidade ajuizou ação judicial a fim de que não houvesse redução no repasse do ICMS em decorrência deste benefício fiscal. Em face da situação hipotética apresentada e do ordenamento jurídico vigente,

a) aos Municípios pertencem 20% do ICMS arrecadado pelos Estados, portanto, eventual redução na arrecadação do ICMS em função de benefício fiscal acarreta diminuição nos repasses aos Municípios.

b) a redução dos repasses de ICMS decorrerá do fato de que o montante arrecadado pelo Estado e repartido aos Municípios será menor, e não propriamente do fato de os estabelecimentos fabricantes de lanchas estarem estabelecidos no Município de Lancharia.

c) a redução do repasse do ICMS arrecadado pelo Estado ao Município em que tenha sido praticado o fato gerador isento em função de concessão de benefício fiscal não fere as previsões constitucionais de repartição de receitas tributárias, pois conceder benefícios fiscais relativamente ao ICMS está dentro da competência tributária dos Estados.

d) as parcelas de receita pertencentes aos Municípios serão creditadas na razão de três quartos, no mínimo, na proporção do valor adicionado nas operações relativas à circulação de mercadorias e nas prestações de serviços, realizadas em seus territórios, e até um quarto, de acordo com o que dispuser Lei Complementar.

e) aos Estados é permitida a retenção dos recursos atribuídos aos Municípios, sendo inclusive permitido aos Estados condicionarem esta entrega ao pagamento de seus créditos, exceto os de suas autarquias."

Resposta: B

FCC/PGE-MT/PROCURADOR DO ESTADO/MT/2016

"Lei Ordinária de iniciativa de Deputado Estadual, aprovada pela Assembleia Legislativa e sancionada posteriormente pelo Governador de determinado Estado, disciplina os critérios para o crédito das parcelas do produto da arrecadação do imposto sobre operações relativas à circulação de mercadorias e sobre prestações de serviços de transporte interestadual e de comunicação pertencente aos Municípios, fixando o repasse máximo de 25 % do produto total arrecadado pelo imposto estadual e estabelecendo o crédito de no mínimo três quartos na proporção do valor adicionado nas operações relativas à circulação de mercadorias e nas prestações de serviços realizadas em seus territórios. Neste caso, à luz da Constituição Federal, referida lei é

(A) inconstitucional, pois a Constituição Federal exige o repasse de 30% do valor total arrecadado a título de ICMS para os Municípios.

(B) constitucional, pois atende todos os preceitos que regulam a repartição de receitas tributárias na Constituição Federal.

(C) inconstitucional, por se tratar de matéria reservada à Lei Complementar.

(D) inconstitucional, por se tratar de lei de iniciativa privativa do Governador do Estado.

(E) inconstitucional, pois a Constituição Federal exige o repasse de 50% do valor total arrecadado a título de ICMS para os Municípios."

Resposta: C

FCC/Juiz Substituto/SC/2017

As participações dos Municípios na arrecadação do ICMS são fixadas conforme os seguintes parâmetros:

a) Lei estadual disporá livremente sobre os critérios aplicáveis para o cálculo das parcelas devidas aos Municípios, desde que respeitadas as desigualdades regionais.

b) São calculadas, integralmente, pelo valor adicionado nas operações relativas às prestações de serviços e circulação de mercadorias ocorridas nos territórios municipais.

c) São determinadas pelos valores adicionados nas operações relativas às prestações de serviços e circulação de mercadorias ocorridas nos territórios municipais e por outros critérios fixados em lei estadual.

d) São fixadas pelos Estados conforme critérios definidos por Resolução do Senado Federal, atentando para as desigualdades regionais e locais.

e) São calculadas sobre 1/3 do tributo efetivamente arrecadado, conforme a população local, áreas de preservação permanente, áreas alagadas para produção de energia elétrica e levando em conta o desenvolvimento regional.

Resposta: C

2.1. Valor adicionado para fins de repartição. A definição de valor adicionado, para fins de repartição do ICMS, é fornecida pela Lei Complementar n. 63/90, com redação alterada pela Lei Complementar n. 123/2006 (Lei do SIMPLES).

Segundo a lei em comento, o valor adicionado corresponderá, para cada Município: I – ao valor das mercadorias saídas, acrescido do valor das prestações de serviços, no seu território, deduzido o valor das mercadorias entradas, em cada ano civil; II – nas hipóteses de tributação simplificada a que se refere o parágrafo único do art. 146 da Constituição

Federal, e, em outras situações, em que se dispensem os controles de entrada, considerar-se-á como valor adicionado o percentual de 32% (trinta e dois por cento) da receita bruta.

Podemos afirmar, com isso, que, em regra, o ICMS será repassado a cada município de maneira proporcional à contribuição que cada município deu à arrecadação estadual do ICMS.

2.2. Discricionariedade estadual para repartição de 25% do ICMS arrecadado. Conforme visto, a Constituição confere aos Estados liberdade para, por meio de lei, escolher a melhor forma de distribuição, aos municípios, dos 25% restantes arrecadados a título de ICMS.

Nesse sentido, o Estado poderá até mesmo estabelecer regra semelhante àquela discriminada no art. 158, parágrafo único, I, da CF/88, ou seja, determinar que também os 25% restantes serão distribuídos na proporção do valor adicionado nas operações relativas à circulação de mercadorias.

O que não é permitido de maneira alguma é que a lei estadual exclua algum município da repartição do ICMS.

▶ **STF:**

- Com base no disposto no art. 3º, III, da Constituição, lei estadual disciplinadora do plano de alocação do produto gerado com a arrecadação do ICMS, nos termos do art. 157, IV, par. ún., II, da Constituição, pode tomar dados pertinentes à situação social e econômica regional como critério de cálculo. (...) **Contudo, não pode a legislação estadual, sob o pretexto de resolver as desigualdades sociais e regionais, alijar por completo um Município da participação em tais recursos.** Não obstante a existência, no próprio texto legal, de critérios objetivos para o cálculo da cota para repasse do produto arrecadado com a cobrança do imposto, a Lei 2.664/1996 atribui ao Município do Rio de Janeiro valores nulos. (...) **São inconstitucionais as disposições que excluem por completo e abruptamente o Município do Rio de Janeiro da partilha do produto arrecadado com o ICMS, constantes nos Anexos I e III da Lei do Estado do Rio de Janeiro 2.664/1996, por violação do art. 158, IV, par. ún., I e II, ponderados em relação ao art. 3º, todos da Constituição.** RECURSO EXTRAORDINÁRIO. ALCANCE DA DECISÃO. (...) Recurso extraordinário conhecido e provido, para que **o Estado do Rio de Janeiro recalcule os coeficientes de participação dos municípios** no produto da arrecadação do ICMS (parcela de ¼ de 25%, art. 158, IV, par. ún., II, da Constituição), atribuindo ao Município do Rio de Janeiro a cota que lhe é devida nos termos dos critérios já definidos pela Lei 2.664/1996 e desde o início da vigência de referida lei. (...) Uma vez que o recálculo do quadro de partilha poderá implicar diminuição da cota de participação dos demais municípios do Estado do Rio de Janeiro, com eventual compensação dos valores recebidos com os valores relativos aos exercícios futuros, a execução do julgado não poderá comprometer o sustentáculo financeiro razoável e proporcional dos municípios. (...) Logo, a lei que irá normatizar o recálculo e a transferência ao recorrente dos créditos pertinentes aos períodos passados deverá prever, ainda, compensação e parcelamento em condições tais que não impliquem aniquilamento das parcelas futuras devidas aos demais municípios. (RE 401953, Relator(a): Min. JOAQUIM BARBOSA, Tribunal Pleno, julgado em 16/05/2007, DJe-106 DIVULG-20-09-2007 PUBLIC-21-09-2007 DJ 21-09-2007 PP-00021 EMENT VOL-02290-03 PP-00450 RTJ VOL-00202-03 PP-01234)

2.3. Operações realizadas no perímetro de mais de um Município e repartição de receita. A maior polêmica doutrinária e jurisprudencial relativa à matéria diz respeito às operações com minerais e energia elétrica em que as minas e as usinas hidrelétricas se situam no perímetro de mais de um Município.

2.3.1. Extração de Minerais. No entendimento do Superior Tribunal de Justiça, havendo extração de minerais dos subsolos de 2 (dois) Municípios, considerar-se-á como **local do fato gerador aquele em que situada a "boca da mina".** Consequentemente, conferir-se-á a tal Município o direito de receber as parcelas integrais do valor adicionado decorrente do ICMS arrecadado em seu território.

2.3.2. Usinas Hidrelétricas: Casa de Máquinas X Área Alagada. Nas operações realizadas por **Usinas Hidrelétricas**, mais especificamente nos casos em que a **barragem situa-se num município e a chamada "casa de máquinas"**, responsável propriamente pela geração da energia, **situa-se em município contíguo**, o Superior Tribunal de Justiça possui diversos julgados em que considera como "local da operação", para fins de incidência do ICMS e fixação do município beneficiário pelo valor adicionado fiscal, o da casa de máquinas, ou seja, o da Unidade Geradora da Energia.

▶ **STJ:**

– **"(...) se destina ao município onde são realizadas as operações de entrada e saída de mercadoria o direito de receber as parcelas**

integrais do valor adicionado decorrente do ICMS arrecadado em seu território. In casu, a Companhia Vale do Rio Doce extrai potássio dos subsolos de dois municípios**, entretanto a "boca da mina" encontra-se localizada no território do recorrente, onde é beneficiado e comercializado, ocorrendo, portanto, nesta localidade o fato gerador do ICMS**." Precedentes citados: RMS 4.354-MG, DJ 14/8/1995, e RMS 14.238-MG, DJ 16/9/2002. RMS 32.423-SE, Rel. Min. Cesar Asfor Rocha, julgado em 15/3/2012. Informativo n. 493.

– "É incontroversa a tese jurídica base: conforme a jurisprudência do STJ, o valor adicionado para fins de distribuição do ICMS relativo às usinas hidrelétricas deve ser computado exclusivamente em favor do Município em que a energia é gerada. O que se discute é se a barragem pode ser considerada elemento caracterizador do local onde a energia é produzida, como fez o Tribunal Estadual. O lugar da geração da energia, que indica o Município beneficiado pelo valor adicionado, é aquele onde estão "a unidade geradora, o motor primário, o gerador e todo o respectivo equipamento auxiliar", ou seja, "o local onde se encontram os operadores da usina, bem como equipamentos de medição, que caracterizam o exercício da atividade" (REsp 811.712/SP, Rel. Castro Meira).A parcela da barragem, localizada em Berilo-MG, não pode ser tida como "unidade geradora de energia elétrica", de modo que tal Município não faz jus à contabilização do valor adicionado relativo ao ICMS a ser distribuído." (RMS 33.139/MG, Rel. Ministro HERMAN BENJAMIN, SEGUNDA TURMA, julgado em 14/06/2011, DJe 02/08/2011)

No mesmo sentido, o valor adicionado, para fins de distribuição do ICMS, deve levar em conta **o local do equipamento gerador de energia elétrica**, sendo irrelevante o perímetro ocupado pela empresa de geração ou mesmo o lugar em que situado o reservatório de água.

▶ **STJ:**

– **"O critério eleito pelo art. 158, parágrafo único, inciso I, da CF/88 para definir a quem pertence o valor adicionado fiscal relativo a uma operação ou prestação sujeita, em tese, à incidência do ICMS é, unicamente, espacial, ou seja, local onde se concretiza o fato gerador do imposto**. (...) Conforme posição doutrinária e jurisprudencial uniforme**, o consumo é o elemento temporal da obrigação tributária do ICMS incidente sobre energia elétrica, sendo o aspecto espacial, por dedução lógica, o local onde consumida a energia.** (...) A produção e a distribuição de energia elétrica, portanto, não configuram, isoladamente, fato gerador do ICMS, que somente se aperfeiçoa com o consumo da energia gerada e transmitida. (...) Como o critério de rateio do ICMS leva em conta **o valor adicionado fiscal** que ocorre no território de cada município e não há incidência tributária pela geração da energia ou por sua distribuição, consequentemente, não se justifica a participação do município produtor ou distribuidor na partilha do ICMS incidente sobre as operações com energia elétrica, que somente contemplará os municípios consumidores. **(...) Atualmente, só o Município de Promissão, onde situada a Subestação elevadora, tem direito de adicionar ao seu índice de participação as operações vinculadas à Usina de mesmo nome. A ação judicial objetiva compelir o Estado de São Paulo a computar essas operações, em sua totalidade, a favor do Município de Ubarana, onde se acham localizados os geradores da Usina.** (...) As conclusões adotadas conduzem à procedência, em parte, da pretensão autoral, devendo a Fazenda Pública ré acrescer ao índice de participação do Município autor as operações da Usina de Promissão proporcionalmente ao consumo de energia elétrica verificado em seu respectivo território. (EREsp 811.712/SP, Rel. Ministro HAMILTON CARVALHIDO, Rel. p/ Acórdão Ministro CASTRO MEIRA, PRIMEIRA SEÇÃO, julgado em 12/12/2012, DJe 06/03/2013)

– "Hipótese em que o Município de Braúnas-MG impetrou Mandado de Segurança, defendendo ser o único beneficiário do cálculo de valor adicionado, para fins de repartição da parcela do ICMS devida aos municípios, referente à Usina Hidrelétrica de Salto Grande, cuja sede encontra-se em seu território. (...) **A legislação do Estado de Minas Gerais estabelece que o valor adicionado, relativo à produção e venda da eletricidade, ocorre no local do estabelecimento produtor, considerando como tal não apenas a sede da Usina, mas também seu reservatório de água (que abrange outros municípios)**. O acórdão recorrido afastou a legislação estadual, por entender que se violavam disposições constitucionais e a LC 63/1990. (...) O entendimento do acórdão recorrido está em harmonia com a jurisprudência das duas Turmas da Primeira Seção do STJ: **o valor adicionado, para fins de distribuição do ICMS, deve levar em conta o local do equipamento gerador de energia elétrica**. Ademais, o egrégio Supremo Tribunal Federal manifestou-se no sentido da inconstitucionalidade formal do ato normativo estadual que disciplina o "valor adicionado", pois a matéria é reservada à lei complementar federal. (REsp 261357/MG, Rel. Ministro HERMAN BENJAMIN, SEGUNDA TURMA, julgado em 04/05/2010, DJe 21/06/2010)

▶ **IMPORTANTE: Mais recentemente**, contudo, o mesmo Superior Tribunal de Justiça proferiu julgado em que deixou consignado que, nas operações com energia elétrica, apenas o "**local do consumo da energia**" deve ser levando em conta para fixação do valor adicionado fiscal, sob o fundamento de que a materialidade tributária só se considera ocorrida no momento do consumo da energia (aspecto temporal). A matéria ainda não se encontra pacificada.

▶ **STJ:**

– "1. O critério eleito pelo art. 158, parágrafo único, inciso I, da CF/88 para definir a quem pertence o valor adicionado fiscal relativo à operação ou prestação sujeita, em tese, à incidência do ICMS é, unicamente, espacial, ou seja, local onde se concretiza o fato gerador do imposto.

2. Conforme posição doutrinária e jurisprudencial uniforme, **o consumo é o elemento temporal da obrigação tributária do ICMS incidente sobre energia elétrica**, sendo o aspecto espacial, por dedução lógica, o local onde consumida a energia.

3. A **produção e a distribuição de energia elétrica, portanto, não configuram, isoladamente, fato gerador do ICMS**, que somente se aperfeiçoa com o consumo da energia gerada e transmitida.

4. Como o critério de rateio do ICMS leva em conta o valor adicionado fiscal que ocorre no território de cada município **e não há incidência tributária pela geração da energia ou por sua distribuição, consequentemente, não se justifica a participação do município produtor ou distribuidor na partilha do ICMS** incidente sobre as operações com energia elétrica, que somente contemplará os municípios consumidores. (...)". (AgRg no REsp 1191693/MS, Rel. Ministro HUMBERTO MARTINS, Rel. p/ Acórdão Ministro CASTRO MEIRA, SEGUNDA TURMA, julgado em 19/02/2013, DJe 19/04/2013)[65]

65. No mesmo sentido: STJ, EREsp 811.712/SP, Rel. Ministro HAMILTON CARVALHIDO, Rel. p/ Acórdão Ministro CASTRO MEIRA, PRIMEIRA SEÇÃO, julgado em 12/12/2012, DJe 06/03/2013.

Art. 32. A partir da data de publicação desta Lei Complementar:

I – o imposto não incidirá sobre operações que destinem ao exterior mercadorias, inclusive produtos primários e produtos industrializados semi-elaborados, bem como sobre prestações de serviços para o exterior;

II – darão direito de crédito, que não será objeto de estorno, as mercadorias entradas no estabelecimento para integração ou consumo em processo de produção de mercadorias industrializadas, inclusive semi-elaboradas, destinadas ao exterior;

III – entra em vigor o disposto no Anexo integrante desta Lei Complementar.

1. Imunidades, isenções, estorno e manutenção de créditos nas operações de exportação de mercadorias ou serviços (LC 87/96, art. 32, I, II e III). Todas as observações referentes às normas constantes do presente artigo foram tecidas nos comentários aos artigos 3º, 20 e 21 desta lei complementar, para onde remetemos o leitor.

Art. 33. Na aplicação do art. 20 observar-se-á o seguinte:

I – **somente darão direito de crédito** as mercadorias **destinadas ao uso ou consumo** do estabelecimento nele entradas a partir de 1º de janeiro de 2020;

II – somente dará direito a crédito a entrada de energia elétrica no estabelecimento:

a) quando for objeto de operação de saída de energia elétrica;

b) quando consumida no processo de industrialização;

c) quando seu consumo resultar em operação de saída ou prestação para o exterior, na proporção destas sobre as saídas ou prestações totais; e

d) a partir de 1º de janeiro de 2020 nas demais hipóteses;

III – somente darão direito de crédito as mercadorias destinadas ao ativo permanente do estabelecimento, nele entradas a partir da data da entrada desta Lei Complementar em vigor.

IV – somente dará direito a crédito o recebimento de serviços de comunicação utilizados pelo estabelecimento:

a) ao qual tenham sido prestados na execução de serviços da mesma natureza;

b) quando sua utilização resultar em operação de saída ou prestação para o exterior, na proporção desta sobre as saídas ou prestações totais; e

c) a partir de 1º de janeiro de 2020 nas demais hipóteses.

1. **Limitações ao crédito de bens destinados ao uso, consumo e ativo fixo do estabelecimento (LC 87/96, art. 33, I, II, III e IV).** As linhas gerais referentes ao assunto foram traçadas nos comentários ao art. 20 desta lei complementar, para onde remetemos o leitor.

Vimos que, com a publicação da LC 87/96, passou-se a admitir o creditamento dos bens destinados ao uso, consumo e ativo fixo do estabelecimento, desde que verificadas as restrições qualitativas, quantitativas e temporais constantes do art. 20, §5º, e 33, do diploma legal em comento.

São bens de uso ou consumo do estabelecimento aqueles que **não se enquadram no conceito de "produtos intermediários"**, ou seja, aqueles que não são consumidos no processo de industrialização. Cadeiras, mesas e computadores utilizados no escritório de uma montadora de automóveis são exemplos clássicos de bens destinados ao uso e consumo do estabelecimento – ou seja, do local em que as atividades são realizadas.

▶ **STJ:**

– "**São legítimas as restrições impostas pela Lei Complementar 87/1996, inclusive a limitação temporal prevista em seu art. 33**, para o aproveitamento dos créditos de ICMS em relação à **aquisição de bens destinados ao uso e consumo ou ao ativo permanente do estabelecimento** contribuinte. Dentre os precedentes mais recentes: AgRg no AREsp 186.016-PE, Rel. Min. Herman Benjamin, Segunda Turma, DJe 31.10.2012." (AgRg no AREsp 126.078/RS, Rel. Ministro BENEDITO GONÇALVES, PRIMEIRA TURMA, julgado em 20/11/2012, DJe 26/11/2012)

– "**Por determinação expressa da LC 87/96, o seu art. 20 deve ser aplicado observando-se as disposições contidas no seu art. 33**. Nesse contexto, para ser permitir o creditamento do ICMS não é suficiente que as mercadorias entradas no estabelecimento sejam inerentes (não alheias) à atividade empresarial. Isso porque, em relação às mercadorias "destinadas ao uso ou consumo do estabelecimento" – como é o caso do combustível e dos pneus adquiridos por estabelecimento comercial – o creditamento, embora possível, deve observar as restrições contidas na LC 87/96, sendo que a LC 138/2010 postergou o aproveitamento, nesta hipótese, a 1º de janeiro de 2020. Essa orientação, mutatis mutandis, coaduna-se com o entendimento adotado pela Primeira Seção/STJ no julgamento do REsp 1.117.139/RJ (Rel. Min. Luiz Fux, DJe de 18.2.2010 – recurso submetido ao regime previsto no art. 534-C do CPC)." (AgRg no AREsp 148.753/RS, Rel. Ministro MAURO CAMPBELL MARQUES, SEGUNDA TURMA, julgado em 21/06/2012, DJe 27/06/2012)

– "1. Discute-se neste recurso especial se o **creditamento de ICMS relativo às aquisições de telas, mantas e feltros, empregados na fabricação de papel**, está provisoriamente impedido pela limitação temporal prevista no art. 33, I, do LC 87/96. 2. Tratando-se de uma exceção de ordem temporal que condiciona o exercício do direito de creditamento assegurado pelo caput do art. 20 da LC 87/96, a regra prevista no art. 33, I, dessa mesma lei complementar deve ser interpretada restritivamente, sob pena de, mediante eventual e indevido entendimento mais ampliativo, tornar sem efeito as importantes modificações normativas realizadas pela Lei Kandir. Assim, conforme a literalidade desse dispositivo legal, **apenas as entradas referentes ao uso e consumo do estabelecimento, ou seja, do local que dá suporte à atividade fim da empresa (art.11, § 3º, da LC 87/96), têm o direito do respectivo creditamento** protraído, não sendo possível estender essa restrição às aquisições de mercadorias ou produtos a serem consumidos no processo produtivo. 3. De acordo com o contexto fático probatório delineado pelo Tribunal estadual, as **telas, mantas e feltros** são adquiridos pela recorrente para serem integralmente **consumidos no processo de industrialização do papel,** viabilizando, assim, a sua atividade fim. Nesse contexto, verifica-se que **tais materiais não se enquadram como de uso ou de consumo do estabelecimento, mas, como produtos intermediários** imprescindíveis ao processo de fabricação e, por isso, o creditamento correspondente a essas entradas não está sujeito à postergação de que trata o art. 33, I, da LC 87/96. 4. Recurso especial provido." (REsp 1366437/PR, Rel. Ministro BENEDITO GONÇALVES, PRIMEIRA TURMA, julgado em 03/10/2013, DJe 10/10/2013)

2. **Energia elétrica como insumo produtivo (LC 87/96, art. 33, II, a, b e c).** A depender do caso, a energia elétrica adquirida pela empresa pode ser considerada **produto intermediário ou mesmo mero bem destinado ao uso e consumo.**

Da leitura das alíneas "a", "b" e "c" do inciso II do art. 33 da LC 87/96, podemos perceber que a energia elétrica só será considerada insumo produtivo, logo, passível de creditamento, nos casos em que for utilizada em atividade primordialmente industrial.

A energia consumida por uma loja de roupas localizada em Shopping Center, por exemplo, jamais poderá ser considerada insumo.

▶ **STJ:**

– "A jurisprudência desta Corte fixou a tese de que **é possível a apuração de crédito presumido de ICMS quando a energia elétrica for utilizada em atividade primordialmente industrial, considerando-a,**

assim, insumo. Precedentes: AgRg no Ag 1.156.362/RJ, Rel. Min. MAURO CAMPBELL MARQUES, DJe 24.08.2010; AgRg no Ag 1.182.149/RJ, Rel. Min. HERMAN BENJAMIN, DJe 26.03.2010; EREsp. 899.485/RS, Rel. Ministro HUMBERTO MARTINS, DJe 15.09.2008." (EDcl no REsp 1322072/RS, Rel. Ministro NAPOLEÃO NUNES MAIA FILHO, PRIMEIRA TURMA, julgado em 04/09/2012, DJe 14/09/2012)

Aplicação em concurso.

FCC/Agente de Rendas – Gestão Tributária – SP/2013

"Conforme a legislação vigente, a entrada de energia elétrica no estabelecimento de contribuinte do ICMS pode ensejar, em algumas situações específicas, o direito de crédito do ICMS, desde que atendidos os requisitos previstos na legislação. NÃO enseja o direito de crédito de ICMS o recebimento de energia

a) objeto de saída em operação interna, sujeita ao ICMS.

b) utilizada em processo de refrigeração, em estabelecimento varejista, que vende produtos resfriados sujeitos ao ICMS.

c) utilizada em processo industrial, para fabricar mercadoria cuja saída é sujeita ao ICMS.

d) utilizada em processo de produção rural de fruta (irrigação) destinada à exportação.

e) utilizada em usina de reciclagem, que transforma resíduos (lixo) em matéria-prima, para a produção de papel e de plástico."

Resposta: B

ESAF/AUDITOR FISCAL DA RECEITA ESTADUAL-MG/2015

"Considerando as normas relativas à não-cumulatividade do ICMS, é correto afirmar:

a) o atendimento do princípio da não-cumulatividade do imposto é alcançado mediante a compensação do que for devido em cada operação ou prestação de serviços com o montante do tributo cobrado pelo Estado de Minas Gerais nas operações ou prestações anteriores.

b) o imposto incidente sobre a prestação do serviço de transporte rodoviário da mercadoria alienada não pode ser abatido, sob a forma de crédito, pelo contribuinte alienante responsável por seu recolhimento.

c) para fins de apuração do valor do imposto devido, é computado o ICMS cobrado relativamente à entrada, no estabelecimento, de energia elétrica destinada a ser consumida no processo de industrialização.

d) como regra geral, a apuração do valor do imposto devido por período é feita de forma individualizada, por estabelecimento, transferindo-se para o período seguinte o saldo credor eventualmente apurado, vedada sua transferência para outro estabelecimento do mesmo titular.

e) é vedada a apropriação do crédito do imposto destacado em documento fiscal e que corresponda à vantagem econômica decorrente da concessão de incentivo ou benefício fiscal."

Resposta: C.

► **IMPORTANTE.** Para fins tributários, a jurisprudência tem **equiparado os serviços de comunicação à indústria**, admitindo o creditamento de ICMS em razão da energia elétrica consumida, vez que essencial ao desempenho de suas atividades.

► **STJ:**

– "**É possível o creditamento do ICMS incidente sobre a energia elétrica consumida pelas prestadoras de serviços de telecomunicações** para abatimento do imposto devido quando da prestação de serviços. O art. 19 da LC 87/1996, em âmbito legal, assegura o direito à não-cumulatividade para o ICMS, prevendo a compensação do que for devido em cada operação relativa à circulação de mercadorias ou prestação de serviços de transporte interestadual e intermunicipal e de comunicação com o montante cobrado nas operações anteriores pelo mesmo estado ou por outro. Por sua vez, o art. 33, II, "b", do referido dispositivo legal prevê a possibilidade de creditamento de ICMS relativamente à aquisição de energia elétrica, na hipótese em que o estabelecimento a utilize no processo de industrialização. A propósito, por força do Dec. 640/1962 – recepcionado pela Constituição atual e compatível com a legislação tributária posterior -, os **serviços de comunicação são equiparados à indústria**. Assim, em virtude da essencialidade da energia elétrica, como insumo, para o exercício da atividade de telecomunicações, induvidoso se revela o direito ao creditamento de ICMS, em atendimento ao princípio da não-cumulatividade. Precedentes citados: REsp 842.270-RS, Primeira Seção, DJe 26/6/2012, e AgRg no AgRg no REsp 1.134.930-MS, Segunda Turma, DJe 19/12/2012." REsp 1.201.635-MG, Rel. Min. Sérgio Kukina, julgado em 12/6/2013. **Informativo n. 522.**

– "Na sessão do dia 23.5.2012, a Primeira Seção concluiu o julgamento do REsp 842.270/RS, prevalecendo o entendimento de **que os serviços de comunicação são equiparados a indústria**, por força do Decreto 640/1962, recepcionado pela Constituição atual e compatível com a legislação tributária posterior. **(...) Por essa razão, reconheceu-se o direito ao creditamento do ICMS relativo à energia elétrica consumida, nos termos do art. 33, II, "b", da LC 87/1996**." (AgRg no AgRg no REsp 1134930/MS, Rel. Ministro HERMAN BENJAMIN, SEGUNDA TURMA, julgado em 06/12/2012, DJe 19/12/2012)

- **STF Repercussão Geral:**

"RECURSO. Extraordinário. Tributo. Imposto sobre Circulação de Mercadorias e Serviços – ICMS. Creditamento. Direito não reconhecido na origem. ***Aquisição de energia elétrica por supermercado.*** *Exercício de atividade industrial. Processamento de alimentos. Questão da ofensa ao princípio constitucional da não-cumulatividade. Relevância.* ***Repercussão geral reconhecida****. Apresenta repercussão geral o recurso extraordinário que verse sobre a admissibilidade de se considerar como atividade industrial o processamento de alimentos realizado por supermercado, para fins de crédito de ICMS."*[66]

2.1. Creditamento de ICMS decorrente de entrada de energia elétrica em período anterior à LC 87/96. Antes do advento da LC 87/96, ainda sob a égide do Convênio ICMS n. 66/1988, não havia previsão de creditamento de ICMS em razão da aquisição de energia elétrica, ainda que enquadrada como insumo produtivo.

- **STJ:**

– "No recurso representativo de controvérsia (art. 543-C do CPC e Res. n. 8/2008-STJ), a Seção reiterou que **descabe ao contribuinte o creditamento do ICMS recolhido em razão de operações de consumo de energia elétrica na vigência do Convênio ICMS n. 66/1988, mormente tendo em vista a irretroatividade da LC n. 87/1996, que, na redação original, previa seu aproveitamento imediato no caso de uso ou consumo no estabelecimento, o que foi alterado pelas LCs ns. 102/2000, 114/2002 e 122/2006**. Com efeito, à época da ocorrência do fato imponível ensejador do ICMS (dezembro de 1994), anterior à vigência da LC n. 87/1996, portanto sob a égide do Convênio ICMS n. 66/1988, não ostentava o direito ao creditamento em razão de operações de consumo de energia elétrica ou de utilização de serviços de comunicação ou, ainda, de aquisição de bens destinados ao ativo fixo

66. STF, RE 588954 RG, Relator(a): Min. CEZAR PELUSO, julgado em 22/10/2009, DJe-213 DIVULG 12-11-2009 PUBLIC 13-11-2009.

e de materiais de uso e consumo." REsp 977.090-ES, Rel. Min. Luiz Fux, julgado em 25/11/2009. Informativo n. 417.

Art. 34. (VETADO).

Art. 35. As referências feitas aos Estados nesta Lei Complementar entendem-se feitas também ao Distrito Federal.

Art. 36. Esta Lei Complementar entra em vigor no primeiro dia do segundo mês seguinte ao da sua publicação, observado o disposto nos arts. 32 e 33 e no Anexo integrante desta Lei Complementar.

1. **Disposições legais aplicam-se também ao Distrito Federal (LC 87/96).** A fim de que não pairem dúvidas, a LC 87/96 explica que as referências nela feitas aos Estados entendem-se feitas também ao Distrito Federal. Leva-se em conta o fato de que referido Ente, em matéria tributária, acumula as competências estaduais e municipais.

2. **Legislação aplicável antes do advento da LC 87/96 (LC 87/96, art. 36).** Conforme exposto nos comentários ao art. 1º desta lei, o ICMS, antes do advento da LC 87/96, era regido tanto pelo Decreto-Lei n. 406, de 31 de dezembro de 1968, recepcionado pela Constituição de 1988 em virtude do disposto no art. 34, §5º, do Ato das Disposições Constitucionais Transitórias[67], quanto pelo Convênio ICM n. 66/88, instituído por força do disposto no §8º do mesmo art. 34 do ADCT[68].

▶ **STJ:**

– "Até a entrada em vigor da LC nº 87/96, as regras relativas à compensação de créditos referentes ao ICMS estavam dispostas no Convênio

67. Art. 34. O sistema tributário nacional entrará em vigor a partir do primeiro dia do quinto mês seguinte ao da promulgação da Constituição, mantido, até então, o da Constituição de 1967, com a redação dada pela Emenda nº 1, de 1969, e pelas posteriores.
§ 3º – Promulgada a Constituição, a União, os Estados, o Distrito Federal e os Municípios poderão editar as leis necessárias à aplicação do sistema tributário nacional nela previsto.
§ 4º – As leis editadas nos termos do parágrafo anterior produzirão efeitos a partir da entrada em vigor do sistema tributário nacional previsto na Constituição.
§ 5º – Vigente o novo sistema tributário nacional, fica assegurada a aplicação da legislação anterior, no que não seja incompatível com ele e com a legislação referida nos §3º e § 4º.

68. Art. 34 (...);
§ 8º – Se, no prazo de sessenta dias contados da promulgação da Constituição, não for editada a lei complementar necessária à instituição do imposto de que trata o art. 155, I, "b", os Estados e o Distrito Federal, mediante convênio celebrado nos termos da Lei Complementar nº 24, de 7 de janeiro de 1975, fixarão normas para regular provisoriamente a matéria.

ICMS nº 66/88, que expressamente vedava o creditamento relativo a bens destinados ao ativo fixo e a uso e consumo do estabelecimento comercial. 3. A norma convenial é compatível com a exigência do art. 155, § 2º, XII, "c", da Constituição da República, segundo o qual somente lei complementar pode dispor sobre o regime de compensação do imposto. O art. 34, § 8º, do Ato das Disposições Constitucionais Transitórias – ADCT prevê a celebração de convênios entre os Estados e o Distrito Federal para regular, temporariamente, a matéria relativa ao ICMS, enquanto não promulgada a norma complementar." (REsp 1038918/SP, Rel. Ministro CASTRO MEIRA, SEGUNDA TURMA, julgado em 07/08/2008, DJe 04/09/2008)

— ANEXO 1 —

Enunciados das Súmulas do STF e do STJ

– SÚMULAS DO STF –

- **Súmula Vinculante nº 48**

  Na entrada de mercadoria importada do exterior, é legítima a cobrança do ICMS por ocasião do desembaraço aduaneiro.

- **Súmula Vinculante nº 32**

  O ICMS não incide sobre alienação de salvados de sinistros pelas seguradoras.

- **Súmula nº 662**

  É legítima a incidência do ICMS na comercialização de exemplares de obras cinematográficas, gravados em fitas de videocassete.

- **Súmula nº 661**

  Na entrada de mercadoria importada do exterior, é legítima a cobrança do ICMS por ocasião do desembaraço aduaneiro.

- **Súmula nº 575**

  A mercadoria importada de país signatário do GATT, ou membro da ALALC, estende-se a isenção do imposto sobre circulação de mercadorias concedida a similar nacional.

- **Súmula nº 574**

  Sem lei estadual que a estabeleça, é ilegítima a cobrança do imposto de circulação de mercadorias sobre o fornecimento de alimentação e bebidas em restaurante ou estabelecimento similar. – superada.

– **Súmula nº 573**

Não constitui fato gerador do imposto de circulação de mercadorias a saída física de máquinas, utensílios e implementos a título de comodato.

– SÚMULAS DO STJ –

– **Súmula nº 508**

É lícito ao comerciante de boa-fé aproveitar os créditos de ICMS decorrentes de nota fiscal posteriormente declarada inidônea, quando demonstrada a veracidade da compra e venda.

– **Súmula nº 433**

O produto semielaborado, para fins de incidência de ICMS, é aquele que preenche cumulativamente os três requisitos do art. 1º da Lei Complementar n. 65/1991.

– **Súmula nº 432**

As empresas de construção civil não estão obrigadas a pagar ICMS sobre mercadorias adquiridas como insumos em operações interestaduais.

– **Súmula nº 431**

É ilegal a cobrança de ICMS com base no valor da mercadoria submetido ao regime de pauta fiscal.

– **Súmula nº 395**

O ICMS incide sobre o valor da venda a prazo constante da nota fiscal.

– **Súmula nº 391**

O ICMS incide sobre o valor da tarifa de energia elétrica correspondente à demanda de potência efetivamente utilizada.

– **Súmula nº 350**

O ICMS não incide sobre o serviço de habilitação de telefone celular.

– **Súmula nº 334**

O ICMS não incide no serviço dos provedores de acesso à Internet.

- **Súmula nº 237**

Nas operações com cartão de crédito, os encargos relativos ao financiamento não são considerados no cálculo do ICMS.

- **Súmula nº 198**

Na importação de veículo por pessoa física, destinado a uso próprio, incide o ICMS.

- **Súmula nº 166**

Não constitui fato gerador do ICMS o simples deslocamento de mercadoria de um para outro estabelecimento do mesmo contribuinte.

- **Súmula nº 163**

O fornecimento de mercadorias com simultânea prestação de serviços em bares, restaurantes e estabelecimentos similares constitui fato gerador do ICMS a incidir sobre o valor total da operação.

- **Súmula nº 155**

O ICMS incide na importação de aeronave, por pessoa física, para uso próprio.

- **Súmula nº 135**

O ICMS não incide na gravação e distribuição de filmes e videoteipes. – mitigada.

- **Súmula nº 95**

A redução da alíquota do Imposto sobre Produtos Industrializados ou do Imposto de Importação não implica redução do ICMS.

- **Súmula nº 68**

A parcela relativa ao ICM inclui-se na base de cálculo do PIS.

- **Súmula nº 20**

A mercadoria importada de país signatário do GATT é isenta do ICM, quando contemplado com esse favor o similar nacional.

— ANEXO 2 —

Principais disposições constitucionais e legais aplicáveis ao ICMS

CONSTITUIÇÃO FEDERAL DE 1988

Art. 150. (...)

§ 7.º A lei poderá atribuir a sujeito passivo de obrigação tributária a condição de responsável pelo pagamento de imposto ou contribuição, cujo fato gerador deva ocorrer posteriormente, assegurada a imediata e preferencial restituição da quantia paga, caso não se realize o fato gerador presumido.

Art. 151. É vedado à União:

III – instituir isenções de tributos da competência dos Estados, do Distrito Federal ou dos Municípios.

(...)

Art. 155. Compete aos Estados e ao Distrito Federal instituir impostos sobre:

II – operações relativas à circulação de mercadorias e sobre prestações de serviços de transporte interestadual e intermunicipal e de comunicação, ainda que as operações e as prestações se iniciem no exterior;

(...)

§ 2.º O imposto previsto no inciso II atenderá ao seguinte:

I – será não-cumulativo, compensando-se o que for devido em cada operação relativa à circulação de mercadorias ou prestação de serviços com o montante cobrado nas anteriores pelo mesmo ou outro Estado ou pelo Distrito Federal;

II – a isenção ou não-incidência, salvo determinação em contrário da legislação:

a) não implicará crédito para compensação com o montante devido nas operações ou prestações seguintes;

b) acarretará a anulação do crédito relativo às operações anteriores;

III – poderá ser seletivo, em função da essencialidade das mercadorias e dos serviços;

IV – resolução do Senado Federal, de iniciativa do Presidente da República ou de um terço dos Senadores, aprovada pela maioria absoluta de seus membros, estabelecerá as alíquotas aplicáveis às operações e prestações, interestaduais e de exportação;

V – é facultado ao Senado Federal:

a) estabelecer alíquotas mínimas nas operações internas, mediante resolução de iniciativa de um terço e aprovada pela maioria absoluta de seus membros;

b) fixar alíquotas máximas nas mesmas operações para resolver conflito específico que envolva interesse de Estados, mediante resolução de iniciativa da maioria absoluta e aprovada por dois terços de seus membros;

VI – salvo deliberação em contrário dos Estados e do Distrito Federal, nos termos do disposto no inciso XII, "g", as alíquotas internas, nas operações relativas à circulação de mercadorias e nas prestações de serviços, não poderão ser inferiores às previstas para as operações interestaduais;

VII – nas operações e prestações que destinem bens e serviços a consumidor final, contribuinte ou não do imposto, localizado em outro Estado, adotar-se-á a alíquota interestadual e caberá ao Estado de localização do destinatário o imposto correspondente à diferença entre a alíquota interna do Estado destinatário e a alíquota interestadual.

VIII – a responsabilidade pelo recolhimento do imposto correspondente à diferença entre a alíquota interna e a interestadual de que trata o inciso VII será atribuída:

a) ao destinatário, quando este for contribuinte do imposto;

b) ao remetente, quando o destinatário não for contribuinte do imposto;

IX – incidirá também:

a) sobre a entrada de bem ou mercadoria importados do exterior por pessoa física ou jurídica, ainda que não seja contribuinte habitual do imposto, qualquer que seja a sua finalidade, assim como sobre o serviço prestado no exterior, cabendo o imposto ao Estado onde estiver situado o domicílio ou o estabelecimento do destinatário da mercadoria, bem ou serviço;

b) sobre o valor total da operação, quando mercadorias forem fornecidas com serviços não compreendidos na competência tributária dos Municípios;

X – não incidirá:

a) sobre operações que destinem mercadorias para o exterior, nem sobre serviços prestados a destinatários no exterior, assegurada a manutenção e o aproveitamento do montante do imposto cobrado nas operações e prestações anteriores;

b) sobre operações que destinem a outros Estados petróleo, inclusive lubrificantes, combustíveis líquidos e gasosos dele derivados, e energia elétrica;

c) sobre o ouro, nas hipóteses definidas no art. 153, § 5º;

d) nas prestações de serviço de comunicação nas modalidades de radiodifusão sonora e de sons e imagens de recepção livre e gratuita;

XI – não compreenderá, em sua base de cálculo, o montante do imposto sobre produtos industrializados, quando a operação, realizada entre contribuintes e relativa a produto destinado à industrialização ou à comercialização, configure fato gerador dos dois impostos;

XII – cabe à lei complementar:

a) definir seus contribuintes;

b) dispor sobre substituição tributária;

c) disciplinar o regime de compensação do imposto;

d) fixar, para efeito de sua cobrança e definição do estabelecimento responsável, o local das operações relativas à circulação de mercadorias e das prestações de serviços;

e) excluir da incidência do imposto, nas exportações para o exterior, serviços e outros produtos além dos mencionados no inciso X, "a"

f) prever casos de manutenção de crédito, relativamente à remessa para outro Estado e exportação para o exterior, de serviços e de mercadorias;

g) regular a forma como, mediante deliberação dos Estados e do Distrito Federal, isenções, incentivos e benefícios fiscais serão concedidos e revogados.

h) definir os combustíveis e lubrificantes sobre os quais o imposto incidirá uma única vez, qualquer que seja a sua finalidade, hipótese em que não se aplicará o disposto no inciso X, *b*;

i) fixar a base de cálculo, de modo que o montante do imposto a integre, também na importação do exterior de bem, mercadoria ou serviço.

§ 3º À exceção dos impostos de que tratam o inciso II do *caput* deste artigo e o art. 153, I e II, nenhum outro imposto poderá incidir sobre operações relativas a energia elétrica, serviços de telecomunicações, derivados de petróleo, combustíveis e minerais do País.

§ 4º Na hipótese do inciso XII, *h*, observar-se-á o seguinte:

I – nas operações com os lubrificantes e combustíveis derivados de petróleo, o imposto caberá ao Estado onde ocorrer o consumo;

II – nas operações interestaduais, entre contribuintes, com gás natural e seus derivados, e lubrificantes e combustíveis não incluídos no inciso I deste parágrafo, o imposto será repartido entre os Estados de origem e de destino, mantendo-se a mesma proporcionalidade que ocorre nas operações com as demais mercadorias;

III – nas operações interestaduais com gás natural e seus derivados, e lubrificantes e combustíveis não incluídos no inciso I deste parágrafo, destinadas a não contribuinte, o imposto caberá ao Estado de origem;

IV – as alíquotas do imposto serão definidas mediante deliberação dos Estados e Distrito Federal, nos termos do § 2º, XII, *g*, observando-se o seguinte:

a) serão uniformes em todo o território nacional, podendo ser diferenciadas por produto;

b) poderão ser específicas, por unidade de medida adotada, ou *ad valorem*, incidindo sobre o valor da operação ou sobre o preço que o produto ou seu similar alcançaria em uma venda em condições de livre concorrência;

c) poderão ser reduzidas e restabelecidas, não se lhes aplicando o disposto no art. 150, III,

§ 5º As regras necessárias à aplicação do disposto no § 4º, inclusive as relativas à apuração e à destinação do imposto, serão estabelecidas mediante deliberação dos Estados e do Distrito Federal, nos termos do § 2º, XII, *g*.

ATO DAS DISPOSIÇÕES CONSTITUCIONAIS TRANSITÓRIAS

Art. 34. O sistema tributário nacional entrará em vigor a partir do primeiro dia do quinto mês seguinte ao da promulgação da Constituição, mantido, até então, o da Constituição de 1967, com a redação dada pela Emenda nº 1, de 1969, e pelas posteriores.

§ 1º Entrarão em vigor com a promulgação da Constituição os arts. 148, 149, 150, 154, I, 156, III, e 159, I, "c", revogadas as disposições em contrário da Constituição de 1967 e das Emendas que a modificaram, especialmente de seu art. 25, III.

§ 2º O Fundo de Participação dos Estados e do Distrito Federal e o Fundo de Participação dos Municípios obedecerão às seguintes determinações:

I – a partir da promulgação da Constituição, os percentuais serão, respectivamente, de dezoito por cento e de vinte por cento, calculados sobre o produto da arrecadação dos impostos referidos no art. 153, III e IV, mantidos os atuais critérios de rateio até a entrada em vigor da lei complementar a que se refere o art. 161, II;

II – o percentual relativo ao Fundo de Participação dos Estados e do Distrito Federal será acrescido de um ponto percentual no exercício financeiro de 1989 e, a partir de 1990, inclusive, à razão de meio ponto por exercício, até 1992, inclusive, atingindo em 1993 o percentual estabelecido no art. 159, I, "a";

III – o percentual relativo ao Fundo de Participação dos Municípios, a partir de 1989, inclusive, será elevado à razão de meio ponto percentual por exercício financeiro, até atingir o estabelecido no art. 159, I, "b".

§ 3º Promulgada a Constituição, a União, os Estados, o Distrito Federal e os Municípios poderão editar as leis necessárias à aplicação do sistema tributário nacional nela previsto.

§ 4º As leis editadas nos termos do parágrafo anterior produzirão efeitos a partir da entrada em vigor do sistema tributário nacional previsto na Constituição.

§ 5º Vigente o novo sistema tributário nacional, fica assegurada a aplicação da legislação anterior, no que não seja incompatível com ele e com a legislação referida nos §3º e § 4º.

§ 6º Até 31 de dezembro de 1989, o disposto no art. 150, III, "b", não se aplica aos impostos de que tratam os arts. 155, I, "a" e "b", e 156, II e III, que podem ser cobrados trinta dias após a publicação da lei que os tenha instituído ou aumentado.

§ 7º Até que sejam fixadas em lei complementar, as alíquotas máximas do imposto municipal sobre vendas a varejo de combustíveis líquidos e gasosos não excederão a três por cento.

§ 8º Se, no prazo de sessenta dias contados da promulgação da Constituição, não for editada a lei complementar necessária à instituição do imposto de que trata o art. 155, I, "b", os Estados e o Distrito Federal, mediante convênio celebrado nos termos da Lei Complementar nº 24, de 7 de janeiro de 1975, fixarão normas para regular provisoriamente a matéria.

§ 9º Até que lei complementar disponha sobre a matéria, as empresas distribuidoras de energia elétrica, na condição de contribuintes ou de substitutos tributários, serão as responsáveis, por ocasião da saída do produto de seus estabelecimentos, ainda que destinado a outra unidade da Federação, pelo pagamento do imposto sobre operações relativas à circulação de mercadorias incidente sobre energia elétrica, desde a produção ou importação até a última operação, calculado o imposto sobre o preço então praticado na operação final e assegurado seu recolhimento ao Estado ou ao Distrito Federal, conforme o local onde deva ocorrer essa operação.

LEI COMPLEMENTAR N. 24, DE 07.01.1975

Dispõe sobre os convênios para a concessão de isenções do imposto sobre operações relativas à circulação de mercadorias, e dá outras providências.

Art. 1º – As isenções do imposto sobre operações relativas à circulação de mercadorias serão concedidas ou revogadas nos termos de convênios celebrados e ratificados pelos Estados e pelo Distrito Federal, segundo esta Lei.

Parágrafo único – O disposto neste artigo também se aplica:

I – à redução da base de cálculo;

II – à devolução total ou parcial, direta ou indireta, condicionada ou não, do tributo, ao contribuinte, a responsável ou a terceiros;

III – à concessão de créditos presumidos;

IV – à quaisquer outros incentivos ou favores fiscais ou financeiro-fiscais, concedidos com base no Imposto de Circulação de Mercadorias, dos quais resulte redução ou eliminação, direta ou indireta, do respectivo ônus;

V – às prorrogações e às extensões das isenções vigentes nesta data.

Art. 2º – Os convênios a que alude o art. 1º, serão celebrados em reuniões para as quais tenham sido convocados representantes de todos os Estados e do Distrito Federal, sob a presidência de representantes do Governo federal.

§ 1º – As reuniões se realizarão com a presença de representantes da maioria das Unidades da Federação.

§ 2º – A concessão de benefícios dependerá sempre de decisão unânime dos Estados representados; a sua revogação total ou parcial dependerá de aprovação de quatro quintos, pelo menos, dos representantes presentes.

§ 3º – Dentro de 10 (dez) dias, contados da data final da reunião a que se refere este artigo, a resolução nela adotada será publicada no Diário Oficial da União.

Art. 3º – Os convênios podem dispor que a aplicação de qualquer de suas cláusulas seja limitada a uma ou a algumas Unidades da Federação.

Art. 4º – Dentro do prazo de 15 (quinze) dias contados da publicação dos convênios no Diário Oficial da União, e independentemente de qualquer outra comunicação, o Poder Executivo de cada Unidade da Federação publicará decreto ratificando ou não os convênios celebrados, considerando-se ratificação tácita dos convênios a falta de manifestação no prazo assinalado neste artigo.

§ 1º – O disposto neste artigo aplica-se também às Unidades da Federação cujos representantes não tenham comparecido à reunião em que hajam sido celebrados os convênios.

§ 2º – Considerar-se-á rejeitado o convênio que não for expressa ou tacitamente ratificado pelo Poder Executivo de todas as Unidades da Federação ou, nos casos de revogação a que se refere o art. 2º, § 2º, desta Lei, pelo Poder Executivo de, no mínimo, quatro quintos das Unidades da Federação.

Art. 5º – Até 10 (dez) dias depois de findo o prazo de ratificação dos convênios, promover-se-á, segundo o disposto em Regimento, a publicação relativa à ratificação ou à rejeição no Diário Oficial da União.

Art. 6º – Os convênios entrarão em vigor no trigésimo dia após a publicação a que se refere o art. 5º, salvo disposição em contrário.

Art. 7º – Os convênios ratificados obrigam todas as Unidades da Federação inclusive as que, regularmente convocadas, não se tenham feito representar na reunião.

Art. 8º – A inobservância dos dispositivos desta Lei acarretará, cumulativamente:

I – a nulidade do ato e a ineficácia do crédito fiscal atribuído ao estabelecimento recebedor da mercadoria;

II – a exigibilidade do imposto não pago ou devolvido e a ineficácia da lei ou ato que conceda remissão do débito correspondente.

Parágrafo único – As sanções previstas neste artigo poder-se-ão acrescer a presunção de irregularidade das contas correspondentes ao exercício, a juízo do Tribunal de Contas da União, e a suspensão do pagamento das quotas referentes ao Fundo de Participação, ao Fundo Especial e aos impostos referidos nos itens VIII e IX do art. 21 da Constituição federal.

Art. 9º – É vedado aos Municípios, sob pena das sanções previstas no artigo anterior, concederem qualquer dos benefícios relacionados no art. 1º no que se refere à sua parcela na receita do imposto de circulação de mercadorias.

Art. 10 – Os convênios definirão as condições gerais em que se poderão conceder, unilateralmente, anistia, remissão, transação, moratória, parcelamento de débitos fiscais e ampliação do prazo de recolhimento do imposto de circulação de mercadorias.

Art. 11 – O Regimento das reuniões de representantes das Unidades da Federação será aprovado em convênio.

Art. 12 – São mantidos os benefícios fiscais decorrentes de convênios regionais e nacionais vigentes à data desta Lei, até que revogados ou alterados por outro.

§ 1º – Continuam em vigor os benefícios fiscais ressalvados pelo § 6º do art. 3º do Decreto-Lei nº 406, de 31 de dezembro de 1968, com a redação que lhe deu o art. 5º do Decreto-Lei nº 834, de 8 de setembro de 1969, até o vencimento do prazo ou cumprimento das condições correspondentes.

§ 2º – Quaisquer outros benefícios fiscais concedidos pela legislação estadual considerar-se-ão revogados se não forem convalidados pelo primeiro convênio que se realizar na forma desta Lei, ressalvados os concedidos por prazo certo ou em função de determinadas condições que já tenham sido incorporadas ao patrimônio jurídico de contribuinte. O prazo para a celebração deste convênio será de 90 (noventa) dias a contar da data da publicação desta Lei.

§ 3º – A convalidação de que trata o parágrafo anterior se fará pela aprovação de 2/3 (dois terços) dos representantes presentes, observando-se, na respectiva ratificação, este quorum e o mesmo processo do disposto no art. 4º.

Art. 13 – O art. 178 do Código Tributário Nacional (Lei nº 5.172, de 25 de outubro de 1966), passa a vigorar com a seguinte redação:

"Art. 178 – A isenção, salvo se concedida por prazo certo e em função de determinadas condições, pode ser revogada ou modificada por lei, a qualquer tempo, observado o disposto no inciso III do art. 104."

Art. 14 – Sairão com suspensão do Imposto de Circulação de Mercadorias:

I – as mercadorias remetidas pelo estabelecimento do produtor para estabelecimento de Cooperativa de que faça parte, situada no mesmo Estado;

II – as mercadorias remetidas pelo estabelecimento de Cooperativa de Produtores, para estabelecimento, no mesmo Estado, da própria Cooperativa, de Cooperativa Central ou de Federação de Cooperativas de que a Cooperativa remetente faça parte.

§ 1º – O imposto devido pelas saídas mencionadas nos incisos I e II será recolhido pelo destinatário quando da saída subseqüente, esteja esta sujeita ou não ao pagamento do tributo.

§ 2º – Ficam revogados os incisos IX e X do art. 1º da Lei Complementar nº 4, de 2 de dezembro de 1969.

Art. 15 – O disposto nesta Lei não se aplica às indústrias instaladas ou que vierem a instalar-se na Zona Franca de Manaus, sendo vedado às demais Unidades da Federação determinar a exclusão de incentivo fiscal, prêmio ou estimulo concedido pelo Estado do Amazonas.

Art. 16 – Esta Lei entrará em vigor na data de sua publicação, revogadas as disposições em contrário.

Brasília, em 7 de janeiro de 1975; 154º da Independência e
87º da República.

ERNESTO GEISEL
Mário Henrique Simonsen
João Paulo dos Reis Velloso.

— ANEXO 3 —

Quadros sinópticos: STF e STJ

1. VISÃO GERAL DO IMPOSTO

1. Introdução	**Diplomas normativos aplicáveis:** Constituição Federal (art. 155, §§ 2º a 5º); Leis Complementares, Leis Estaduais; Resoluções do Senado e; Convênios do CONFAZ.
	Lançamento: Em regra, feito por homologação.
	Princípios aplicáveis: a) legalidade; b) isonomia; c) capacidade contributiva; d) irretroatividade; e) anterioridade; f) anterioridade nonagesimal; g) vedação à utilização de tributo com efeito de confisco; h) limitação ao tráfego de pessoas ou bens; i) vedação à instituição de isenções heterônomas.
	Características: Tributo estadual, direto/indireto, privativo, não vinculado, real, de arrecadação não vinculada e ordinário.
Critério material	Circulação (jurídica) de mercadorias.
	Prestação de serviços de transporte Interestadual e intermunicipal
	Prestação de serviço de Comunicação
Critério espacial	**ICMS sobre circulação de mercadorias**: Considera-se local da operação, em regra, o do estabelecimento onde se encontre, no momento da ocorrência do fato gerador.
	ICMS sobre serviços de transporte: Considerar-se-á como local da prestação, para fins de incidência, aquele: a) onde tenha início a prestação; b) onde se encontre o transportador, quando em situação irregular pela falta de documentação fiscal ou quando acompanhada de documentação inidônea, como dispuser a legislação tributária; c) do estabelecimento destinatário do serviço, na hipótese da utilização, por contribuinte, de serviço cuja prestação se tenha iniciado em outro Estado e não esteja vinculada a operação ou prestação subsequente.

<table>
<tr><td>Critério espacial</td><td colspan="2">ICMS sobre serviços de comunicação: o local da operação será: a) o da prestação do serviço de radiodifusão sonora e de som e imagem, assim entendido o da geração, emissão, transmissão e retransmissão, repetição, ampliação e recepção; b) o do estabelecimento da concessionária ou da permissionária que forneça ficha, cartão, ou assemelhados com que o serviço é pago; c) o do estabelecimento destinatário do serviço, na hipótese de serviço cuja prestação se tenha iniciado em outro Estado e não esteja vinculada a operação ou prestação subsequente; d) o do estabelecimento ou domicílio do tomador do serviço, quando prestado por meio de satélite.</td></tr>
<tr><td rowspan="3">Critério temporal</td><td colspan="2">ICMS sobre circulação de mercadorias: Momento da saída da mercadoria do estabelecimento do contribuinte do imposto</td></tr>
<tr><td colspan="2">ICMS sobre serviços de transporte: a) prestação de serviços de transporte interestadual e intermunicipal – tem-se como momento da ocorrência da obrigação o do início da prestação; b) transportes iniciados no exterior – considera-se ocorrido o fato gerador do imposto no momento do ato final do transporte.</td></tr>
<tr><td colspan="2">ICMS sobre serviços de comunicação: Momento da prestação onerosa do serviço.</td></tr>
<tr><td rowspan="2">Critério subjetivo</td><td colspan="2">Sujeito ativo: Em regra, é o Estado em que realizada a operação relativa à circulação de mercadoria ou prestados os serviços de transporte interestadual, intermunicipal ou de comunicação.</td></tr>
<tr><td colspan="2">Sujeito passivo: Contribuintes (aquele que realizam com habitualidade operações relativas á circulação de mercadorias ou prestação de serviço de transporte interestadual, intermunicipal ou de comunicação) e responsáveis (aqueles que, embora não possuam relação pessoal e direta com o fato gerador da obrigação, são eleitos pelo legislador para responder pelo tributo).</td></tr>
<tr><td rowspan="3">Critério quantitativo</td><td rowspan="3">Base de Cálculo:</td><td>ICMS sobre Circulação de Mercadoria: Em regra, valor da operação relativa à circulação de mercadoria. Inclui-se na base de cálculo o montante do próprio tributo (ICMS por dentro).</td></tr>
<tr><td>ICMS sobre Serviço de Transporte: Valor do serviço.</td></tr>
<tr><td>ICMS sobre Serviço de Comunicação: Valor do serviço.</td></tr>
</table>

<table>
<tr><td rowspan="3">Critério quantitativo</td><td colspan="2">Não Cumulatividade: O ICMS será não cumulativo, compensando-se o que for devido em cada operação relativa à circulação de mercadorias ou prestação de serviços com o montante cobrado nas anteriores pelo mesmo ou outro Estado ou pelo Distrito Federal (CF/88, art. 155, §2º, I).</td></tr>
<tr><td rowspan="2">Alíquota</td><td>As alíquotas interestaduais e externas serão fixadas por resolução do Senado, assim como as alíquotas máximas e mínimas nas operações internas.</td></tr>
<tr><td>As alíquotas poderão ser seletivas em função da essencialidade do produto.</td></tr>
<tr><td rowspan="2">Imunidade e isenções</td><td colspan="2">Imunidades: Além das imunidades genéricas previstas no art. 150, VI, alíneas “a” a “d”, nossa Constituição prevê 4 (quatro) diferentes imunidades específicas relacionadas ao ICMS; são elas: a) imunidade nas operações de exportação de mercadorias ao exterior; b) imunidade nas operações interestaduais com petróleo, inclusive lubrificantes, combustíveis líquidos e gasosos dele derivados, e energia elétrica; c) imunidade nas operações com ouro, quando definido em lei como ativo financeiro ou instrumento cambial; d) imunidades nas prestações de serviço de comunicação nas modalidades de radiodifusão sonora e de sons e imagens de recepção livre e gratuita.</td></tr>
<tr><td colspan="2">Isenções: Cabe à lei complementar regular a forma como, mediante deliberação dos Estados e do Distrito Federal, isenções, incentivos e benefícios fiscais serão concedidos e revogados</td></tr>
</table>

2. CRITÉRIO MATERIAL (NÚCLEO DO FATO GERADOR)

STF	STJ
Não constitui fato gerador do imposto de circulação de mercadorias a saída física de máquinas, utensílios e implementos a título de comodato	Não constitui fato gerador do ICMS o simples deslocamento de mercadoria de um para outro estabelecimento do mesmo contribuinte
Incide ICMS mesmo no caso de aquisição por meio eletrônico, à exemplo dos softwares adquiridos pela internet.	A mera consignação do veículo, cuja venda deverá ser promovida por agência de automóveis, não representa circulação jurídica da mercadoria.

STF	STJ
Sem lei estadual que a estabeleça, é ilegítima a cobrança do imposto de circulação de mercadorias sobre o fornecimento de alimentação e bebidas em restaurante ou estabelecimento similar.	O fornecimento de mercadorias com a simultânea prestação de serviço em bares, restaurantes e estabelecimentos similares constitui fato gerador do ICMS a incidir sobre o valor total da operação
É legítima a incidência do ICMS na comercialização de exemplares de obras cinematográficas, gravados em fitas de videocassete	A prestação de serviço de composição gráfica, personalizada e sob encomenda, ainda que envolva fornecimento de mercadorias, está sujeita, apenas, ao ISS.
É legítima a incidência do ICMS na comercialização de exemplares de obras cinematográficas, gravados em fitas de videocassete.	Não incide ICMS no fornecimento de peças pré-moldadas produzidas pela empreiteira responsável pela realização da obra contratada, em virtude da ausência de circulação de mercadoria.
Incide ICMS (e não ISS) sobre operações de industrialização por encomenda de embalagens, destinadas à integração ou utilização direta em processo subsequente de industrialização.	O ICMS não incide no serviço de provedores de acesso à internet
É inconstitucional a incidência de ICMS sobre serviços de transporte aéreo intermunicipal, interestadual ou internacional de passageiros.	Não há incidência de ICMS nas operações conexas à de comunicação, como habilitação de telefone celular.
Não incide ICMS nas operações de transporte aéreo internacional de cargas.	O ICMS incide sobre o valor da tarifa de energia elétrica correspondente à demanda de potência efetivamente utilizada
Não incidia ICMS sobre importações realizadas por pessoas físicas ou jurídicas não contribuintes habituais do imposto antes do advento da EC 33/2001	A energia furtada antes da entrega ao consumidor final não pode ser objeto de incidência do ICMS
É legítima a cobrança da COFINS, do PIS e do FINSOCIAL sobre as operações relativas a energia elétrica, serviços de telecomunicações, derivados de petróleo, combustíveis e minerais do País	Nas operações internas de arrendamento mercantil não haverá incidência de ICMS, por falta de circulação jurídica de mercadoria.

STF	STJ
Não incide ICMS sobre o fornecimento de água encanada.	Haverá incidência de ICMS nas operações internacionais de arrendamento mercantil de bens destinados ao ativo fixo da empresa, bem como nas operações simuladas de compra.
Não incide ICMS nas operações societárias, como fusão, cisão e incorporação.	Não incide ICMS nas operações de alienação fiduciária em garantia.
–	O fato gerador do ICMS na telefonia é a disponibilização onerosa da linha em favor do usuário, sendo devido o tributo mesmo em caso de furto "por clonagem" – que se insere nos riscos da atividade.

3. CRITÉRIOS ESPACIAL E PESSOAL

STF	STJ
A alienação de salvados configura atividade integrante das operações de seguros e não tem natureza de circulação de mercadoria para fins de incidência do ICMS	No serviço de telefone móvel prestado na modalidade de roaming, será devido o ICMS, pela concessionária, ao Estado em que disponibilizada a estrutura telefônica.
Aquele que adquire combustível ou energia elétrica de outro Estado para fins de consumo será considerado contribuinte do ICMS, ainda que não seja comerciante habitual.	O contribuinte de fato, em regra, não tem legitimidade para postular tributo pago indevidamente pelo contribuinte de direito, ressalvado o caso dos consumidores de energia elétrica.
O regime de substituição tributária para frente, instituído como medida de política fiscal, foi autorizado pela Constituição, não se podendo falar em exigência despida de fato gerador.	É válida a sistemática da substituição tributária para frente no que se refere ao ICMS incidente sobre a venda de produtos médico-hospitalares para hospitais e congêneres.
No caso de substituição progressiva, haverá direito à restituição do tributo tanto no caso em que o fato gerador não vier sequer a se concretizar quanto nos casos em que a base de cálculo real for inferior à presumida.	É competente para a cobrança do ICMS na operação de importação o ente federado em que estiver localizado o estabelecimento para o qual se destina fisicamente a mercadoria ou o bem importado, sendo irrelevante que seu ingresso no território nacional tenha-se dado mediante estabelecimento localizado em outro estado

STF	STJ
O sujeito ativo da relação jurídico-tributária do ICMS é o Estado onde estiver situado o domicílio ou o estabelecimento do destinatário jurídico da mercadoria importada.	As empresas de construção civil não estão obrigadas a pagar ICMS sobre mercadorias adquiridas como insumos em operações interestaduais
A Constituição confere aos Estados liberdade para, por meio de lei, escolher a melhor forma de distribuição, aos municípios, de ¼ dos 25% do ICMS a ser transferido aos Municípios.	O patrimônio da filial responde pelas dívidas da matriz – e vice versa.
No caso acima, não se admite que a legislação estadual exclua algum município da repartição.	Destina-se ao Município onde são realizadas as operações de entrada e saída de mercadoria o direito de receber as parcelas integrais do valor adicionado decorrente do ICMS arrecadado em seu território.

4. CRITÉRIO TEMPORAL

STF	STJ
É legítima a cobrança do ICMS por ocasião do desembaraço aduaneiro.	Considera-se ocorrido o fato gerador apenas no momento do consumo da energia elétrica.
–	A energia furtada antes da entrega ao consumidor final não pode ser objeto de incidência do ICMS.
–	Quando o serviço de comunicação for prestado mediante pagamento em fichas, cartões ou assemelhados, considera-se ocorrido o fato gerador no momento do fornecimento.
–	O exportador adquire o direito de transferência de crédito de ICMS quando realiza a exportação do produto e não ao estocar a matéria-prima.

5. CRITÉRIO QUANTITATIVO (ALÍQUOTA, B.C E NÃO CUMULATIVIDADE)

STF	STJ
É constitucional a base de cálculo do ICMS corresponder ao valor da operação somado ao próprio tributo (ICMS por dentro).	O valor do frete pode integrar a base de cálculo do ICMS incidente sobre a circulação de mercadoria, inclusive para fins de substituição progressiva.
O regime de diferimento, ao substituir o sujeito passivo da obrigação tributária, com o adiamento do recolhimento do imposto, em nada ofende o princípio da não-cumulatividade.	Outros encargos, como o IPI, também podem ser incluídos na base de cálculo do ICMS, haja vista que o ônus financeiro é repassado ao longo da cadeia de circulação.
No caso de diferimento, a entrada da mercadoria no estabelecimento do substituto não dará ao substituído o direito de creditamento referente às operações anteriores.	Para fins de cálculo do chamado "valor agregado", não pode o Fisco levar em conta a condição individual do contribuinte.
A redução da base de cálculo equipara-se à da isenção parcial, logo, haverá direito a creditamento parcial.	Não se admite fixação prévia de valores pelo Fisco sem levar em conta as peculiaridades atinentes a cada caso concreto, regime conhecido pela alcunha de Pauta Fiscal.
A manutenção de créditos de ICMS nos casos de exportação é irrestrita, não se admitindo sequer a incidência da contribuição PIS/COFINS sobre os valores pecuniários recebidos pela empresa exportadora em razão de transferências a terceiros de créditos acumulados.	Admite-se a utilização dos preços indicados em revistas especializadas na composição da base de cálculo presumida do ICMS, não configurando a prática hipótese de pauta fiscal.
Haverá manutenção dos créditos referentes às operações anteriores também no caso da chamada imunidade cultural, embora a Constituição só faça menção às imunidades para exportações.	As mercadorias dadas em bonificação e os descontos incondicionais não integram a B.C do ICMS, salvo nos casos de substituição em que o substituto concede descontos em suas próprias operações.
A atualização monetária, pela Fazenda, do débito de ICMS vencido não afronta o princípio da não cumulatividade.	O ICMS incide sobre o valor da venda a prazo constante da nota fiscal.

STF	STJ
A verificação da gravidade e eventual abusividade de regime especial de fiscalização pelo STF demandaria exame de fatos e provas; a análise da proporcionalidade da medida dar-se-á no caso concreto.	Nas operações com cartão de crédito, os encargos relativos ao financiamento não são considerados no cálculo do ICMS.
	É possível a apuração de créditos presumidos de ICMS quando a energia elétrica for utilizada em atividade primordialmente industrial, considerando-a, assim, insumo.
–	O enquadramento de uma mercadoria como produto intermediário, com a finalidade de aproveitamento de crédito, depende de prova pericial
–	São legítimas as restrições impostas pela LC 87/96 para o aproveitamento dos créditos de ICMS em caso de aquisição de bens destinados ao ativo fixo do estabelecimento.
–	O comerciante de boa-fé que adquire mercadoria cuja nota fiscal seja declarada inidônea pode aproveitar o crédito do ICMS, uma vez que demonstrada a veracidade da compra e venda.

6. IMUNIDADES E ISENÇÕES

STF	STJ
A manutenção de créditos de ICMS nos casos de exportação é irrestrita, não se admitindo sequer a incidência da contribuição PIS/COFINS sobre os valores pecuniários recebidos pela empresa exportadora em razão de transferências a terceiros de créditos acumulados.	Em caso de isenção, admite-se, excepcionalmente, a manutenção dos créditos referentes às operações anteriores, a exemplo das operações envolvendo produtos agropecuários.
Haverá manutenção dos créditos referentes às operações anteriores também no caso da chamada imunidade cultural, embora a Constituição só faça menção às imunidades para exportações.	Não há necessidade de estorno de créditos de ICMS relativos a insumos utilizados na produção de papel destinado ao mercado editorial.
Não há direito a imunidade nos casos de venda de bens produzidos ou industrializados por entidades beneficentes ou de assistência social.	Se outro Estado da Federação concede benefícios fiscais de ICMS sem a observância das regras da LC 24/75 e sem autorização do CONFAZ, cabe ao Estado lesado obter junto ao Supremo, por meio de ADIn, a declaração de inconstitucionalidade da lei ou ato normativo.
As entidades beneficentes ou de assistência social serão imunes ao ICMS nas aquisições de bens ou serviços indispensáveis ao desempenho de suas atividades essenciais, inclusive nas importações.	
As operações envolvendo sacos plásticos, embora produzidos com polietileno, bem derivado do petróleo, não são imunes, pois não se enquadram como operações referentes a combustíveis.	–
Admite-se, em alguns casos, a concessão de incentivos fiscais unilaterais por determinado Estado, desde que não implique guerra fiscal, a exemplo dos benefícios que só atingem igrejas e templos.	–

Bibliografia

ALEXANDRE, Ricardo. *Direito Tributário Esquematizado*. 5. ed. Rio de Janeiro: Forense; São Paulo: Método, 2011.

ATALIBA, Geraldo. Hipótese de Incidência Tributária, 6. ed. São Paulo: Malheiros, 2004.

BORGES, José Souto Maior. *Sobre as isenções, incentivos e benefícios fiscais relativos ao ICMS*. In Revista Dialética de Direito Tributário. nº 06, 1996.

CASTRO, Eduardo M. L. Rodrigues de; LUSTOZA, Helton Kramer; GOUVÊA, Marcus de Freitas. *Tributos em Espécie*. 1. ed. Salvador: Editora JusPodivm, 2014.

CARNEIRO, Claudio. *Impostos federais, estaduais e municipais*. 4. ed. São Paulo: Saraiva, 2013.

CARRAZZA, Roque Antonio. *Curso de Direito Constitucional Tributário*. 28. ed. São Paulo: Malheiros, 2012.

CARRAZZA, Roque Antonio. *ICMS*. 10. ed. São Paulo: Malheiros, 2005.

CARVALHO FILHO, José dos Santos. *Manual de Direito Administrativo*. 24. ed. Rio de Janeiro: Lúmen Júris, 2011.

CARVALHO, Paulo de Barros. *Curso de Direito Tributário*. 14. ed. São Paulo: Saraiva, 2002.

COELHO, Sacha Calmon Navarro. *Curso de Direito Tributário Brasileiro*. 9. Ed. Rio de Janeiro: Forense, 2009.

GONÇALVES, Carlos Roberto. *Direito civil brasileiro, volume 5*: direito das coisas. 5. ed. São Paulo: Saraiva, 2010.

HORVATH, Estevão. *O princípio do não confisco no Direito Tributário*. São Paulo: Dialética, 2002.

KALUME, Célio Lopes. *ICMS Didático*. Belo Horizonte, Del Rey, 2012.

KOCH, Deonísio. *Manual do ICMS*: teoria e prática. Curitiba: Juruá, 2012.

MACHADO, Hugo de Brito. *Curso de Direito Tributário*. 27. ed. São Paulo: Malheiros, 2006.

MACHADO, Hugo de Brito. *Curso de Direito Constitucional Tributário*. 1. ed. São Paulo: Malheiros, 2012.

PAULSEN, Leandro. *Direito Tributário: Constituição e Código Tributário à Luz da Doutrina e da Jurisprudência.* 14. ed. Porto Alegre: Livraria do Advogado, 2012.

PAULSEN, Leandro; MELO, José Eduardo Soares de. *Impostos federais, estaduais e municipais.* 5. ed. Porto Alegra: Livraria do Advogado, 2010.

PIETRO, Maria Sylvia Zanella di. *Direito administrativo.* São Paulo: Atlas, 1993.

RAMOS, André Luiz Santa Cruz. *Curso de Direito Empresarial.* 10. ed. Salvador: JusPodivm, 2010.

RIBEIRO, Ricardo Lodi. *Tributos:* teoria geral e espécies. Niterói, RJ: Impetus, 2013.

SABBAG, Eduardo. *Manual de Direito Tributário.* 4. ed. São Paulo: Saraiva, 2012.

SCHOUERI, Luís Eduardo. *Direito Tributário*. São Paulo; Saraiva, 2011.

ANOTAÇÕES

ANOTAÇÕES

ANOTAÇÕES

ANOTAÇÕES